Anonymous

Festschrift der badischen Gymnasien

Gewidmet der Universität Heidelberg zur Feier ihres 500 jährigen Jubiläums

Anonymous

Festschrift der badischen Gymnasien
Gewidmet der Universität Heidelberg zur Feier ihres 500 jährigen Jubiläums

ISBN/EAN: 9783743613584

Hergestellt in Europa, USA, Kanada, Australien, Japan

Cover: Foto ©ninafisch / pixelio.de

Manufactured and distributed by brebook publishing software
(www.brebook.com)

Anonymous

Festschrift der badischen Gymnasien

FESTSCHRIFT

DER

BADISCHEN GYMNASIEN.

GEWIDMET

DER

UNIVERSITÄT HEIDELBERG

ZUR FEIER IHRES

500JÄHRIGEN JUBILÄUMS.

KARLSRUHE.

DRUCK DER G. BRAUN'SCHEN HOFBUCHDRUCKEREI.

MDCCCLXXXVI.

FESTSCHRIFT

DER

BADISCHEN GYMNASIEN.

GEWIDMET

DER

UNIVERSITÄT HEIDELBERG

ZUR FEIER IHRES

500JÄHRIGEN JUBILÄUMS.

-

KARLSRUHE.

DRUCK DER G. BRAUN'SCHEN HOFBUCHDRUCKEREI.

MDCCCLXXXVI.

INHALT.

Unedierte Briefe von Rudolf Agricola.

Ein Beitrag zur Geschichte des Humanismus.

Von Dr. *Karl Hartfelder*,
Professor am Gymnasium zu Heidelberg.

Seitdem gegen das Ende des Mittelalters durch den erwachenden Humanismus »die landschaftliche Schönheit wieder entdeckt worden[1]), hat die herrliche Lage Heidelbergs zahllose Menschen erfreut. Der Neckarstrom mit seinen grünlichen Fluten, die auf beiden Seiten des Flusses steil ansteigenden Berge, von denen der südliche kaum so viel Raum übrig lässt, dass sich Alt-Heidelberg mit seinen meist engen Gassen zwischen Berg und Fluss hineindrängen kann, der stattliche Herrensitz des kurfürstlichen Schlosses, das durch die Zerstörung an malerischem Reize gewonnen hat, alles dies zusammen erzeugt ein Bild von solch entzückender Schönheit, wie es nur selten in deutschen Landen sich findet.

In Prosa und Vers haben deshalb zahlreiche Schriftsteller »der Vaterlandsstädte ländlich schönste[2]) gepriesen. Die letzten vier Jahrhunderte haben in edlem Wetteifer an dem köstlichen Kranze poetischer Blumen mitgewunden, die bald den Musensitz mit dem Schlosse, bald auch schöne Punkte in der Umgebung feierten. »Der landschaftliche Charakter mit den dunkelbeschatteten Berghöhen an beiden Flussufern, wo in »mondbeglanzten Zaubernächten« die Natur so ergreifend die Seele berührt, bot in allen Jahrhunderten einen stimmungsvollen Boden für ideale und sentimentale Empfindungen«, sagt Georg Weber.[3])

Zu der Zeit, da die römische Sprache die ausschliessliche Sprache der Bildung auch für die Deutschen war, entlockte ein Konrad Celtis seiner Lyra in den edeln Tönen einer alcäischen Ode das Lob Heidelbergs,

.. qua bijugis montibus effluit
Piscosus Necarus, pingue petens solum,
Rheni et fertur in alueum.

---

[1]) Ein bezeichnender Ausdruck von Jak. Burckhardt die Kultur der Renaissance (3. Aufl. von L. Geiger. Leipzig. 1878.) II 14.

[2]) Worte Hölderlins in seiner Ode »Heidelberg«.

[3]) Heidelberger Erinnerungen. Am Vorabend der fünften Säkularfeier der Universität (Stuttg. 1886) S. 3.

1

Stant montes gemino vertice sydera.
Pulsantes, leuat hic siluiferum caput.
Gestans nubigerae Pyramidis sacrum
Tot iam nobile saeculis.[1]

Und als die veränderte Bildung der deutschen Sprache sich bedient, klingen die Töne nicht schwächer, werden die Weisen nicht matter, von der Zeit eines Opitz bis herunter auf unsere Tage, wo dichterische Meister, mit des Wortes Zauberstabe beschenkt, der epheuumrankten Ruine und der Stadt ʋan Weisheit schwer und Wein, immer neue Bewunderer zuführen.

Aber diese Perle deutscher Landschaft war zugleich in verschiedenen Zeiten ein Mittelpunkt geistigen Lebens, ein Sitz deutscher Wissenschaft und deutscher Dichtung, eine Kulturstätte ersten Ranges. Als in der zweiten Hälfte des 15. Jahrhunderts das deutsche Leben in schwerem Kampfe sich von mittelalterlicher Gebundenheit losrang, als die ersten humanistischen Vorboten über die Alpen herüberschwärmten, da findet Peter Luder von Kislau, ein typischer Repräsentant der ersten Humanistengeneration, durch die Freigebigkeit des Kurfürsten Friedrich des Siegreichen wenigstens für einige Jahre eine Stätte seiner Wirksamkeit in Heidelberg.[2] Sein Freund, der ebenfalls humanistische Bildung besitzt, ist Matthias Widman von Kemnat, der Verfasser der Chronik Friedrichs des Siegreichen, die nach dem Urteil von Ottokar Lorenz zu den hervorragendsten Leistungen des ausgehenden Mittelalters und des anbrechenden Humanismus zu zählen ist.[3] Aber diese erste Blütezeit des Humanismus hatte in Heidelberg ein kurzes Leben. Luder verliess nach wenigen Jahren wieder die Hochschule, an der er nicht festen Fuss zu fassen vermochte. Matthias verfiel in schwere Leiden und starb 1476. Die Scholastik war wieder im ausschliesslichen Besitz der Universität.

Eine neue Zeit begann durch Johann von Dalberg, genannt Camerarius, den einflussreichen Kanzler des Kurfürsten von der Pfalz und zugleich Bischof von Worms.[4] Sein Haus wurde der Mittelpunkt eines Kreises humanistischer Gelehrten und Dichter. Da verkehrte der rechtsgelehrte Dietrich von Plenningen, der Uebersetzer klassischer Schriftsteller ins Deutsche, der lebensfrohe und geschäftserfahrene Johannes Wacker, genannt Vigilius, Lehrer des Rechts an der Hochschule, der unstete und begabte Konrad Celtis, einer der grössten unter den deutschen Humanisten, der fromme und gelehrte Adam Werner von Themar, der Erzieher am kurfürstlichen Hofe, der Elsässer Jakob Wimpfeling, der Pädagoge unter den Humanisten, der gelehrte Johann Reuchlin, der Wiedererwecker und Verteidiger der hebräischen Studien in Deutschland, der fromme Abt Trithemius, der Verfasser gelehrter Geschichtswerke u. a.[5]

Einer der bedeutendsten in diesem Kreise aber ist Rudolf Agricola, mit seinem eigentlichen Namen Roelof Huisman oder Husman, von Geburt ein Friese, mit welchem Dalberg und

---

[1] Celtis Od. III. 5.

[2] Ueber den Humanismus in Heidelberg vgl. K. Hartfelder Heidelberg und der Humanismus, I. II. (Zeitschr. f. Allg. Gesch. 1885, S. 177 ff., S. 671 ff. Speziell über Luder vgl. W. Wattenbach in d. Zeitschr. f. d. Gesch. d. Oberrh. Bd. 22, 331 23, 21; 27, 95; 31, 439 u. ff. Schepss ebendaselbst Bd. 38, 303. G. Voigt Wiederbelebung d. kl. Alterth. II² 297.

[3] Deutschlands Geschichtsquellen im Mittelalter I³ 136, 137. Dazu meinen Aufsatz in den »Forschungen z. Deutschen Geschichte« XXII 329 ff. und meine Analekten z. Gesch. d. Humanismus in Südwest-Deutschl. II (Geigers Vierteljahrsschrift I (1886) S. 494.

[4] Vgl. über denselben L. Häusser, Gesch. d. rhein. Pfalz (Heidelberg 1845) I. 429. L. Geiger, Joh. Reuchlin, (Leipzig 1871) S. 41. J. Janssen, Gesch. d. deutschen Volkes (Freiburg 1883) I.³ 88.

[5] Ueber diese Männer vgl. L. Geiger, Reuchlin S. 42 ff. K. Hartfelder deutsche Uebersetzungen klass. Schriftsteller aus d. Heidelberg. Humanistenkreis. Heidelb. 1884 (Programmbeil.).

Plenningen in Italien bekannt geworden waren, und der auf die Anregung Dalbergs nach Heidelberg übersiedelte.[1] Der Zweck dieser Zeilen ist keineswegs eine Biographie dieses gefeierten Mannes zu geben. Dafür fehlt an dieser Stelle schon der Raum. Es möge nur verstattet sein einige Bemerkungen zusammenzustellen, die erklären, weshalb hier eine Anzahl seiner Briefe, die bis jetzt ungedruckt waren, durch den Druck der wissenschaftlichen Benützung zugänglich gemacht werden.

Wer gewohnt ist, die Bedeutung eines Gelehrten ausschliesslich nach der Zahl seiner litterarischen Leistungen zu bestimmen, der dürfte vielleicht verwundert fragen, weshalb dieser Mann von den Zeitgenossen und von der kommenden Generation, unter der die bedeutendsten Männer der Zeit, wie Desiderius Erasmus und Philipp Melanthon, sind, so hoch gefeiert wird. Zwei Bände von mässigem Umfange, die Alardus Aemstelredamus 1539 in Köln herausgegeben hat, enthalten gewiss das Meiste, was aus seiner Feder geflossen.[2] Und was bieten diese Bände so Bedeutungsvolles? Da finden wir eine jetzt fast vergessene Schrift De inventione dialectica, die nur noch von den Historikern der Pädagogik und einigen Schulmännern gelesen wird, einige wenige lateinische Reden, einige lateinische Uebersetzungen griechischer Schriftsteller, eine nicht allzu grosse Zahl lateinischer Briefe und lateinischer Gedichte, die zum Teil heute eine sehr abfällige Beurteilung gefunden haben.[3]

Wenn der Schriftsteller Agricola so wenig seines grossen Ruhmes würdig scheint, so ist es vielleicht der Lehrer Agricola gewesen, der die Bewunderung pietätsvoller Schüler sich erworben hat. Da hören wir aber, dass der Gefeierte eine Berufung an die Antwerpener Schule unter glänzenden Bedingungen ablehnte, dass er dem alten Aristophanes recht giebt, der die Schule ein φροντιστήριον, einen Ort der Sorgen, genannt hat, der nichts mit erfreulicher Musse oder erfrischendem Spiele zu thun hat, welcher dem Lehrer kaum Zeit zu den Studien lasse; ja diese Schulthätigkeit schien ihm sogar eine res sordidior.[4] Freilich hat er noch die letzten Jahre seines Lebens in Heidelberg in freier Weise gelehrt und dankbare Schüler gefunden, aber eine etwa zweijährige Lehrthätigkeit genügt doch kaum, um sich die Unsterblichkeit zu erwerben.

Wenn es nicht der Schriftsteller und nicht der Lehrer, so kann es nur der Mensch, nur die Persönlichkeit sein, welche diese seltene Einstimmigkeit des Lobes erzeugt hat. So sagt denn auch Friedrich von Bezold: »Die Bewunderung galt im Grunde nicht den Schriften, sondern der Persönlichkeit. Im lebendigen Verkehr, nicht mit der Feder hat sich Agricola die Herzen erobert; sein litterarischer Ruhm ist noch Generationen lang durch die Erinnerung an den bedeutenden und liebenswürdigen Menschen getragen und gesteigert worden.«[5] Damit ist unstreitig ein richtiger Punkt getroffen worden. Eine Grabschrift rühmt neben seinen Kenntnissen besonders

---

[1] Vgl. Fr. v. Bezold Rud. Agricola, ein deutscher Vertreter der italienischen Renaissance. München 1884 (Festrede in der Münchener Akademie) und den Artikel L. Geigers in der Allg. deutsch. Biographie, wo die weitere Litteratur verzeichnet ist.

[2] Ausser den hier veröffentlichten Briefen fehlen dort noch zwei ungedruckte Reden Agricolas. Vgl. darüber Naumanns Serapeum X. (1849) S. 116, 119. Ueber eine ungedruckte Rede auf Petrarka vgl. L. Geiger (Müllers Zeitschrift. f. deutsche Kulturgesch. N. F. III. [1874] S. 225). Ueber eine andere Arbeit Agricolas vgl. Reichling Joh. Murmellius (Freib. 1880) S. 101 (vgl. auch S. 8b). Auf weitere Arbeiten Agricolas weist eine Notiz bei Horawitz u. Hartfelder Briefwechsel des Beatus Rhenanus (Leipzig 1886) S. 378.

[3] Am abfälligsten durch L. Geiger (Renaissance u. Humanismus, Berlin 1882) S. 334.

[4] Graeci scholam, id est ocium dicunt, Latini ludum literarium vocant eam, quum nihil sit aut ociosum minus aut seuerum et ab omni ludo magis abhorrens. Rectius sane Graecus comicus Aristophanes, qui φροντιστήριον, id est curarum locum appellat. Scholam ergo ego? Ubi tempus impartiendum studiis, ubi ocium, ubi quies ad aliquid inueniendum vel excudendum necessaria? etc. Rod. Agricolae Lucubr. aliquot etc. p. 208 u. dazu 215. Φροντιστήριον steht bei Aristophanes Nub. 94.

[5] Bezold a. a. O. S. 3. So sagt auch Joh. Janssen (Gesch. d. deutsch. Volkes I[6] 58): »Seine eigentliche Kraft liegt in seinem persönlichen Wirken.«

auch sein musikalisches und zeichnerisches Talent, und eine andere sagt: Certabant pariter uox, manus, ingenium.[1] Andererseits aber muss doch die Frage erhoben werden, ob auch solche Männer, die nicht mehr unter dem Zauber der Persönlichkeit gestanden haben, die von Agricola bloss durch die Erzählungen anderer und durch seine Schriften wussten, in ihrem Urteile so stark beeinflusst werden konnten? Wenn uns die Bedeutung seiner Schriften klein erscheint, wenn jetzt seine Dialektik als weitschweifig, seine kurze Pädagogik als nicht tief bezeichnet werden[2], so bleibt dabei zu bedenken, dass wir am Ende einer vierhundertjährigen Entwickelung stehen, in welcher langen Kette Agricola nur ein einzelnes Glied gewesen. Neben der absoluten Bedeutung eines Mannes steht seine relative, die er für die Zeitgenossen und die unmittelbar folgenden Geschlechter hat. Nur seltenen Geistern, nur den allergrössten Menschen ist es verliehen, eine neue Bewegung zu beginnen und sie zugleich auf ihren höchsten Entwicklungspunkt zu fuhren. Weniger glücklich sind solche, die, obgleich Bahnbrecher, doch von der Folgezeit überholt werden, deren geistige Arbeit von den Zeitgenossen und der nächsten Generation angeeignet und weiter gebildet wird. Zu diesen dürfte Agricola gehören.

Aber über das, was jemand für die Zeitgenossen und deren unmittelbare Nachfolger gewesen, haben am Ende doch nur diese selbst das richtige und entscheidende Urteil. So dürfte es sich vielleicht empfehlen, einmal zu fragen, was denn zwei so hervorragende Männer wie Erasmus und Melanthon an Agricola zu rühmen wussten.

Erasmus hat in verschiedenen Schriften und zu verschiedenen Zeiten über Agricola sich ausgesprochen, und sein Wort wird um so bedeutungsvoller, als er »bekanntlich mit seinem Lobe äusserst sparsam und vorsichtig war. Ein zusammenfassendes Urteil über Agricola legt er in seinem Dialoge Ciceronianus dem Nosoponus in den Mund: Agricola ist ein Mann divini pectoris, eruditionis reconditae, sein Stil ist keineswegs gewöhnlich, vielmehr gediegen, kräftig, durchgearbeitet und lichtvoll. Er erinnert im Ausdruck an Quintilian und im Satzbau der Reden an Isokrates, jedoch ist er utroque sublimior, weniger knapp und klarer als Quintilian. Erasmus zweifelt nicht daran, dass er wie Cicero hätte schreiben können (figuram Ciceronis effingere), falls er nur gewollt. Wenn er nicht den allerhöchsten Ruhm geerntet hat, so stand hauptsächlich das ruhmlose Vaterland, die Ungunst der Zeiten und die wenig mässige Lebensweise seiner Heimat im Wege. »Er konnte in Italien der erste sein, hätte er nicht Deutschland vorgezogen[3]. Welch ein Lob, wenn wir dabei an die damaligen Italiener, wie Angelo Politiano, Lorenzo Valla und andere denken. In einem Briefe an Hermann Phrysius betont Erasmus, dass er wünscht, es möge von den Werken Agricolas nichts verloren gehen: »Nihil ab illo viro proficiscitur, quod non divinitatem quandam spiret«.[4] Die reiche und mannichfaltige Begabung erscheint ihm derartig, dass er ihn als vir plane divinus oder homo vere divinus bezeichnet.[5]

Wenn in diesen Ausdrücken mehr der Totaleindruck der Persönlichkeit geschildert wird, so rühmt er andern Ortes seine einzelnen hervorragenden Eigenschaften: er ist ein ausgezeichneter Kenner des Lateinischen und Griechischen, und zwar versteht er beide Sprachen gleich gut.[6] Er ist inter Graecos graecissimus, inter Latinos latinissimus. Aber auch der Redekunst und des

---

[1] Agricolae Lucubr. auf der 4. und 5. (unpaginierten) Seite.

[2] L. Geiger Renaissance und Humanismus S. 334. Vgl. jedoch ein entgegengesetztes Urteil bei E. Laas der deutsche Aufsatz (Berlin 1877) I² 13.

[3] Erasmi opp. ed. Clericus (Lugdun. Batav. 1703) I, 1014. A.

[4] Erasmi opp. III, 1, 1070. E.

[5] A. a. O. III, 1, 1145. D. 1533. C.

[6] Agricola lernte erst am Ende seines Lebens noch Hebräisch. Hebraeae postremo etiam cognitionem habuit, sagt Sigismundus Fulginas in seinem Epitaphium. Agricol. Lucubr. 4. (unpaginierte) Seite.

Dichtens ist er kundig, überhaupt in allen Wissenschaften bewandert.[1]) Seine Gelehrsamkeit ist tief und sein Stil kunstvoll.[2])

Wie der Mann, so auch seine Schriften. An mehreren Stellen seiner Briefe spricht Erasmus seine Sehnsucht nach der in Aussicht gestellten Gesamtausgabe von Agricolas Werken aus. So oft er etwas von ihm liest, ist es ihm, als ob er in Andacht zu einem Heiligen bete.[3]) Das Verzögern dieser Ausgabe macht auf ihn den Eindruck, als ob jemand Deutschland um seinen Ruhm neide.[4]) Seinem Freunde Petrus Aegidius gibt er den Auftrag, alle möglichen Schriften Agricolas, die er nur auftreiben kann, ihm zu verschaffen.[5])

Da kommt zunächst dessen Hauptschrift in Frage, seine drei Bücher über Dialektik. Wie Hermolaus Barbarus, so empfiehlt auch Erasmus dieses Buch zum Studium, und ein Bischof Fischer, welcher den Rat befolgt, findet, dass er nie ein angenehmeres und besseres Werk über diesen Gegenstand gelesen habe.[6]) Erasmus schätzt dasselbe so hoch, dass er mit dem nicht ganz guten Kommentar, welchen ein junger Gelehrter dazu geschrieben hat, unzufrieden ist. Zu einem solchen Werke passen nur gelehrte und genaue Scholien. Wer gute Erklärungen dazu schreibt, macht sich selbst berühmt, und er hielte es nicht unter seiner Würde, selbst solche Erklärungen zu verfassen, wenn ihm seine vielen Geschäfte dazu Zeit gönnten.[7])

Aber Agricola hatte auch einen glücklichen Blick für Konjekturalkritik. Als Erasmus mit der Herausgabe des Seneca beschäftigt war[8]), da wurde es ihm von grossem Nutzen, dass ihm Hayo Hermannus einen Senecatext, das Handexemplar des Agricola, welches dieser mit Konjekturen am Rande versehen hatte, verschaffte; denn es ist unglaublich, wie viele guten Verbesserungen der vollständig göttliche Mann gefunden hat.[9])

Auch über andere Dinge findet man bloss bei Agricola Auskunft. Ein wichtiger Begriff der humanistischen Bildung ist die Copia verborum et rerum, über welche bekanntlich Erasmus selbst geschrieben hat.[10]) Als er seine Schrift abfasste, hatte er vergeblich bei Hermogenes darüber etwas gesucht; selbst Quintilian ist wegen seiner Kürze unzulänglich: einzig Agricola hat die Sache behandelt.[11]) Aber nicht bloss Prosa, auch Verse sind ihm gelungen, wie z. B. die auf die hl. Anna.[12]) Darum ist es so sehr zu bedauern, dass das Schicksal diesen Mann so früh hinweggerissen hat. Würde er noch länger gelebt haben, so hätten die Deutschen jetzt einen Mann, den sie den Italienern, wie die Franzosen ihren Budaus, entgegensetzen könnten[13]) Alles aber, was wir

[1]) Agricola, vir cum omnium literalium artium egregie eruditus, tum Oratoriae atque Poeticae peritissimus; denique et Graecam linguam non minus quam Latinam calluit. Erasmi opp. III, 2, 1798. A.

[2]) A. a. O. I, 1014. A. — Nach Melanthons Angabe bewunderte Erasmus auch deshalb Agricola, weil ihm die venustas Italica des Ausdrucks gelang. Corpus Reformat. ed. Bretschneider (Halis Saxonum 1843) XI, 442.

[3]) Lucubrationes Rodolphi Agricolae, hominis vere divini, jamdudum exspectamus, cuius ego scripta quoties lego, toties pectus illud sacrum ac coeleste adoro atque exosculor. Erasmi opp III, 2, 1533. C.

[4]) A. a O. III, 2, 1650. C.

[5]) A. a. O. III, 1, 94. D.

[6]) A. a. O. III, 2, 1813. B.

[7]) A. a. O. III, 1, 1070. F.

[8]) Derselbe erschien 1529 bei Hervagen in Basel. Vgl. Horawitz u. Hartfelder Briefwechsel d. Rhenanus (Leipz. 1886) S. 612.

[9]) Incredibile vero, quam multa divinarit vir ille plane divinus etc. Erasmi opp. III, 2, 1145. E.

[10]) Diese Schrift steht jetzt Erasmi opp. I, 3 — 110. Vgl. dazu E. Laas die Pädagogik des Johannes Sturm (Berlin 1872) S. 13.

[11]) A. a. O. III, 1, 213. F.

[12]) A. a. O. III, 1, 83. Erasmus meint das Gedicht: Anna mater, welches jetzt Agricol. Lucubr. p. 297—306 abgedruckt ist.

[13]) Quem vivum si fatorum invidia supereese voluisset, haberet Germania, quem Italia opponeret, qualem nunc habet Gallia Budaeum. Erasmi opp. III, 1, 213. F.

7

einen guten Stil, rein, klangvoll, inhaltsreich. Er besass also die Eloquentia, das bekannte Ideal aller humanistischen Bildung.[1] Das ist keineswegs Beredsamkeit im bekannten Sinne, sondern sie umfasst Kenntnis der Sprache und Wissen von den Realien. Diese zwei durch die Natur verbundenen Dinge sind auch in Agricola vereint: er ist gleich stark in der doctrina rerum wie in dem emendatum genus orationis oder sermonis. Das sieht man am besten aus seinen Schriften: daher Rodolphi ingenium ex scriptis aestimari potest.[2]

Daneben rühmt Melanthon aber noch ein zweites: Agricola hat sich nicht bloss um die Sprachen, er hat sich auch um die Philosophie verdient gemacht: er verbesserte die ineptae persuasiones scholae, d. h. die scholastische Logik und setzte dafür an deren Stelle eine bessere, eine gereinigte, aus den Alten entliehene Dialektik in seinen drei Büchern De inventione dialectica.[3] Noch im Jahre 1530, also über 60 Jahre nach der Abfassung von Agricolas Dialektik, erklärt Melanthon, dass es über diesen Gegenstand kein besseres Werk als das des Agricola gebe: Nec vero ulla extant recentia scripta de locis et de usu Dialectices meliora et locupletiora Rodolphi libris.[4]

Aber die Eloquentia und die gereinigte Dialektik stehen in einer inneren Verbindung. Die Bildung des ausgehenden Mittelalters war eine fast ausschliesslich logisch-scholastische gewesen. Das Neue des Humanismus bestand nun darin, dass er die logische Bildungsweise durch die sprachliche ersetzen, dass er die Scholastik durch die klassischen Autoren verdrängen wollte. Da man aber der Philosophie doch nicht gänzlich entraten konnte, brauchte man eine für die Schulzwecke zurecht gemachte Dialektik, welche die unnützen scholastischen argutiae vermied. Dieses Werk schrieb Agricola in seinen drei Büchern De inventione dialectica. Darum die empfehlenden Lobsprüche der Humanistenführer Erasmus und Melanthon.[5]

Das also meint der letztere, wenn er als höchstes Verdienst des Agricola rühmt, er habe eine melior discendi ratio gezeigt. Das hatte kein Deutscher vor ihm unternommen. Die Repräsentanten der deutschen Frührenaissance waren viel zu fahrig und liederlich, als dass sie etwas derart hätten leisten können. Darum aber ruht auch die ganze folgende Entwickelung auf den Schultern dieses Mannes. Zugleich empfahl ihn eine sittenreine Persönlichkeit[6], die man nicht vielen »Poeten« der Zeit nachrühmen konnte; ein zur Freundschaft geschaffenes Herz befähigte ihn, seiner Freunde wahrer Freund zu sein. Wie kaum die Geliebte, ist er von seinen Freunden geliebt worden.

Ein Denkmal seiner Freundschaft sind besonders seine Briefe, von denen bis jetzt schon eine ziemliche Anzahl gedruckt war.[7] Die unten folgenden bilden eine bisher kaum benützte Ergänzung dazu. Mit Ausnahme des ersten unterscheiden sie sich sehr zu ihrem Vorteil von vielen Humanistenbriefen: es sind weder gelehrte Abhandlungen, die durch die Beigabe von Adresse

[1] Vgl. E. Laas die Pädagogik d. Johannes Sturm (Berlin 1872), S. 12 ff. Paulsen Gesch. d. Gelehrten Unterrichts (Leipzig 1885) S. 39 ff., wo dieser Begriff erläutert ist.

[2] CR. XI 440.

[3] CR. XI 439. 442. Bes.: In Philosophia emendabat ineptas persuasiones scholae. Ita etiam scripsit libros dialecticos, ut artem repurgaret eamque e tenebris in lucem et in aciem educeret etc.

[4] CR. III 676. Es ist wohl kaum nötig, hinzuzufügen, dass M. damit den pädagogischen Wert von Agricolas Dialektik würdigte. Wie brauchbar für die Schule jetzt noch seine Dialektik, darüber vgl. E. Laas der Deutsche Aufsatz (Berlin 1877) I² 10—13. Anders liegt die Sache mit dem absoluten, rein wissenschaftlichen Werte. Vgl. Prantl Gesch. d. Logik im Abendlande (Leipzig 1870) IV 167 ff.

[5] Dazu stimmt es, dass M. zwei seiner eigenen Declamationen ähnlichen Inhaltes mit Agricola's Brief De formandis studiis herausgegeben hat. CR. XVII 970. 980.

[6] In Groningen hatte er übrigens —amores. Aber während seiner langen Abwesenheit wurde ihm die Geliebte untreu. Im übrigen vgl. Joh. Janssen Gesch. d. deutsch. Volkes I² 59, wo bes. das Urteil Wimpfelings.

[7] Vgl. Agricolae Lucubrat. p. 174—228. Vgl. das anerkennende Urteil Haussers über die Briefe Agricolas Gesch. d. rhein. Pfalz I 434).

und Datum rein äusserlich die Form von Briefen erhalten haben[1]), noch sind es inhaltsleere
Stilübungen voll klappernder Phrasen aus den Alten. Agricolas Briefe haben trotz ihres zierlichen
Lateins individuelles Leben: seine und seiner Freunde Erlebnisse bilden den Inhalt, und es ist höchst
reizvoll zu beobachten, wie die ihn umgebenden Einflüsse und Persönlichkeiten auf ihn wirken
oder von ihm beurteilt werden, und wie er in jeder Lage die von ihm so hoch geschätzte persönliche
Freiheit zu wahren versteht.

Die sämtlichen 20 Briefe, die unten abgedruckt sind, rühren von Agricola her.[2]) Zum
besseren Verständnis mögen über einige der Adressaten hier mehrere Notizen, die ich gelegentlich sonstiger Studien gesammelt habe, folgen. Neben Dalberg, dem Bischof, dem gefeierten
Mäcenas[3]), ist Dietrich von Plenningen, an welchen sechs Schreiben gerichtet sind, die
wichtigste Persönlichkeit in den Briefen. Der junge schwäbische Edelmann mit seinem krausen
blonden Haare und hübschen Gesichte[4]), dessen Name Agricola in Plinius latinisierte, war genannt
nach dem bei Stuttgart liegenden Dorfe Plieningen. Er hatte gemeinsam mit Dalberg in Italien
studiert und dort mit Agricola Freundschaft geschlossen. Seinem und Dalbergs Bemühen gelang
es, Agricola nach Heidelberg zu ziehen, wo er als vertrauter Freund mit dem älteren Agricola
zeitweise zusammenwohnte. Er war kurfürstlicher Rat, bei Kurfürst Philipp hoch in Gunst, der
ihn mit einem jährlichen Gehalt von 100 Goldgulden und zwei Pferden für seinen Dienst gewonnen
hatte.[5]) Er muss wohlhabend gewesen sein, wie aus mehreren Urkunden aus den Jahren 1488—1493
sich ergiebt. 1494 ernannte sein kurfürstlicher Gönner den »hochgelehrten Rat und lieben getreuen
Dietrich von Plenningen Doktor« auf eine Zeit lang zum Rat beim Reichskammergericht.[6]) Später
vertauschte er den pfalzischen Dienst mit dem bayerischen, und während dieser Zeit scheinen die
meisten seiner Uebersetzungen aus dem Lateinischen ins Deutsche entstanden zu sein.[7]) Auch
als Dichter dürfte er sich versucht haben.[8]) Er starb den 26. Februar 1520 und wurde in Klein-
Bottwar in Württemberg begraben.[9])

Mit drei Briefen ist sodann Johann von Plenningen, der Bruder Dietrichs, vertreten.
Er war Kanonicus zu Worms und Propst zu Mosbach, welche Stellung ihm vermutlich die
Freundschaft seines Bruders mit Dalberg verschafft hat.[10]) Auf den Wunsch Dietrichs, der für
eine solche Arbeit damals zu beschäftigt war, sammelte er nach Agricolas Tode dessen Werke,
liess sie durch einen jungen Menschen, Namens Johannes Pfeutzer, abschreiben und versah sie
selbst mit einem lateinisch geschriebenen Lebensabriss des geliebten Lehrers.[11]) Warum die für
den Druck bestimmte Handschrift schliesslich doch nicht gedruckt worden, ist nicht recht klar.
Die Biographie ist für uns ein wertvolles Aktenstück eines gut unterrichteten Zeitgenossen, der

---

[1]) Ueber solche Humanistenbriefe, zu denen sogar Anleitung gegeben wurde, vgl. K. Hartfelder der Humanist Celtes
als Lehrer (Fleckeisen — Masius Neue Jahrbb. f. Philol. etc. Bd. 128, S. 302).

[2]) Einige weitere wird Herr Morneweg demnächst in seiner Monographie über Dalberg od. Camerarius veröffentlichen.

[3]) Einige an diesen gerichtete Briefe Agricolas wird derselbe Herr in der gleichen Monographie mitteilen.

[4]) Juuenis decora facie et flauis crispantibusque capillis insignis. Agricolae Lucubr. p. 205.

[5]) Agricolae Lucubr. p. 216.

[6]) Vgl. die Urkk. bei K. Hartfelder Analekten (Geigers Vierteljahrsschrift I [1885] S. 126—128).

[7]) Darüber ist eingehend gehandelt in K. Hartfelder Ungedruckte Uebersetzungen klass. Autor. (Heidelberg 1884 S. 5—8.

[8]) Wenigstens bezeichnet ihn Melanthon als Verfasser eines Liedes: Cantionem . . mitto, eius auctorem esse accipio
Plinium, cancellarium Bauariae, cui Rodolfus [sc. Agricola] Dialecticam inscripsit. CR. I 802.

[9]) Vgl. Chr. F. Stälin Wirtemberg. Gesch. III 775, Dietrichs Vater war 1480 mit Burg Schauberck und ¹⁄₃ Vogtei
in Klein-Bottwar belehnt worden. Vgl. Beschreibung des Oberamtes Stuttgart (Stuttg. 1851) S. 214. Das noch vorhandene
Grabdenkmal in Klein-Bottwar (OA. Marbach) ist beschrieben in Beschreibung d. Oberamtes Marbach (Stuttg. 1866) S. 228.
Vgl. auch Münchener Gelehrte Anzeigen VII (1838) 426.

[10]) Wenigstens schreibt Johannes an Dietrich: frater mi, cui omnia debeo. Naumanns Serapeum X (1849) S. 100.

[11]) Derselbe ist wieder abgedruckt Naumanns Serapeum X (1849) S. 101 ff.

aus der Unmittelbarkeit eigener Anschauung und mit der kindlichen Pietät eines dankbaren Schülers die Umrisse zu einem Bilde des früh verstorbenen Lehrers gezogen hat. Nach der Inschrift auf dem Grabdenkmale zu Klein-Bottwar hatte er die Würde eines Doktors und ist 1500 gestorben.[1]

Zu den vertrautesten Freunden Agricolas gehörte ferner der Mediziner Adolf Occo aus Friesland, also sein Landsmann, der später in Augsburg bis zum Jahre 1485 seine Kunst erfolgreich ausgeübt hat, und an den drei von unsern Briefen gerichtet sind. A. J. van der Aa und G. D. J. Schotel sagen von demselben: Occo, geb. 1447 in Friesland, volgens anderen in Ofterhusen in Oost-Friesland, lijfarts van Sigismund, aartshertog van Oostenrijk, een zeer geleert man, bevriend met Rudolphus Agricola, van wien hij diens nagelaten handschriften erfde[2] en te Augsburg, zijne woonplats, overleed in 1503. Zijn portret is gesneden door D. Castos.[3] Neben seinen medizinischen Kenntnissen besass er eine ausgezeichnete humanistische Bildung.[4] Als Agricola 1485 fieberkrank aus Italien heimkehrte und die Krankheit nicht weichen wollte, hoffte er, durch Occos Kunst wieder zu genesen. Derselbe wurde auch aus Augsburg herbeigerufen, kam aber zu seinem eigenen grossen Schmerze erst einen Tag nach Agricolas Tod in Heidelberg an.[5] Er scheint dem Kurfürsten Philipp gefallen zu haben: derselbe verlieh ihm den 19. November 1485, also bald nach Agricolas Tod, dieweil er zu seiner Person dessen hoher Kunst halber Neigung hatte, einen Förderungs- oder Geleitsbrief und ernannte ihn 1488 zu seinem Leibarzt mit dem damals stattlichen Gehalt von 200 rheinischen Gulden, zwei Pferderationen, einem Reitknecht, einem Hofkleid und einer Wohnung am Burgweg.[6]

Unter den Adressaten erscheint ferner ein Adolfus Ruscus, an den drei Briefe gerichtet sind, und dem Agricola Bücherbesorgungen aufträgt. Es ist das der Strassburger Buchhändler und Buchdrucker Adolf Rusch, geb. zu Ingweiler, über welchen neuerdings Karl Schmidt so ausgiebige und wertvolle Mitteilungen gemacht hat, dass hier füglich kurz auf dessen zwei Werke verwiesen werden darf.[7]

Ueber Johannes Fredewolt oder Vredewolt, an welchen ein Brief gerichtet ist, sagt das erwähnte Wörterbuch van der Aas und Schotels: een geestelijke, was Proost van Emden en tevens Priester der St. Maartenskerk te Groningen. Hij werd in 1475, tijdens de hevige oneenigheden der Schieringers en Vetkoopers, door de Groningers naar Duitschland gezonden, om te onderhandelen; doch door Fredewold's dood liepen deze onderhandelingen op niets uit.[8]

Die Pergamenthandschrift, welcher die Briefe entnommen sind, befindet sich auf der königlichen Bibliothek zu Stuttgart (Cod. Poet. et Phil. 4. Nr. 36, 4°), wohin dieselbe mit andern Hand-

[1] Vgl. Beschreibung d. Oberamts Marbach S. 228. Es kann übrigens bezweifelt werden, dass er und sein Bruder Dietrich in Klein-Bottwar begraben sind, wenn auch ihre Namen auf dem Grabmal stehen. Nur wer den genauen Wortlaut der Grabschrift kennt, wird das entscheiden können.

[2] Zur Frage des litterarischen Nachlasses Agricolas vgl. übrigens auch Erasmi opp. III, 2, 1576.

[3] Biographisch Woordenboek d. Nederlanden IX 2.

[4] Vir et latine et grece doctissimus, Naumanns Serapeum X (1849) S. 103. Achnlich sagt Celtis von ihm: Adolphus . . . qui medicus fuit, Clarus per oram nostram Alemanicam, Doctus Pelasgis disciplinis Et latijs pariter Camoenis, Agricolae Lucubr. p. V (unpaginiert).

[5] Naumanns Serapeum X (1849) S. 106.

[6] Vgl. K. Hartfelder Analekten II (Geigers Vierteljahrsschrift I (1885) S. 500. und Zeitschrift f. d. Gesch. d. Oberrh. II 273.

[7] Histoire littéraire de l'Alsace (Paris 1879) I 72. 181. II 23. 31. (Vgl. Register. Zur Geschichte der ältesten Bibliotheken etc. (Strassburg 1882) S. 100—104.

[8] Biographisch Woordenboek d. Nederlanden V 69. — Ueber Goyer und Walter Woudensis, an welche je ein Brief gerichtet ist, konnte ich keine Angaben auffinden.

schriften Dietrichs von Plenningen aus dem Stift Comburg gelangt ist.[1] Dieselbe ist nicht gut geschrieben, und zwar durch den schon erwähnten J. Pfeutzer. Die Blätter sind foliiert und liniert (meist 29 Zeilen auf der Seite). Manches stammt auch von anderer Hand, von Johann von Plenningen, der die Arbeit Pfeutzers kollationierte, und von Dietrich von Plenningen, von dem die meisten sehr klein geschriebenen Randbemerkungen herrühren dürften. Die Ueberschriften sind rot geschrieben, die Anfangsbuchstaben einzelner Briefe oder Abschnitte ausgemalt. Den Inhalt der Handschrift hat Fr. Pfeifer verzeichnet.[2]

Die Orthographie ist hier unverändert wiedergegeben. Dieselbe ist besonders bei der Bezeichnung der Endung im Genitiv und Dativ Singular der ersten Deklination inkonsequent, indem ae mit e und e wechselt. Da ich dieselbe Inkonsequenz auch in alten Drucken schon gefunden habe, so hielt ich mich zu einer Veränderung nicht für berechtigt. Doch wurden die Anfangsbuchstaben sämtlicher Eigennamen gross geschrieben, auch die Accente der griechischen Worte verbessert. Der Abschreiber scheint aus mangelnder Kenntnis des Griechischen die griechischen Citate rein mechanisch, ohne jegliches Verständnis, nachgemalt zu haben. Ebenso ist die Interpunktion nach den Regeln umgewandelt, die für uns massgebend sind.

Unsere Handschrift muss schon J. K. Höck am Anfang des Jahrhunderts bekannt gewesen sein. Derselbe benützte wenigstens eine Stelle aus dem Briefe an Ruscus 1485, die er auch abgedruckt hat.[3] Allgemein zugänglich wurde sie zuerst durch die erwähnte Inhaltsangabe, welche Fr. Pfeifer im Serapeum von ihr gegeben hat.[4] In allerneuester Zeit hat dann der oben citierte geistvolle Vortrag Fr. von Bezolds über Agricola nochmals das Interesse derjenigen, welche sich mit der Geschichte des Humanismus beschäftigen, auf unsere Handschrift gelenkt.

Wir schliessen diese einleitenden Bemerkungen mit den Worten eines Mannes, dem die seltene Gabe verliehen war, jede historische Persönlichkeit in den richtigen Zusammenhang zu rücken, sie auch in der Darstellung einzureihen in die Entwickelung, der sie im Leben angehört hat: »Dann erschien auch wohl einmal ein Talent, das sich die klassische Bildung jener Zeit vollständig aneignete. Rudolf Huesmann von Gröningen, genannt Agricola, ist ein solches; die Virtuosität, die er sich erwarb, erregte ein allgemeines Aufsehen: wie ein Römer, wie ein zweiter Virgil ward er in den Schulen bewundert. In die engen Verhältnisse, die einem deutschen Gelehrten zugemessen sind, konnte er sich nicht finden, und andere, in die er eintrat, befriedigten ihn doch nicht, so dass er sich rasch verzehrte und vor der Zeit starb.«[5]

[1] Ueber dieses ehemalige Ritterstift vgl. Moser Beschreibung des Oberamts Hall (Stuttg. u. Tübingen 1847) S. 244. Freiburg. Diöces.-Archiv XVII (1885) S. 217.

[2] Naumanns Serapeum X 115—119. Doch sind daselbst einige Jahreszahlen unrichtig angegeben; dieselben sind unten in dem Abdruck verbessert. Ferner ist auch das am Ende erwähnte Gedicht Agricolas Ad Cribellam nicht unbekannt, wie Pfeifer annehmen will, sondern gedruckt in C. Plinii Secundi Epistol. libri Argent. 1514). Vgl. Horawitz u. Hartfelder Briefwechsel d. Beat. Rhenanus. (Leipzig 1886) S. 62.

[3] Im Neuen litterar. Anzeiger 1806, p. 216 u. 217, allerdings ohne seine Quelle zu nennen. Diese Stelle wurde dann wieder benutzt von A. Kirchhoff (Naumanns Serapeum XIII [1852] 312).

[4] Auf diese Inhaltsangabe machte mich Herr K. Morneweg aufmerksam, wofür ich ihm auch an dieser Stelle meinen Dank aussprechen möchte.

[5] L. von Ranke Deutsche Gesch. im Zeitalter d. Reformat. (Leipz. 1881) I⁴ 175.

1. Agricola an Albert Goyer.

Paris.   *18. Juli 1469.*

Rhodd(olphus) Agrico(la) Alberto Goyer, Medicine doc(tori), S. d. p.

Photionem Atheniensem[1], uirum omnis antiquitatis atque memorie integerrimum, quum aliquando, apud populum Atheniensem dicturus, cogitabundus sederet querentibusque amicis, quidnam secum tam obnixe adniti[2], ut ea, que populo dicturus esset, perquam breuiter explicaret, homo prudentissimus, qui de iusticia reliquisque uirtutis artibus uerba facturus intelligebat facile orationem suam populo imperito atque omnis egenti probitatis parum probatum iri, rectissime itaque instituit paucis, id quod cupiebat, orationem: ita te quoque exiguas a me litteras expectare arbitror, neque mihi in eo est elaborandum, ut prorumpentia ultro coherceam uerba et copiam ipsam ad pauca contraham, sed nihil habenti, quod scribam, omnes potius sinus (ut ita dicam) pandendi erant curandumque, ut quam latissime se funderet oratio et profecto facerem id ipsum, nisi res esset eiusmodi, que a meis omnino moribus abhorreret. Uereor enim, ne, ubi aures tuas uerbis expleuero, animo offendare, credasque uerbosum me quendam et ineptum magnaque de nihilo confingentem dicas. Dabis itaque hanc ueniam pudori meo et ex modica epistola animi magna cupientis sumes iudicium. Tu uero quid agis, queso? Oras, ut meas ad te litteras mittam. Uideor quidem mihi in eo perspexisse ingentem quandam uim humanitatis atque modestie tue, sed ut optimi quoque animi erga me tui documentum, unde hec mihi spes? unde rogo fiducia obueniat, ut credam dignas me uel tua uel docti cuiusquam eruditione scribere posse epistolas? que etiam eiusmodi sunt, ut plerumque mihi ipsi stomachum soleant mouere; sed uideo, quid sit: fallit te beneuolentia nostri paterisque, quod amantes solent, quos nonnunquam ipsa delectant uicia, nec nostra scripta ex se, sed ex amicicie nomine iudicare incipis, qua quidem in re doleamne magis an laeter, haud facile dixero. Doleam enim necesse est, qui mihi conscius sum tenuitatis mee, neque eam, quam de me concepisti, opinionem tueri possim atque explere; laetandum uero, quod tu, talis tantusque uir, ea de me iudicas, que te amantem mei summaque beneuolentia mihi deuinctum ostendunt. Quorum si alterutrum optandum mihi detur, longe apud te (si quid mihi credis) amici quam eruditi hominis existimationem obtinere malim, quorum alterum apud bonos presertim uiros non nisi uirtutis specie effici solet, alterum autem improbissimo cuique facile contingit. Tu ergo perge oro, ut cepisti, et de nobis, siue is amor est (sed enim quid aliud sit, non uideo) optime sentito. Ego quoque adnitar, quocumque tempore ita se uires dabunt, ut nulla me etas iudicio atque amicicia tua arguant indignum. Sed longior, quam putabam, fit, ut sub ipsis manibus nascuntur uerba. Finis igitur sit, si tantum hoc addidero, quodque summis a te precibus etiam atque etiam contendo, ut, si meas posthac litteras uoles expectare, tuas quoque, quam creberrime potes, remittas. Uale foelix et nos, ut coepisti, ama.

Datum Papie, XVIII Julij anno 1469.

Cod. fol. 220 auf beiden Seiten.

2. Agricola an Johannes Vredewolt.

Paris.

Rhodol(phus) Agri(cola) Johannj Vredewolt S. d. p.

Scribis mihi, suauissime uir, constituisse Papiam te proficisci atque hiemem hanc nobiscum exigere. Hoc precor, hunc illum nobis aurora nitentem Luciferum roseis candida portet equis.[3]

---

[1] Die hier erzählte Anekdote von Phokion steht in Plutarchs Phokion V 19 u. 20 (ed. Sintenis. Vol. III 302).

[2] In diesen Satz ist der Accusativ »Photionem etc.« am Anfange zu konstruieren.

[3] Verse des Tibull I, 3. 95 u. 96.

Rumpe queso moras[1] omnes, et quicquid est, quod ab hac te destinere[2] sententia possit, uel explica uel incide desideratissimumque nobis prebe conspectum tui et hoc maximo gaudio animum meum auge. Sed ut quid augeas dico? Cumulabis mehercule et prorsus implebis, neque est quicquam, quod ego in omni uita aut lętius mihi aut gratius euenire arbitrer posse, quam ut presentis tui dexteram presens hic aliquando complectar suauissimeque institutam amiciciam nostram non dico confirmem (quippe cui nihil est, quod accedere posse credam), sed excolam acquiescamque in ea omnesque animi mei molestias, curas omnes in ea ipsa reponam. Uerum ne me solum animi mei putes habere rationem credasque in tuo labore me satisfacere meo desiderio uelle, hoc tibi nunc quoque affirmare ausim[3], si huc uenias, fore, ut, quidquid propter hanc rem opere sumpseris, magnis te premijs uberrimaque mercede redemisse dicas. Miraris fortasse, que sint hęc. Ne omnia colligam, que multa sunt, nonne tibi pulchrum Italiam ipsam uidetur, domitricem quondam principemque gentium, intueri? unde uirtutis illi uiri, unde sanctissima, maxima, seuerissima ingenia prodiere. Ego quidem uidisse eam tanti puto, ut eam tibi censeam uel propter hoc solum uidendam, ut uideris. Nihil de moribus hominum, nihil de studijs, nihil de reliquis id genus rebus dico, siue enim ignoranti tibi maiora hęc uideri possunt (tacebo, quo uehementiore stimulo ad ea pernoscenda subigaris), siue minora credis, quo pleniorem fructum, quum ueneris, cepisse te gaudeas, itidem tacebo. Tacebo autem (licet inuidum me putes) propter hoc quoque, ne hęc, que ego tot annis, tanta opera impensaque perspexi, una tibi epistola perscribam. Ridere me putas? Serio loquor. Sed tu perge, oro, perge, et animo tuo meliora monenti obsequere. Tu uero, si quid nobis tribuis, haec uel hortantem me uel precantem credas scribere, cui, ut pulchrum erit, si auctorem me sequeris, ita, si rogantem audies, iucundissimum.

Quod ad sumptus cum famulo faciendos attinet, pro contubernio uel, ut uulgo loquimur, pro mensa quinquaginta ad summum ducatos impendes.[4] Insignia doctoratus circiter triginta duc. constabunt. Tu quicquid consilij sumes aut quicquid facturus es, fac me, queso, per litteras certiorem. Uale.

Magister Johannes de Dusseldorp, canonicus S. Seuerini Coloniae, ornatissimis tibi uerbis salutem dicit iterum optatissimum.[5]

Datum Papię, properanter de multa nocte.

Cod. fol. 220. D. a. u. b.

3. Agricola an Dietrich von Plenningen.

Ferrara.   10. *Jan.* 1476.

Agricola suo Theoderico Plinio S.

Satisfaciendum mihi erat instituto meo, ut nullam scribendi occasionem eripi mihi paterer; alioquin satis multa nudius tertius ad te scripseram, si epistolę magnitudine hoc ipsum satis scribere metiri uelim. Nam satis et scribendi[6] mihi et tibi legenti non epistola, uerum etiam uolumen uix uidebitur. Ego te, mi Plini (ut epistolę tuę respondeam), si amare me dicam, frigido plane

---

[1] Rumpe moras, eine bei römischen Dichtern häufig vorkommende Wendung z. B. Verg. Aen. IX 11. Ovid. Metam. XV 583. Valer. Flacc. I 306 etc.

[2] Kommt bei Humanisten öfters für detinere vor.

[3] Entweder in ausim oder ausus zu verwandeln.

[4] Zur Umrechnung in unser Geld sei bemerkt, dass ein Dukaten ungefähr 9—10 Mark nach unserem Gelde betragen hat.

[5] Wahrscheinlich verschrieben für optatissimam.

[6] Verschrieben für scribenti.

et inani in hac re uerbo uti uideor, non quod hoc parum sit. Quid enim maius dicere possumus quam eum te esse, cum quo ego dies noctesque omnes coniuctissime[1] uiuere uelim? cui consilia mea omnia committere et in intima animi penetralia admittere conscium omnium cogitationum rerumque mearum auderem et, ut uno uerbo dicam, a me nihil differre, nisi loco et effigie putem. Sed fecit uulgata hominum ineptia uel inprobitas, ut nihil iam hoc uerbo leuius uideatur, qui quoscunque pendentes uidere nolint, hos amare se dicunt. Itaque si ad uulgi morem loquendum est, nedum amo te, sed ardeo etiam et depereo. Non addo, quamobrem te amen.[2] Lente enim et otiose, ut ita dicam, beneuolentie est, quisquis causas et uelut estimationem quandam huius affectus reddere potest.[3] Constans et nulli fortune cedens quique non temporum aut locorum distantia soluitur amor uirtutibus et honestate morum conciliatur, ut sapientie auctoribus placuit, uerum hec uelut semina incipientibus rebus necessaria, que, postquam nate profecteque paulisper sunt, suo sese robore sustinent, ita ego uirtutibus facilitateque uite oriri allicique beneuolentiam credo. Ast ubi semel uictus est ablatusque animus, non species, non gratia, non uirtus, non iucunditas uite, sed homo amatur. Alitur tamen roboraturque his ipsis. Quis negat? Tegit tamen omnia et uelut potior prestantiorque in naturam et nomen suum cuncta conuertit. Sed quorsum hec nobis philosphia? Hoc satis fuerit dixissi: tu amantissimus mei, tu mihi amantissimus. Quicunque hoc inter se animo sunt, neque poscunt rationem huius mentis neque reddunt neque argumentis hoc creditur neque ostenditur etiam. Nemo putat in amore se talli, nisi quisquis est alium fallere paratus. Trauestiris[4] (ut hoc uerbo utar), ρορίζης, amas, triumphas. Gaudeo tuo nomine. Indulgeas etiam animo, uberius paulo censeo, quod duorum te uicem sustinere, meam uidelicet et tuam, est necesse. Ego, latro et ursi ut solent, ungues sugo.

Vale. Plurimam et suauissimam salutem dulcissimo Plinio, fratri tuo[5], dicas, item reliquis dominis meis Talhaym[6] et Welde[7] et Wat, nostro preceptori, item monachorum familiarissime. Iterum atque iterum, mi dulcissime Plini, uale. Raptim.

Ferraria X° Janu. anno LXXVI?

Cod. fol. 195ᵇ—196ᵃ.

4. Agricola an Dietrich von Plenningen.

20. Jan. 1476.

Suo Theoderico[1] Plinio Agricola salutem.

Habes ex me, Plini suauissime, noctis unius lucubrationem, non quidem noctis, quantam nunc tenebre sibi uendicant, sed quantam quieti daturus eram. Somnum enim, refectorem illum corporum animorumque, tibi impendimus nec querimur. Dignus es, cuius amori atque beneuolentiae etiam nostro inconnuodo satisfatiamus uel deseruiamus potius, quando amori non labor,

[1] Offenbar Schreibfehler für coniunctissime.

[2] Schreibfehler für ameta.

[3] Hier steht am Rande: Causae amoris et beneuolentiae.

[4] Trauestire ist kein Lateinisches, sondern ein italienisches Wort. Vgl. Du Cange Glossarium. Ed. G. A. L. Henschel VI 646: Travestitum. In travestito, veste mutata, ab Italico travestire, vestem mentiri vel mutare. Gall. Se travestir.

[5] Johannes von Plenningen.

[6] Ob dieser identisch ist mit dem Juristen von Dalheim, welcher 1408 zuerst die Pandekten in Heidelberg las? Vgl. Hautz Gesch. d. Univers. Heidelberg I 346. 347. Bei Töpke (Matrikel d. Universität Heidelberg I 4291 steht: Dom. doctor Joannes de Dalheym Treuerensis dioc. IX Kal. Julij 1408.

[7] Wahrscheinlich identisch mit dem Battoldneus a Welda, mit welchem er und Dietrich von Plenningen in Aachen später eine fröhliche Zusammenkunft hatten. Agricolae Lucubr. p. 184.

[8] Dieses Wort ist von anderer Hand und mit anderer Tinte hineingeflickt.

non molestia, non ulla cura satisfacere potest, sitque hoc unum par amoris dignumque pretium uicissim amare. Erat septima hora[1], ut surgenti mihi e studio et paranti dormitum ire casu in manus uenit epistola tua; lego eam et ammonuerat me is, qui has litteras perfert, si quid scribere uellem. Cogitaui uelle, sed incertum, quid aut qua de re, tandem statui annotare in hac ipsa epistola tua, que uiderentur pro meo captu emendanda sicque, quando coram no[2]) possem, absens per litteras te uel instituere uel monere. Itaque raptim concerpsi uerius quam scripsi, que in animum uenerunt, nec te moueat, si multa notauimus. Quam multa putas me in meis quoque mutaturum esse aut deleturum, si exacte et diligenter omnia mihi forent iudicanda, et ego de me in meis dico, quem uel inscitia fallit uel indulgentia corrumpit. Nemo fere est, cui non plus equo sua placeant, et omnes in nostris defensoris potius quam iudicis accipimus personam. Quodsi alienus de eis sententiam ferat, iam non emendanda, sed euertenda prorsus et male tornatum opus incudi suę reddendum censeat. Equidem preclare actum esse cum hominibus infime classis, inter quos me numero, arbitror; si quę limam et sculptoris (ut ita dicam) manum mereantur, effingant. Ego itaque, ut ad spem non solum letam, sed certam etiam te adducam, non ea modo tibi adhibeo, quę auribus tuis blandiantur, hoc est laudem et plausus, sed ea etiam, que exacuant studium, diligentiam excitent et ante omnia fructum laborum ex labore cogant sperare.

Uellem plura, sed tempus me deficit. Cupio apud te esse, namque dies, ni fallor, adest, quem semper acerbam, semper honoratum, sic dii uoluistis, habebo, dies, inquam, sancti Sebastiani[3]). Quomodo enim, qui tam letam atque iucundam mihi ingerit ex preteritorum recordatione memoriam, nunc mihi poterit ex presentium comparatione non acer et acerbus uideri? Proximam opportunitatem scribendi, que mihi dabitur, studijs tuis dabimus colligemusque ea, que uidebuntur tibi maxime collatura, et queque rectissima atque breuissima inuestigare compendia ad haec eruditionis tue initia possunt, per ea te ducam. Debeo hanc curam beneuolentię tuę, debeo et meis de te desiderijs, quandoquidem nihil incrementis rerum tuarum accedere potest, quod non ęque accessisse mee foelicitati credam, tantoque magis, quod, que mihi ex uoto contingunt, intra me clauduntur, que uero tibi et tuo, hoc est amici nomine, et in amico me ipsum ueluti nomine me[4]) duplici uoluptate perfundunt. Vale, saluere etiam atque iubeas[5]) meo nomine ornatissimum adolescentem fratrem tuum, reliquos iterum dominos meos Talhaym et Welde; amicos preterea omnes saluta. Iterum, optatissime, uale.

Datum Ferrarie raptissime ipso die Sancti Sebastiani hora 14 Anno 1476.

Cod. fol. 196ᵃ—197ᵃ.

5. Agricola an Dietrich von Plenningen.

Ferrara.   4. April 1476.

Rho(dolphus) Agri(cola) suo Theoderico[6]) Plinio S.

Ergo nihil mihi scribis et, quod indignius est, certissimum nuntium, hoc est fratrem meum pateris inanem ad me reuerti, quem rediturum tot ante dies sciebas, ut non tempus, non scribendi occasionem causari posses. Quanto ergo obseruantior ego nostre amicitię, qui ultimo die carnis-

---

[1]) Das ist im Januar nach italienischer Uhr Mitternacht. Vgl. über diese Stundenzahlung Goethes Ital. Reise Bd. 24 der gesammelten Werke (der Hempelschen Ausgabe) S. 40 ff. 519 ff.

[2]) Schreibfehler für non.

[3]) 10. Januar.

[4]) Zu verbessern in meus.

[5]) Man sollte folgende Wortstellung erwarten: atque etiam saluere iubeas.

[6]) Dieses Wort ist von späterer Hand hinzugefügt. Das Eingeklammerte ist meine Ergänzung.

priuij post coenam quoque et post spretatas choreas non a me id impetrare potui, ut excusate mihi uiderer opportunitatem scribendi pretermissurus. Dabis ergo poenas. Queris quas? Has primum, quod litteras istas breues et plenas querelarum accipies, deinde etiam, quod temporis culpam, qua me pauciora scribentem excusare poteram, tibi imputabo et hoc, quod nequiui, noluisse mihi uidebor; postremo maiore supplitio hanc negligentiam lues, neque est, quod aures erigas, non dicam, quod id sit, ut si non euentu, metu tamen minisque te torqueam. Dicis fratrem mihi potuisse narrare omnia, quasi uero non ille narrauerit satis longam fabulam et benignitatem erga se tuam: et nescio, que multa, que etiam, ne ipse tibi placeas, recensere nolim. Sed quid ea ad me? deinde ut ad me.[1]) Ego tamen in hac tua desidia nihil sibi[2]) de te credo, qui etiam ea, que ipsi mihi perspecta in te probataque sunt, omnia falsa puto. Expectas fortasse, ut pro cithara, quam mihi misisti, gratias agam. Ne hoc quidem, quoque magis id te benefitium perdidisse doleas: optima est. Tu quidem posthac, si tibi uidetur, negligas scribere, ego uero efficiam, sed, ne uel querele longiorem saltem mihi epistolam eliciant, non amplius uerbum aliquod addam. Uale, Batum nostrum salutes, fratrem tuum inprimis, dominos b. Welda et Talhaym.

Datum propere 4 aprilis Ferrarie anno 1476.

Frater meus omnes honestissimis uerbis salutat.

Cod. f. 107 a. u. b.

6. Agricola an Johannes von Plenningen.

Ferrara. *19. Juli 1476.*

Suo Johanni Plinio Rho(dolphus) Agri(cola) S. p. d.

Stephanus de Antwerpia litteras ad me dedit, quibus certiorem me fecit Theodericum nostrum[3]) uocante patre uestro in patriam profectum esse, credere tamen ipsum, nisi maius quicquam interueniat, rediturum quamprimum. Ualde cuperem scire, quid futurum sit, quanquam sciam difficulter id nunc sciri posse, nisi uel scribat ipse uel redeat. Quare autem tantopere id cupiam scire, hoc cause est: dominus Ludouicus, apud quem diuersatus sum hactenus, et cuius contubernio usuros nos simul, si Ferrariam ueniretis, putaram, is interea, cum Mutine[4]) cum principe fui, mortem obijt multumque preter sumnium dolorem, quem ex morte humanissimj uirj et mei amantissimi cepi, turbauit me, quod domus mihi mutanda est et querendus alius locus, quo habitem. Quodsi in hac domo mansissem, siue uenissetis siue non, parum momenti hinc inde fuisset; nunc uero, si alio aliquo loco cum ullo domino paciscendum est et uobis locum, quo habitare mecum possitis, non prouidero, si ueniatis, unum incommodum est, si prouidero et non ueniatis, alia rursus molestia est. Itaque oro te, suauissime Johannes, quam primum ullius nuntij copia tibi dabitur, scribe, quicquid uel explorati habes uel uerisimiliter futurum putas. Cupio ante omnia, si fieri potest, ut ueniatis, sin id fieri nequit et quicquam, qualia multa fieri solent, accidat, quominus possitis, ferendum est, quod mutari non potest. Uale, Oliuero nostro plurimam salutem dicas, item dominis meis Talhaym, Welde et reliquis omnibus, qui domi uestre sunt, ornatissimis uerbis me commenda.

Datum propere, ut uides, XIX Julij Ferrarie (Anno 1476).[5])

Cod. f. 204 a. u. b.

---

[1]) Diese Stelle scheint verdorben. Sollten nicht deinde und tamen ihre Stelle mit einander tauschen?

[2]) Wahrscheinlich zu verändern in tibi.

[3]) Dietrich von Plenningen. Der Vater hiess ebenso († 26. Febr. 1485). Vgl. Beschreibung d. Oberamtes Marbach (Stuttg. 1866) S. 228.

[4]) Modena.

[5]) Die eingeklammerten Worte sind am Rande, aber von alter Hand, hinzugefügt.

7. Agricola an Dietrich von Plenningen.

Ferrara.   5. Dez. 1476.

Agricola (Theoderico)[*]) Plinio suo S.

Alias plura, nunc pro tempore. Difficile est, ut credas mihi, sed credes tamen, puto, quanto desiderio Papię[*]) tenear; uideo[*]) mihi simul cum ea urbe, quicquid erat, quod uel animo gratum uel uitę iucundum esset, perdidisse. Non tam letum nunc cęlum, non tam benigne aurę, quas spiro, non tam uiuere mihi nunc uideor et, ne quid amplius dicam (quandoquidem amplius nihil possum), uideor et ablata mihi omnia et me omnibus ablatum, et perdidi nedum alia, sed et me ipsum. In causa est humanitas et benignissima uitę consuetudo quum reliquorum multorum tum tua, quam omnibus prefero, et preferre me tu facile ex animo tuo coniecturam accipies, et tamen ne, si omnia tibi tribuamus, nimium tibi placeas. Etiam in causa est uultus ille, fons[*]) quidam, ut ita dicam, aut exemplum omnis modestie, probatatis[*]), uirtutis, cuius similem intueri diu desiderabo, fortasse nunquam uidebo. Agnoscis stultitiam meam, cui, quo maior sit, hoc accedit, quod in hac parte, qua stultissimus sum, ipse mihi uel maxime sapere uideor. Ego preterquam grecis litteris nunc nulli prorsus rei uaco, tu quotidie aut lege aliquid aut scribe aut, quum tantum ab asinaria mola, id est iuris lectione otij erit, fac utrumque. Johanni Wat meo nomine plurimam salutem dices, meo nomine addes deinde de homine[*]), cui litteras dedit mihi reddendas; dic gratissimum se fecisse, primum quod scripserit, deinde quod notitię uiri illius me insinuauerit. Germani, affirmare ausim, omnium, qui hodie sunt, litterarum peritissimi, peritissimi dico, quanquam fortasse hoc melius in alijs dicatur rebus, tamen ut non eruditionem solum, sed curam et laborem et industriam significem. Item filio meo suauissimo, domino Stephano, salutem plurimam dicas iubeque, ut omnes, qui domi sue sunt, meo nomine salutet. Saluta honestissimis et ornatissimis uerbis omnibus[*]), qui domi tue sunt, ante omnes fratri tuo. Uale.

Properantissime Ferrarię pridie S. Nicolai anno 1476.[*])

Cod. fol. 197[b]—198[b].

8. Agricola an Walter Woudensis.

Ferrara.   *Ostern.*

Rho(dolphus) Agri(cola) suo Waltero Woudensi S. p. d.

Uolenti mihi ad te scribere nihil sane, unde inciperem, aptius est uisum, quam quod apud Ouidium Sappha inquit:

Nunquid ubi aspecta est studiosę littera dextrę,
Protinus est oculis cognita nostra tuis.[*])

*) Von anderer Hand hinzugefügt.

*) Pavia.

*) Wahrscheinlich Schreibfehler für uideor.

*) Sollte dafur nicht frons zu lesen sein?

*) Schreibfehler für probitatis.

*) Dazu ist am Rande von gleichzeitiger Hand bemerkt: »designat do. Johannem de monte regio nurnbergensem«. Es ist Johannes Müller aus Königsberg in Unterfranken (nach seinem Heimatsort Regiomontanus genannt), »das Wunder seines Jahrhunderts, der Reformator der Astronomie und Mathematik«. Vgl. J. Janssen Gesch. d. deutschen Volkes I° 117 fl., wo die weitere Litteratur verzeichnet ist.

*) Es sollte dafür besser omnes und fratrem tuum stehen.

*) Sollte dafur nicht besser 1475 geschrieben werden? Der Inhalt würde zu diesem Jahre besser passen.

*) Ovid Heroid. epist. XV 1 u. 2.

An oro, excidimus tibi? et tam iucundam memoriam nostri anni tibi potuerunt auferre, ut non ad primum conspectum litterarum mearum ipsas, ut non prescripserim nomen meum, posses agnoscere? An non omnis consuetudo uitę nostrę, non simplex illa et candidissima familiaritas rerum inter nos uerborumque omnium recens adhuc tibi et uelut ante oculos obuersatur? Ego certe ita puto tamqne constanter id mihi persuadeo, ut nefas etiam credam aliter de benignissimo beneuolentissimoque nostri illo animo tuo arbitrari, huiusque meę opinionis, uel si id uerbum segnius est in amicitia, huius mee sententie argumentum maximum ex animo meo capio, qui enim ita letam, semper ita iucundam memoriam nominis tui habeo, ut non abstulisse aliquid ab amore nostro tam multi anni, quibus nihil explorati, nihil certi de te audio, uideantur, sed cum tempore creuisse mihi beneuolentiam desideriumque tui sentiam, adduci non possum, ut non eodem te in nos animo esse credam. Altius orsus epistolam uideor, quam ut per gradus suos ipsam pro temporis angustia explere possim et, si modo hec tibi redditur, hoc est si Fani[1] es, quemadmodum audio, crebras et longiores expectabis.

Ferrarie habito seruioque duci aliique me uetus hec nostra canendi in organis ineptia.[2] Studia nostra eadem sunt, que semper, hoc est steriles et contumaces melioris consilij litterulę nostrę, quibus omnem dedicauimos uitam. Addidi grecas litteras, quo cumulatius eis, qui frustra in hoc me stadio decurrere putant, uidear insanire. Habeo stipendium a principe, in mensem quinque aureos, sextum quotidie expecto. Tu, oro, de omnibus rebus tuis et quid agas et qua ratione uiuas, quam copiosissime me facito certiorem. Uale.

Datum Ferrarię, properantissime ipso die paschę.

Cod. fol. 198ᵇ—199ᵃ.

9. Agricola an Johannes von Plenningen.

Ferrara.   5. August (1475 oder 1476).

Rho(dolphus) Agri(cola) suo Johannj Plinio S. p. d.

Litteras fratris tui, quibus scribit mihi de profectione in patriam, accepi, tametsi antea de discessu suo certior factus eram litteris domini Stephani, filii mei. Itaque ex ipsius Stephani litteris scripsi priores eas, quas iam te arbitror accepisse. Quod autem nunc preterea scribam, propemodum nihil habeo, nisi hoc, quod sepius et prope semper excripsi, cupere ita res uestras ferre, ut huc ueniatis; cupere uero dico, ut desiderij mei exprimam affectum. Non hortabor, non suadebo nec nunc tandem uidear dubitare de fide uestra: quin etiam, quo maiorem cumulum meriti uestri fatiam, addo etiam nihil uos hic egregium habituros, quod expectatis, cunctaque uos Pupie meliora, uberiora letioraque relicturos; quęque maxima est beneuolentię meę fidutia, tanti me uobis puto, ut audeam me solum omnibus illis, que dico, melioribus, uberioribus, lętioribus opponere et, quod in greco pronerbio est: uos mihi, ego uobis omnia, ita est, mi suauissime Johannes. Non dubito, quin uenturi sitis, modo fieri possit, ut ueniatis, sed quia frater tuus, ut scis, profectus est, et quum omnia humana incerta, tum itinera uel omnium incertissima sunt, potest interuenire, quod reditum eis uel differat uel prorsus impediat: res, tempus, consilium patris, quelibet occasio causam prebuerit, quominus possitis huc, quemadmodum decreuistis, uenire. Ego tamen futurum spero atque ita animum constitui. Quod autem diffidentius loquor, fatio, quod consultiores amatores solent, ut spes meas uelut in dubio suspendens lentius, si secus

¹) Vielleicht ist das Fanum, jetzt Fano in Umbrien an der adriatischen Küste.
²) Ueber seine Geschicklichkeit im Orgelspiel sagt die Vita Plenningens: Organa denique tam pulsabat egregie, ut omnes seculi sui potuisset ad certamen provocasse. (Naumanns Serapeum X (1849) S. 113).

3

atque cupio cesserit, torquear errore meo, deinde et uos quoque sciatis me, si ita eueniat, necessitati ignouisse, de fide uero nequaquam dubitasse. Futuro anno, quoniam id scire uoluistis, quid legetur, mane incipient C. qui ho. pos., post prandium ff. delega. 1°.[1]

Salutem plurimam dicas Oliuero nostro, item dominis meis bar. Welde et Jo. Talhaym magno et reliquis omnibus. Felicissime etiam atque etiam uale.

Datum V augusti Ferrarię.[2]

Cod. fol. 199ᵃ u. ᵇ.

10. Agricola an Adolf Occo.

Dillingen.   *14. August (1481?).*

Adolpho Occoni, arcium et medicine doctorj.

Salue. Gratissimum fecisti, quod figuras eas mihi misisti; perspexi diligenter et id ipsum, quod tu, iudico, quamquam figurę, quae ad querentem pertinent, infauste sint, quae ad rem quesitam, benigniores, ut meo captu ego potius rebus quam mihi res videantur defuture. Ego tamen de summa rerum mearum, si alioqui comodior (sic) opportunitas ulla se ostenderit, nihil est, quod constituam uel mutem. Id prorsus stat mihi redire in Italiam, quandocunque per rationes rerum mearum licebit mihi.[3] Uides, in qua parte studiorum nomen dederim utque secutus sim litteras has, blandas quidem, sed preterquam blandas nihil aliud, quodque ὁ ἡμέτερος βουκόλμός φησι· ἔστι ἐν κενεοῖσι φιλάμασι ἀδέα τέρψις[4], hoc ego comodissime (sic) uideor posse de studijs meis dicere, in quibus preter τὸ κενοχαρὲς καὶ ἄκαρπόν τινα ἡδονὴν nihil est, quod magnopere quisquam speret, sed quando, ut ego arbitror, fata quedam ad ea me trahunt et in hanc partem ingenium omnisque uitę meę ratio propendet, ut aliquam etiam expectationem mei, ut indoctus aput indoctos existis[5], concitaui, stultum forte sit deserere, que aliquo pacto sperare possum, et non speranda nunc demum inchoare. Tuendus mihi est error perseuerantia et peruicatia[6] prestandum, ne uidear errasse. Sed quorsum haec tam multa? inquis. Cupio, id quod et alias sepe tibi dixi, adiungere Hebraicas. Sacras enim litteras uelut honestissimum senectę studium destino, ad quas scis quantopere me possint Hebraica iuuare et, nisi nimium indulgeo mihi, decebit me fortasse cultius et maiori instrumento litterarum theologiam complecti, quam uulgus illud hominum nostrorum, qui uix primis perceptis rudimentis ad eum uelut scopulum impinguntur. ἀλλὰ καὶ ταῦτα θεῶν ἐν γούνασι κεῖται[7].

Interea prope adductus sum, ut hanc hyemem hic manerem[8], mansissemque haud dubie, nisi aes alienum Oliueri, quo me scis deuinctum, me hinc expelleret. Quod si fuisset mihi certa nuncij facultas, quo potuissem litteras Coloniam mittere, ut inde domum perferrentur, egissem per litteras, ut mitterentur Oliuero pecunię. Causa, propter quam manere uolui, fuit, ut Homerum exscriberem. Scis, ut sine eo Greca studia mihi prorsus sint mauca. Scriberemque si non utrumque uolumen, saltem tamen Ἰλιάδα. Quod si discedam, intra triduum aut quatriduum ad summum abibo. Tu

---

[1] ff ist die übliche Abkürzung für Digestum. — delega. 1° scheint Abkürzung für den Titel: de officio (et potestate judicis) delegati. Die andern Abkürzungen, die sich auf Vorlesungen zu Ferrara beziehen, könnte ich nicht entziffern.

[2] Die Bestimmung des Jahres (1475 oder 1476) richtet sich hier nach Brief nr. 7. 1475 scheint mir wahrscheinlicher.

[3] Durch die Berufung nach Heidelberg hat sich die Absicht, für dauernd nach Italien zurückzukehren, nicht verwirklicht.

[4] Der βουκόλιμος, welches Wort A. gebildet zu haben scheint, ist Theokrit, aus dessen dritter Idylle (v. 20. auch 27. 4) das Citat stammt.

[5] Wahrscheinlich verschrieben für existit.

[6] Nach peruicatia steht iuuare; das Wort ist aber durchgestrichen, auch Punkte darunter gesetzt und darüber geschrieben: vacat.

[7] Odyss. I 267, und sonst.

[8] Er war auf Wunsch des Bischofs von Augsburg, von Italien kommend, in Dillingen geblieben und übersetzte hier einen Lukianschen Dialog ins Lateinische. Vgl. Naumanns Serapeum X (1849) S. 103.

uelim tamen de hac re, si potes, interea libere sententiam tuam et ex fide mutua mihi perscribas querasque Auguste[1]), ecquid possis inuenire mercatores, quorum opera litterę possent Coloniam uel, quod proximum est, Franckfordiam ad mercatum mitti, ut Coloniensibus inde mercatoribus darentur. Lucianum tuum remitto tibi; traduxi eum libere καὶ κατὰ τὸν Πλανούδην.[2]) Misissem tibi eum, sed nondum perscripseram.

Reliquos duos libros commentationum mearum περὶ τῶν τόπων διαλεκτικῶν misissem, sed Theodericus[3]) nunc maxime excribit eos, suntque scriptę in prima illa sceda, ut scis, perplexe perturbateque omnia, deleta multa, multa traiecta, interlita, ascripta, ut preter eum, qui asuetus (sic) sit, legere possit nemo isque ipse difficulter. Scripsi de dispositione plura quam quisquam, qui extet apud nos. Tam demens uero non sum, ut meliora dicam. Tu iudicabis, et quamquam successu rei tibi non satisfaciam, conatum tamen, quod scio, non improbabis.[4]) Theodericus[5]) ubi perscripserit, poteris ab eo, quum uoles, poscere. Quod pecuniam, quam orabat, misisti, gratum et maiorem in modum fecisti.

Barbara, soror nouercę, rectius in dies, quantum audio, ualere incipit, adeo ut sperent conualituram. Ego tamen intra me, nisi aliter tu sentis, hyemem pro ea metuo. Theodoricus apportauit uxorem suam, est apud sororem, omniaque recte habent. Heus, pene exciderat, quod maxime nolebam. Interrogaui nonnullos de te, quid ageres, et res tuę quo pacto cederent; qui laeta mihi omnia et magnifica et prorsus pro uoto meo dixerunt: hoc unum addiderunt, ut est hoc genus hominum crassis ceruicibus et uastum : si modo paulo grauior esses, nihil esset, quod in te quisquam desideraret, quumque quererem ordinem rerum et quid culparent, inueni hoc solum eos uicio dare, quod benignius alloquereris egrotos et non contumaciter superbeque omnia uelut pro imperio ageres.[6]) Reprehendi statim coram insciciam eorum, qui uicio darent id, quod precipue egroti quodque desiderarum in multis medicis meminerim, in nullo reprehensum, quando alioqui nulla res facilior esset tibi sicut omnibus fere, quos acrior tenet studiorum cura quam rugis asperare frontem et supercilium horridius preferre. Uolui te tamen monitum: εἰσὶ δὴ ἀπαίδεντοι καὶ ἄμουσοι καὶ ἀπάνθρωποι μάλιστα οἱ πολλοί, cum quibus tibi negocium est. Sed scis, quod scriptum est: ut homo est, ita morem geras.[7])

De filio Karoli Heiden prospera narrantur. Mihi mirum est, quantum cupiam illi posse per te succurri. Nam preter honestam mercedem uetus est, quod scis, et nota multis et propemodum desperata egritudo, ut honor et nomen (si non forte tam utile, certe tam iucundum quam merces) tibi sit inde sperandum.

Priusquam proficiscar, relinquam hic epistolas, quibus omnem rationem discessus mei perscribam. Uale; si quid noui habes, fac me certiorem. Salutem dicas omnibus amicis, domino Christano, sorori Ayninger uxorique. Iterum atque iterum uale.

Dillingi[8]) Bartolomei anno 1481.[9])

Cod. fol. 220 A u. B.

1. Augsburg.
2. Maximus Planudes, ein byzantinischer Mönch des 13. Jahrhunderts, hat römische Schriftsteller, wie z. B. Ovids Metamorphosen, ins Griechische übersetzt. Vgl. Teuffel-Schwabe Röm. Litteraturgesch. 4 Aufl. p. 527 :nr. 249, 2). Bernhardy Griechische Litteraturgesch. I² 720 ff.
3) Dietrich von Plenningen. Das fragliche Werk sind Agricolas drei Bücher De inventione dialectica.
4. Am Rande von anderer Hand: Rhodolphus facit mentionem de scriptis suis de dispositione in dialectica sua.
5) Am Rande: Plinius.
6. Am Rande steht: Benignitas in Adolpho phisico desiderata.
7) Aus Terenz Adelph. III, 3, 78.
8) Dillingen an der Donau (jetzt in Bayern) gehörte damals dem Bischof von Augsburg.
9) Diese Jahreszahl kann kaum richtig sein. Vgl. Serapeum X 105.

11. Agricola an Adolf Occo.

*Rhodolphus Agricola suo Adolpho Occoni, phisico Augustensi et conterraneo suo,
Sal. d. plurimam.*

Coloniam, quod ibi negocium mihi erat, ex patria proficiscebar curruque Suolla Dauentriam [1]
uectus; occurrit mihi tabularius peneque preterierat. Reuoco hominem, perconctor, ecquas ad me
litteras habeat. Respondit habere, profertque suauissimas litteras tuas omnisque officij et beneuolentie
plenas. Eas, ut ueni Dauentriam, aperui et legi coram tribus quatuorue doctis, ut apud nos, uno
etiam doctiore, quam nostri solent, in quibus erat magister Egbertus Campensis, ὁμότεχνος tuus [2],
quem ex communibus studijs Bononie [3] nouisti. Sustulerunt cuncti manus miratique uim ingenij
tui, qui preter ceteram eruditionem tuam, quam in te esse nostra predicatione didicerunt, hac quoque
in parte litterarum tantum prestares, quantum facile erat perspicere ex litteris tuis tanta prope-
ratione effusis, quod ipsa res facile declarabat, ut ex festinatione ueniam potius exposcere quam ex
cultu laudem expectare debuisse uiderentur. Studes uideo, et miror, qui possis, sed studes tamen.
Mutasti genus dictionis aliqua in parte, nescio an dicam: in melius, certe in gratius aptiusque meis
auribus. Factus es πιξότερος et ἀττικὴν ἰσχνότητα [4] meam illam, quam consectari soleo et in quam
tu iocans dicere solebas: mea non toto ore, sed inter duos tantum dentes pronuncianda, eam propius
exprimis (?) et, ut uideo, Plinio te in disciplinam dedisti, cuius te lectio ut non meliorem sculptorem,
certe et ἀκριβέστερον (sic) [5] et hoc ipso meliorem etiam reddit. Mihi contra euenit, cui nullus dies deterit
atque uix est, ut possis credere, quantam studiorum iacturam fecerim, posteaquam a te discessi. Itaque
facilius est, ut tu concipias animo, quam uerbis ego complectar, quantum sim litterarum tuarum lectione
permotus. Permotus, inquam. Neutrum enim per se nec gaudium nec dolorem possum dicere,
utrumque et magno quidem modo ex illis coepi. Nam practer id gaudium, quod attulerunt mihi
litterae, quod tue, doctissimi amicissimique hominis, erant, quodque uisus sum ipsum te alloqui
et uelut reductus in conspectum pristine illius nostre melioris liberiorisque uite, quam minore quidem
cum re, sed summa tranquillitate mentis inter studia litterasque transegimus. Preter hec summam
mihi uoluptatem prebuerunt, quod intellexi te secunda omnia habere cunctaque fluere tibi ex uoto
quodque fortuna coeptis tuis, qualis est teque tuisque uirtutibus et eruditione digna, respondet.
Contra non possum non dolere, quod tua talis uiri consuetudine mihi carendum est, deinde quo-
tiens preteritis presentia confero, quum uideo ex otio liberalissimo in sordidum me negotium et a
studijs ingenioque meo abhorrens incidisse, postremo quod uideor mihi omnem studiorum meorum
rationem perdidisse; nam quod de Archimedore [6] traditur, qui naufragio in Rhodiense littus eiectus,
quum uidisset in puluere geometricas descriptas figuras, iussit bene sperare socios: hominum enim
cerno uestigia; id mihi prorsus aliter habet, qui meo iudicio solus, egenus, inops Lybie deserta peragro,
deserta profecto et nulla humanitatis signata uestigijs. Nemo est enim apud nos, qui litterarum

---

[1] Deventer. — Die Handschrift hat unrichtig Lauentriam. Zwolle nördl. von Deventer, beide in der jetzigen holländischen
Provinz Ober-Yssel, beide bekannt durch ihre guten Schulen der »Bruderschaft vom gemeinsamen Leben«. J. Janssen Gesch.
d. deutsch. Volkes I [9] 55.

[2] Am Rande steht: id est eiusdem et similis artificij, quia medicus erat.

[3] Bologna.

[4] Am Rande: id est pedestrior et humilior, id est atticam tenuitatem. Nam Athenieusibus cure fuit tenuiter terseque
sine ignore uerborum scribere. Ueber das Wesen des genus tenue, Atticum etc. in der Rede unterrichtet man sich aus R. Volk-
mann Die Rhetorik d. Griechen u. Römer (Leipzig 1874) S. 454. Vgl. auch Quintil. Insit. orat. XII, 10.

[5] Laudete in Folge der itacistischen Aussprache wie das richtige ἀκριβέστερον.

[6] Sollte für Archimedor nicht besser der Philosoph Aristipp zu setzen sein? Melanthon bedient sich desselben Beispiels,
um den Wert der Geometrie zu beweisen. Vgl. Corp. Reff. III 110.

non dico politiorum nostrarum, sed ne ullarum quidem uoluptate teneatur. Potes, inquis, cum Demosthene, Isocrate, Thucidide reliquisque, quorum tibi copiam libelli tui prestant, exigere diem. Quidni possim? Sed sicut duorum, quorum tacet alter, breuis est rixa, sic cum mortuis usque quaque loquenti intencio mentis elanguescit. Uiua uox est, que uiuum uigentemque studiorum impetum tuetur; itaque ut honestissime dicitur: πάντα τῶν φίλος[1] κοινά, sic ego rectissime dici crediderim: ὁ φίλος ἅπαξ[1] κοινός. Adeo ego nullam rem, nedum studia sine amico arbitror esse iucunda, sed plura queri superuacuum est, quando quidem mihi facilius est optare meliora, quam peiora mutare. Spero tamen confore, ut mutem. Ἀλλὰ μὲν ταῦτα θεῶν ἐνὶ γούνασι κεῖται.[1]

Nunc, que apud nos aguntur; ferio te graui et acerbo muncio: honestissimus uir et tui amantissimus, ut crebra tui commemoratione apud illum intellexi, abas (sic) Nordensis VI Kl. octobris[4] defunctus est uita. Dominus meus item Kl. ipsis mortuus est, matrem VII ydus apprilis (sic[5]) extuli. Quid dicas, nisi hunc me casum certa dei destinatione mansisse, ut in patriam ex tam diuturna peregrinatione reuersus hunc luctuosissimum reditus mei fructum ferrem, ut utriusque oculos intra tam angustum tempus clauderem. Ego scriba sum (Gauronice[6]) nostre, sic enim soleo oppidum nostrum uocare. Ὄυος πρὸς λύραν, inquis. Recte hercule. Joannes, frater tuus, in acie est et operas ministerij exhibet, ego in subsidijs (ut nosti morem meum) ex longinquo asspecto. Fui bis hac estate legatus ad ducem Maximilianum[7], mansi Bruxelle XXI dies. Iouanii non fui, causa quedam fuit mala[8] tractata et perdita, priusquam ad me delata fuit. Queris, quid effecerim? Quod solent, qui porcos tondent, quorum laborem lana non pensat.

Fridericus Morman[9], conterraneus noster, hac estate apud me fuit, quesiuit de te omnia dixique illi. Miratus est gauisusque uicem tuam. Doctus est et limatus et instituendis pueris aptissimus. Carmine presertim Lirico prestat, quantum multi, qui aliquo etiam numero sibi uidentur, non possunt.

De Theoderico Plinio nostro gaudeo illi, ut scribis, succedere. Nihil enim gratius contingere mihi potest, quam ut illi omnia rectissime ex sententia cedant; perquam uelim, si fierj posset, ut curares excribi mihi Dialectica mea[10], quo uel ego, si hac aestate ad te animj causa (quod futurum spero) uenero, referre ea mecum possim, uel si nuncium ad te misero, is parata ea inueniat.

Dixisti aliquando uelle te, si id assequi posses, habitare potius eo loco, ubi docti uirj aliquo numero essent. Magister Rhodolphus meus, qui Colonie habitat, fecit mentionem tui apud nonnullos primores Colonie. Dominus pastor noster, ad quem litteras meas dedisti, itidem mecum hac de re locutus est. Uterque familiariter notos habet, plerosque ex eis, qui hanc rempublicam administrant. Scribe, si tibi uidetur, de istac re domino pastorj, ut qui me auctore de hac re perconteris. Sunt hic medici, in quibus unus, qui ceterum prestat (uir, ut audio, doctus, sed tantum nostri pronentus et qui Italiam nunquam adierit). Frigida omnia. Quodsi res tue id tulerint, ut Coloniam uenias, dabo itidem operam, ut et ego aliqua conditione me recipiam. Nam in patria non sane prouideo diu mihi fore animum, ut maneam.

----
[1] Schreibfehler für φίλων.

[2] Eine andere Hand verbessert in ἅπασι, itazistisch für ἅπασι.

[3] Ein bekannter homerischer Vers, z. B. Odyss. I 267. Vgl. auch S. 18. Anm. 7. — ἐνὶ lautet itazistisch gesprochen wie das richtige ἐνὶ.

[4] 26. September.

[5] 7. April.

[6] Dazu ist am Rande bemerkt: in Groningen opidum in Frisia.

[7] Der Erzherzog Maximilian, der spätere Kaiser Max I.

[8] Vermutlich in male zu verbessern.

[9] Friedrich Mormann († 1482), Fraterherr, eine Zeit lang auch Lehrer in Münster. Vgl. J. B. Nordhoff Denkwürdigkeiten aus dem Münsterischen Humanismus (Münster 1874) S. 84. 122.

[10] Es sind die Libri tres de inventione dialectica, die er im Manuskript an Adolf Occo geliehen hatte. Vgl. S. 19 oben.

Golrienses de pace agunt cum Maximiliano iro. rege)[1], de qua conuenerit eis necne haud scio. Rex itidem Gallie pacem cum Maximiliano fecisse dicebatur[2], alij inducias quadrimestres dicunt, plerique bona fide nihil, sed regem ludificarj et imparatum tentare Maximilianum, parato abstinere et inanibus impensis uires eius atterere.

Uale, suauissime amantissimeque uir, amicisque meis plurimam salutem meo nomine dicito, reuerendissimoque imprimis episcopo Augustensi[3]. Parabam ei scribere, sed arripienti mihi calamum nuncius uenit nauem soluere, qua eram patriam uersus hinc profecturus. Iterum uale et, ut facere te audio, θυσίαδον ταίς χάριαις.[4]

Colonie properanter XIIII Kl. nouembris.

Cod. fol. 213ᵃ—215ᵇ.

12. Agricola an Adolf Occo.

Heidelberg.   *11. October (1482).*

Rho(dolphus) Occoni phisico S. d.

Reddite tandem mihi sunt littere tue, expectate quidem ille et propemodum iam desperate: tamdiu enim de te non modo non accepi litteras, sed ne nuncium quidem aliquem, ut quid ageres, quomodo ualeres, ulla ex parte certior fierem, ut (nescio dicam) oblitum te nostri crederem, quod certe dicere neque amor noster neque fides patitur; an putarem aegrius quippiam euenisse tibi, quod eloqui et abhominor et non tam uno uerbo complecti possum, quum solent omnis timoris causas amor sibi ipsi fingere et ea quoque metuere, quae fieri uix posse credat? Hanc ergo uel expectacionem uel sollicitudinem meam aut. ut uerissime dicam, hoc tormentum littere tue discusserunt, quibus ipsis et, quod tue erant, magno sum gaudio affectus, et quod sanum te esse resque omnes ex uoto sententiaque fluere tibi intellexi. Quantam perceperim uoluptatem, ut ipse taceam, tu id ex animo tuo facillime colliges, qui aliene beneuolentie modum nulla re facilius quam tua conscientia metiris. Sane quas litteras scribis te antehac crebro diligenterque dedisse, nulle mihi sunt reddite, et has postremas Confluentibus[1]) accepi.

Id quomodo acciderit, dicam eo pacto, et ubi sim et quid me huc pellexerit, et quid mihi uidear facturus, cognosces. Profectus eram domo, id est Giauronica nostra Campos[4], quum animi leuandi causa, tum negocioli cuiusdam ratione euocatus. Illic simul redduntur mihi littere et ab Oliuero ex Italia et a Plinio nostro ex Confluentibus. Oliuerus post multa, que scribebat, pollicebatur, si ad se in Italiam uenire uellem, cibarium et uestiarium et, quibus reliquis opus esset, mihi daturum acturumque mecum ea fide et beneuolentia, que olim nobis esset probata rerum usu et longa uite consuetudine firmata. Plinius nomine electi Bertomagensis scribebat obnixissime et hortabatur et orabat, ut Heidelbergam quam primum possem uenirem, hoc dominum electum

---

[1]) Die eingeklammerten Worte sind von späterer Hand übergeschrieben. Das geht schon daraus hervor, dass erst nach dem Tode Agricolas Max römischer König geworden ist. Er wurde als solcher 9. April 1486 zu Aachen gekrönt. Vgl. H. Ulmann Kaiser Maximilian I. (Stuttgart 1884) I 8.

[2] Es muss das ein leeres Gerücht gewesen sein; denn der Friede zwischen Maximilian und König Ludwig XI. von Frankreich kam erst 1482 zu Utrecht zu Stande. Unser Brief kann aber nicht 1482 fallen, da Agricola im Spätsommer 1482 in den Gegenden am Neckar und Rhein war. Vgl. J. Wagenaar Vaderlandsche Historie d. n. v. Nederlanden (Amsterdam 1750) IV 221. K. Th. Wenzelburger Gesch. d. Niederlande (Gotha 1879) I 370.

[3]) Am Rande: Ex Weidenberg.

[4] Schreibfehler für χάριαιν.

[5] Koblenz.

[6]) Von Groningen nach Kampen an der Mündung der Yssel (jetzt holländ. Provinz Ober-Yssel).

Bertomagensem, hoc se maximopere poscere et desiderare.[1] Hic electus (ne, quis sit, ignores) uocatur Johannes Dalburgius familia opulenta atque imprimis clara, genitus patre Ulpio Dalburgio, uiro equestris ordinis, multos annos summa auctoritate, summa fide in amicis Palatinj agente. Johannes notus mihi ex studijs Papie, eque fere arcta et aperta familiaritate, quam tu, quam Plinij mihi sunt iuncti. Rector fuit Papie; dixi, quum eum magistratum iniret, post quem ille[2] in patriam, ego Ferrariam abij. Rursum ille Patauium redijt, inde fere eodem tempore, quo nos, in Germaniam reuersus, intra biennium fere scriba uel (ut uulgo loquimur) cancellarius Palatini factus est, post intra proximos hos menses postulatus in episcopum Bertomagensem.[3] Plinius noster contubernalis eius est et summa illi beneuolentia coniunctus.

Has ergo litteras Plinij quum legissem atque deliberassem, quid optimum factu foret, uisum est, quia iam domo aberam et auspicium feceram itineris, pergere, qua coepi, et si non aliud, uidere utrumque et alterius dignitati, alterius incrementis, utriusque uero fortune gratulari Ergo Heidelbergam proficiscens congressus sum in itinere cum domino Adam, qui quum[4] olim Papie contubernium fuisse mihi sepe ex me audiuisti, is benignissime me excepit pollicitusque, si domi sue agere uellem, quaecunque usus rerum mearum posceret, exhibere, uiuerem modo secum atque omni libertate uite mee uterer. Non accepi conditionem, non recusaui: dixi diligentius me cogitaturum, ubi domum rediero.

Post hec quum Confluentes uenissem, dimissis Colonie nonnullis litteris, quas Spire redditurus eram, necesse habui illic manere, dum nuncium Coloniam mitterem, qui eas mihi afferret. Misit eas mihi Rhodolphus, conterraneus noster, cum tuis, que, posteaquam abieram Colonia, date illi erant. Dialectica[5] que nuncio dederas, ea nondum tradiderat. Credo, quum Coloniam rediero, illic ea me inuenturum. Quam uellem, more ueterum annotasses marginibus libri, si qua tibi uel in philosophia uel in dicendi ratione uisum esset mutatum iri oportere. Recognoscam tamen, quantum potero, et si uidebitur, edam imprimendumque dabo.[6]

Sed ut ad ordinem epistole redeam, summo gaudio desiderioque Dalburgij et Plinij exceptus, uterque obnixe agit et urget, ut patria relicta huc me conferam. Promittunt id, quod plurimj; semper fecisse me et facere nunc quoque nosti libertatem et, sine quo libertas constare non potest, hoc quod sit usibus meis suffecturum. Video contubernium hominum deditorum litteris, quosque ratio uite perpetuo studijs illigauit, hominum et suapte natura humane modesteque frontis et mihi longo usu probatorum.[7] Locus ipse preterea et studiorum frequentia et quod illic princeps maximam temporis partem statinam habet illustris et qui studia mea et excitare posset et alere. Ad hec patria nostra, ut et alie plerumque, sine usu, sine honore eruditionis, genus hominum subrusticum et malignum, ab omni consuetudine animorum, ingeniorum abhorrens, laudans sine iudicio, sine causa, utrumque uisum est infestum et aduersum, loquax, liuidum et ἀεικινοράτον[8], quod quidem si recte de omni populo Plato dixit. Noster tamen hoc nomine expressissime posse significari uidetur, inter que omnia tempus mihi sine usu rerum, summo cum detrimento studiorum

---

[1] Am Rande: episcopi Wormaciensis Jo. Dalburgij.

[2] Diese Rede des Agricola für Dalberg steht in der Stuttgarter Handschrift Bl. 328ᵃ—334ᵃ mit der Bemerkung: publice dicta Anno 1471.

[3] Die Wahl Dalbergs zum Bischof von Worms fällt ins Jahr 1482, weshalb in dieses Jahr der in der Handschrift ohne Jahresbezeichnung stehende Brief gesetzt wurde.

[4] Quum ist verschrieben für cum und dieses mit qui zu verbinden.

[5] Ein Manuskript der Dialektik des Agricola, welches dieser an Occo zum Abschreiben geliehen hatte. Vgl. oben S.19 u. 21.

[6] Diese Absicht hat A. nicht ausgeführt, da er vorher starb. Ueber die Ausgaben der Dialektik vgl. T. P. Tresling Vita et menta R. Agricolae (Groning. 1830) S. 83.

[7] Am Rande: nò laus Dalburgij et Plinij. Zu dieser Schilderung Heidelbergs vgl. auch Agricolae Lucubr. p. 206 u. 215.

[8] Muss verbessert werden in ἀψικοράτατον. Die citierte Stelle ist Plato Axioch. 369. A. u. lautet: δῆμος γάρ, ὦ φίλε Σώκρατες, ἀχάριστον, ἀψίκορον, ὠμόν, βάσκανον, ἀπαίδευτον.

elabitur. Contra tamen tenet me consuetudo patrie et occultum nescio quod uinculum iniectum animo, quod magis quale sit sentio quam possim dicere. Preterea ingrauescens aetas et animi iam non modo quietem circumspicientes, sed quibus etiam migrare subinde alio atque alio neque iustum satis posthac sit neque decorum, ut uideatur mihi animus deinceps non proferendus esse aut spes in longinquum porrigenda, sed conandum mihi litteris, quecumque parata sunt uel certe quam maxime parabilia, contentum esse. Nam quod ad autorem pertinet, quum sit, qui dicat: Patrie quis exul, se quoque fugit, et contra alius: Patria est, ubi uiuere delectat[1], non sane tam facile est mihi in hanc aut illam partem, quid facturus sim, uidere. Uellem, mihi copia tui esset, ut possem ex sententia consilij tui statuere, quamquam uidear mihi satis conijcere, quam in partem iudicium tuum propendeat, et sentire te sicut uite meę, sic et studiorum, quibus omnis usus uite meę destinatus est, primam habendam esse rationem, et id maxime sequendum esse, quo expeditissimus ad illa possim esse, quod istorum contubernio facilime (sic) uideor consequi posse. Nequeo equidem explorate affirmare, uideor tamen et ipse mihi hanc in partem inclinaturus. Redeo itaque domum, ut componam res et huc, cum primum se laxauerit hyems et sit aptum profectionis tempus, huc me recipiam.

Posteaquam a uobis Aquisgranij[2] discessi, comitatus deinde perpetuo sum aulam Maximilianj ad natalem Christi usque, perductus sum in noticiam cancellarij Burgundie, deinde in familiaritatem et quidem summam; nam amiciciam dicere in tanta fortuna ut inexploratum, ita superbum.[3] Annixus est omnj opera inserere me aulę et erudiendis filijs principis adhibere. Interea uero, dum nondum possunt per aetatem erudirj, optimum putauit me nomine seretarij ab epistolis latinis ministrare. Stipendium erat ducenti renenses[4], ipse pro se omne studium, omnem curam usibus incrementisque meis pollicebatur, μόνον οὐχὶ χρυσῶν ἐκ τοῦ τῆς Ἀμαλθείας κέρατος, promittens beneficia, si religioni me dedere uellem, procurationes et administrationes publicas, sin mallem uxorem ducere; reliqui consiliarij itidem hortarj me, incitare et prope conuicijs propellere, ne omitterem occasionem neue deessem mihi. Perduxit me Cancellarius, ut coram Maximiliano alloquerer. Dixi paulo accuratius communia[5] quam solent dedere me tantis laudibus, uirtutibus, nobilitati sue operam et obsequium meum. Respondit omnia, que cantzellarius egisset mecum queque pepigisset, promississet, ratum habere se; paratum mihi ministerium, locum, stipendium, si quando uenirem, fore. Egi gratias principi, ut solet fieri, cancellario malui me in summa excusare. Antuerpie deinde nonnulli ex canonicis et ex inuentute honestiore plerique proferebant mihi centum coronatos annuos, si illic profiterj studia uoluissem. Ego si id ex publico potuissem accipere, dedissem manus et agebatur cum senatu. Accepissem, nisi bellis et turba rerum omnia turbatiora fuissent.[6]

Habes itidem annalem rerum mearum, ut tuarum tu ad me perscripsisti. Basilius noster[7] Gauroniae habitat domi sororum, quas religiosas uulgus uocat. Ab usu medendi desciuit, per-

[1] Die erste Stelle stammt aus Horaz Carm. II 16, 19. Agricola bedient sich derselben Stelle auch in einem anderen Brief. Agricolae Lucubr. p. 215. Die zweite Stelle gleicht dem Verse des Pacuvius: Patria est, ubicumque est bene (Cicero Tuscul. V 37. 108). Vgl. auch Aristophanes Plut. 1151: Πατρὶς γάρ ἐστι πᾶσ', ἵν' ἂν πράττῃ τις εὖ.

[2] Aachen. Diese Zusammenkunft in Aachen ist vermutlich identisch mit der Agricolae Lucubrat. p. 184 erwähnten, so dass der dort genannte Adolphus unser Oreo wäre.

[3] Ueber diese Verhandlungen mit dem Erzbezang und späteren Kaiser Maximilian vgl. auch Agricolae Lucubr. 183 u. 184.

[4] Rheinische Gulden.

[5] Die Lesung communia ist nicht ganz sicher.

[6] Zu diesen Verhandlungen über die Uebernahme einer Schulstelle zu Antwerpen vgl. auch Agricolae Lucubr. p. 208 u. 215.

[7] Basilius ist höchst wahrscheinlich der bekannte Joh. Wessel (Gansfort), einer aler Reformatoren vor der Reformation. Vgl. Tresling Vita et merita R. Agricolae p. 55—57. Er war befreundet mit Agricola. Vgl. Joh. Friedrich Johann Wessel. Ein Bild aus der Kirchengeschichte des XV. Jahrhunderts. (Regensburg 1862 S. 103 106. Diese Angaben sind eine Bereicherung unserer Kenntnisse über W. Vgl. Joh. Friedrich a. a. O. S. 108. Ueber den innigen Verkehr Agricolas mit W. vgl. bes. Corp. Reff. XI 444 u. Agricolae Lucubr. p. 180.

petuo solus est in cubiculo et totos dies studijs sacris impendit. Sepe conuiua eius sum familiarissimeque utor consuetudine eius. Abas (sic) Aduertensis uiuit adhuc et recte ualet.[1]) Crebra fuit illi mecum memoria tui.

Wilhelmum Arleborgensem occidisse episcopum Leodiensem certum habeo iam pridem audiuisse te. Hasselt oppugnabant Brabantinj, cumque occisus esset a propugnatoribus Johannes Raust marchio Andwerpiensis, acrius annixi expugnauerunt opidum omnesque puberes occiderunt. Postea pugnatum audio non longe a Leodio inter Brabantinos et factionem Wilhelmj et ultro citroque prope decem hominum milia cecidisse, uictoriam tamen Wilhelmo stetisse.[2]) Essent alia, quae scriberem, sed urget me nuncius, ut sit necesse mihi abrumpere et finem epistole facere.

Oro te, suauissime Adolphe, ut, si quando potes (poteris autem sepe per mercatores, qui crebro Coloniam eunt) scribas et de rebus tuis omnibus facias me certiorem, ego itidem dabo operam, ut, ubicumque sim, quicquam facturus, quamcumque niuendi rationem instituturus uidear, omnia scias, de omnibus ad te referam, quando tu uel maxime is mihi uideris, qui et prudentissime consulere mihi possis et fidissime uelis, cuique res meas tam probatas quam mihi utiles esse uelim. Uale. Obsequium honestissimis uerbis queso reuerendo domino meo Augustensi commenda.[3]) Domino Cristano item meo nomine plurimam s. dicito. Iterum atque iterum foelicissime uale.

Datum Heydelberge postridie Gerionis et Uictoris.

Cod. fol. 215[b]- 219[a].

13. Agricola an Johann von Plenningen.

Germersheim.   22. Okt. 1482.

Rhodolphus Agri(cola) Suo Johanni Plinio Salutem p. d.

Ornatissimus uir Theodericus Plinius, frater tuus et mihi non minus ac fratri tibi iucundus ac carus, litteras ad me duos ferme hinc menses dedit, quibus certiorem me fecit agere se in aula Palatini[4]) et contubernalem esse domini Johannis Dalburgij postulati Bertomagensis.[5]) Quas litteras ut accepi, tantum sum utriusque eorum nomine gauisus, ut neque desiderio meo neque illorum de expectatione huius felicitatis sue opinioni uiderer posse satisfacere, nisi presens presentes eos intuerer et coram fortunis eorum gratularer. Ueni Heidelbergam: exceptus sum humanissime et ea benignitate ab utroque, quam et nature sue et uetusti consuetudine[6]) nostre prestare debebant. Tertia an quarta die, qua ueneram, frater tuus orator a Palatino ad episcopum Argentinensem[7]) missus est. Orauit me magnopere, ut litteras ad te darem, quoniam id certum haberet, quod et ipse mihi haud cunctanter persuadeo, me tibi ea re gratum inprimis facturum. Feci, quod iussit, et hoc, quicquid est litterarum, festinata (ut aiunt) manu corrasi, permotus primum iure amicitie nostre tam longo usu firmate, deinde illius impulsu hortatu, cui et precanti et pro te precanti id solum, quod non possum, est,

---

[1]) Wahrscheinlich der wissenschaftlich gebildete Heinrich von Rees, Abt des friesischen Klosters Adwert, welcher mit Agricola und Wessel befreundet war. Vgl. Joh. Friedrich Joh. Wessel S. 10a.

[2]) Die hier berichteten Ereignisse fallen in die Kämpfe der Hoek'schen und Kabeljau'schen. Der Bischof von Lüttich ist David von Burgund. Vgl. K. Th. Wenzelburger Gesch. d. Niederlande S. 379. 598. J. Wagenaar Vaderlandsche Historie IV (an vielen Stellen).

[3]: Dem Bischof von Augsburg. Vgl. S. 26, Anm. 6.

[4]) Am Hofe des Kurfürsten Philipps des Aufrichtigen von der Pfalz (1476—1508). Vgl. L. Häusser Gesch. d. rhein. Pfalz I 421.

[5]) Des Bischofs von Worms.

[6]) Verschrieben für uetuste consuetudini.

[7]) Der damalige Bischof von Strassburg war Albert (Albrecht) von Bayern (1478—1506).

4

quod possim negare. Ego, mi Johannes, si dicam gaudere me tuo nomine, quantum quis maxime potest, et gratulari successibus rerum tuarum, ineptus mihi uidear. Quorsum enim? ut amorem erga me tuum uel hijs uel quibuslibet alijs uerbis tibi iactem et uelut in os ingeram, qui iam pridem tanto usu paratus est eis documentis, ea fide probatus, ut nunc aliquid de eo dicere me uelle possit prorsus uel serum uel superuacuum uideri. Animum enim meum probare me tibi uelle tam multis credenti non est tentandum, sic ut probari posse post tam multa non credenti non esset sperandum, alterum nihil est necesse, alterum uero inutile prorsus id faciam, quod et amicitię nostrę accomodatius est et rebus tuis aptius. Audio te esse in urbe[1]) et aliquid actum tibi esse et plus spei restare. Hortabor ego te moneboque, ne eripi tibi occasiones rei gerende ex sententia sinas. Perge, qua cepisti, et urge successus tuos. Circumspice omnia. Omnem opportunitatem capta neue unquam tempori desis. Scis in urbe te esse, id est in colluuie omnis generis artium et hominum, in qua, quam quisque improbissimus est, tam facillime erumpit et incremento se aliquo profert. Non opus est cunctatione, ubi a diripientibus omnia aguntur. Nihil potest ad modestos peruenire. Tu ergo sequere institutum tuum efficeque, quod et opibus cumulatus et honoribus insignis ad nos reuertare, ut nos in te nedum beneuolentie tue constantiam amemus, sed et foelicitatis tue uicem gaudeamus. Cupio autem summopere et perinde spero futurum, ut quandoque te insignibus aliquibus ornatum titulis uideam deturque facultas illa nobis, ut ex uetere instituto nostro uitam ut[2]) una aut quam minimum disiuncti degamus.

Ego nunc redeo domum. Arbitror me rediturum ad estatem et cum Dalburgio mansurum, cuius rei mihi cum nonnulle sunt alie cause, tum et benignitas et beneuolentia erga me illius, tum inprimis Plinius noster, tuus frater.

Tu si quid in urbe uetustum inuenies, quod in manus non uenerit, fac, ut conquiras et tecum ad nos perferas. Audio illic inuenire[2*]) librum partitionum Senece (id enim illi nomen indidit, qui id mihi narrabat), unde ait deprompta esse fragmenta illa declamationum, que in libro orationum Ciceronis Romę impresso[3]) prescripta sunt. Preterea et alias quasdam declamationes Quintiliani[4]), quarum fragmenta in Germania inueni, L. item Columellam[5]) cum reliquis autoribus rei rustice nemo nostrum hic habet, quem sciam, preter unum dominum Augustensem.[6]) Id ante omnia et plus omnia oratum te uelim, quicquid possis Aristotelis operum grece inuenire, id si ulla ratione potes, emas et tecum afferas.

Narrat mihi frater tuus plurimum te diligentie et fructum parem in studijs fecisse, posteaquam a te discessi, et familiarissime Baptiste Guarini[7]) consuetudine usum. Gaudio[8]) equidem

---

[1]) Rom. Die Fortsetzung ist beachtenswert als Urteil A.'s über das damalige Rom.

[2]) Schreibfehler für aut.

[2*]) Zu verbessern in Inueniri.

[3]) Eine Ausgabe ciceronischer Reden war zu Rom 1471 erschienen: Ciceronis Orationes quotquot reperiri potuerunt studio et labore Jo. Andreae Aleriens. Romae, Conr. Saucyniheym et Arnoldus Pannartz. fol. 356. Ob Agricola thews Buch meint oder ein anderes, kann ich nicht entscheiden, da ich dieses seltene Werk nicht einsehen konnte. Es soll übrigens um dieselbe Zeit (ob 1472?) noch eine andere Ausgabe von 28 ciceronischen Reden in Rom gedruckt worden sein. Das Genauere bei Orellius und Baiter Ciceronis opp. Vol. VI (Turici 1836) p. 238.

[4]) Es sind damit die Declamationes gemeint, die man früher mit Unrecht Quintilian zugeschrieben hat. Vgl. das Genauere darüber bei J. Chr. F. Bähr Gesch. d. Römischen Litterat. II², 507 ff. § 320. Teuffel-Schwabe Gesch. d. Röm. Litteratur. 4. Aufl. nr. 325, 8 u. 11. S. 743.

[5]) L. Junius Moderatus Columella, der Verfasser der 12 Bücher De re rustica. Vgl. Teuffel-Schwabe Gesch. d. Röm. Litterat. 4. Aufl. nr. 293. S. 660. Wegen der sonstigen autores rei rusticae vgl. ebendaselbst nr. 52.

[6]) Wahrscheinlich Johannes von Werdenberg, Bischof von Augsburg (1469—1486). Vgl. Gams Series episcop. p. 258.

[7]) Battista Guarino, der Sohn des gleichnamigen Vaters, der auch auf seinem Kathesler zu Ferrara ihm folgte. Vgl. G. Voigt die Wiederbelebung des klassischen Alterthums (Berlin 1881) I², 555. 560. 571. II, 53, 325 etc.

[8]) Schreibfehler für Gauden.

quum studiorum tum tuo nomine esse aliquem, et te potissimum eum esse, qui uera estimatione studia ista politiora expendat. Oro te et id acriter et accurate tibi iniungo, ut, quam primum potes, aliquid mihi scribas, et de hijs ipsis, que requiro, et preterea de omni ratione uite rerumque tuarum certiorem me facias. Poteris autem litteras uel Coloniam mittere, cuius rei tibi creberrima dabitur occasio, uel ad fratrem, qui item facile curabit, ut mihi reddantur, Coloniam mittere paratissimum. Iubebis eas dare cuidam magistro Rhodolpho Kamerling, Groningensi Canonico graduum Marie, cui quottidie est ad manum mittere eas ad me, nec est, quod breues scribas. Diei operam a te expecto, nec decet a te uel pro amore nostro uel ab urbe pro itineris magnitudine breues uel duobus aut tribus uersibus absolutas epistolas mitti. Gaudeant sane Lacones breuitate sua, dum sciant tamen id cum inuisis et inimicis rectissime fieri. Amor enim mihil[1]) omnium habet, in quo suauius quam in libero lytoque sermone acquiescat. Uale.

Date Gämerssheim[2]) XI Kl. Nouembris Anno LXXXIj[p].

Cod. fol. 211[b]—213[a].

14. Agricola an Dietrich von Plenningen.

Rho(dolphus) A(gricola) Plinio suo S. p. d.

Quarta die, quam a Dalburgio nostro discessi, Confluentes ueni. Occurrit mihi nuntius in itinere, qui me Bacharici[3]) casu inuenit. Is a magistro Rho. Kemerling[4]), conterraneo meo, perpropere missus fuit, ut omnibus locis exquireret daretque operam, ne cessaret, donec me, ubicunque essem, inuenisset. Reddidit ergo litteras, quarum ne cogar sententiam uerbosius explicare, eas istius[5]) allegaui. Quam uellem adesse[6]) mihi, ut ex consilio tuo possim[6a]), non dico statuere (nam si id sequi uellem hac in re, iam scio mihi statutum esse), sed ut auditis rationibus tuis et meis subinde collatis possem uel ex malo tuo consilio uel ex meo nihilo meliore absoluere hanc ambiguitatem animi mei et hunc laqueum, qui in diuersam me partem abducit, abrumpere. Nequeo negare moueri me multum commoditate rerum, que illic[7]) mihi proponitur: oppidum splendidissimum, magno hominum conuentu quotannis insigne, cultus hominum et genus uitę liberum ac iucundum, promissa multorum tam ampla, tam multa, que (ne alium quemquam nominem) me quoque, qui, scis, non facile promissis ducor, impellere possent. Quod enim ad lucrum pertinet, quanquam soleat omnibus, qui cupiunt, largius os quam manus esse, tamen, ut ipse rem perspexi, facile confido, quantum scribit, consequi me posse, si illo proficiscar. Contra: si ad uos ueniam, est summa humanitas Dalburgii nostri, es tu, de quo nihil habeo necesse dicere amplius. Est etiam id, quod sine dubio inter primos calculos sententie huius numero, princeps[8]), cuius tantum mihi humanitas, modestia, probitas, frontis et omnis rite[9]) morumque gratia placuit, ut, quia mihi etiam fere ex aula eius pendendum est, eum quoque possim inter precipua consilij mei momenta censere.

---

[1]) Schreibfehler für nihil.
[2]) Schreibfehler für Gärmersheim = Germersheim am linken Rheinufer, oberhalb Speyer.
[3]) Bacharach auf der linken Rheinseite zwischen Bingen und Koblenz.
[4]) In dem vorangehenden Briefe lautet der Name Kamerling.
[5]) Schreibfehler für istis.
[6]) Vielleicht zu verbessern in adesses.
[6a;] Zu verbessern in possem.
[7]) Zu Antwerpen, wo ihm die Leitung einer Schule angeboten war.
[8]) Am Rande steht von gleichzeitiger Hand: Philippus, dux Bauarie, archiprinceps elector. Zu dieser Schilderung des Kurfürsten vgl. Agricolae Lucubr. p. 206, 215.
[9]) Wahrscheinlich ist dafür uite zu verbessern.

4*

Quidni cupiam sequi eius aulam et ex opibus eius uiuere uelim, quin etiam cum priuato homine et qui mee conditionis esset, si hanc gratiam, hos in eo mores perspicerem, quos in principe perspexisse uideor, quicquid facultatum esset mihi, pro equo diuidere possim? Preterea scio esse studium apud uos et doctorum hominum copiam et consuetudinem. Hec omnia tamen magis ad uoluptatem sunt animi accommodata quam ad usum rerum aut (ut sordidiore uerbo utar) ad questum spectantia, cuius curam habendam esse animus certe meus auersatur. Sed anni et obrepens paulatim senectus mouet aut potius urget. Ego, in summa, quid facturus sim aut quam in partem deflexurus, non facile constituero. Quum Coloniam uenero, certior de omnibus fiam et te deinde certiorem fatiam.[1] Illic quidem est splendidus inprimis adolescens, cui negotium ad me istud mandatum est. Is omnia mihi latissime explicabit. Preterea habeo illic ma. Rho., cuius et prudentie et fidei tutissime in hoc consilio expediendo credere possum. Ubi illum audiero, paratius erit mihi eligere. Ego tamen, quanquam affirmare non possim, magis arbitror in ea sententia me mansurum, ut ad uos ueniam, et quemadmodum Grece littere mihi conditionem eam, que Louanij[2] oblata fuit, abstulerunt, sic nunc Hebraice hanc fortunam intercipiant, et littere, que locupletare solent alios, eç perpetuo pauperem me et fatiant et seruent. Cogito tamen subinde: Quorsum littere, quis usum[3] studiorum, si hic est exitus eorum, ut mendicem et semper de alieno pendeam? Quid enim uelocis gloria plante prestat et esuriens pisace ramus oliue?[4]

Uides turbidam et uacillantem epistolam. Crede mihi, nihil sum certior animo aut confirmatior, quam est hec ipsa epistola. Ergo si tu mihi esses ad manum, parratissimum mihi esset te tua sententia consilium capere, et cuperem fortasse uinci a te certe, qui etiam posses persona tua iniquiori cause apud me pondus addere et efficere, ut, quod minus utile putarem, id tamen magis uellem. Uale et humanissimo Dalburgio nostro honestissimam salutem meis uerbis dicito. Pallanti[5] item, suauissimo et doctissimo homini, me diligentissime commenda. Familiam uestram omnem in commune meo nomine saluere iube.

Datum properantissime Confluentibus VIII° Kal. nouemb. Anno 1482.

Cod. fol. 201ᵃ—202ᵃ.

15. Agricola an Dietrich von Plenningen.

Groningen.   6. *Febr. 1483.*

Rho(dolphus) Agri(cola) The(oderico) Plinio suo S. P.

Reddite sunt mihi, suauissime Plini, littere tue, quas Spire[6] die Elizabeth[7] dederas, quibus facile intellexi alias litteras, quas ad te Colonie dederam, eas te non accepisse; has postea necne acceperis, nequeo scire. Dederam eas Hennekino, ut perferendas ad te curaret. Perscripsi eis uenturum me ad uos, quamprimum possem commode per rationem temporis iter facere. Anduerpienses miserunt ad me postea et alterum nuntium, qui me in itinere apud Adam Montensem,

---

[1] Vgl. die sehr ähnlichen Bemerkungen in dem Briefe an Barbirianus. Agricolae Lucubr. p. 207. Unser Brief ist jedenfalls derselbe, dessen Abfassung dort erwähnt wird.

[2] Löwen in den Niederlanden.

[3] Vermutlich in usus zu verbessern.

[4] Citat aus Juvenal. Sat. XIII 98 u. 99.

[5] Pallas Spangel, Professor der Theologie in Heidelberg, zugleich ein Freund der Humanisten. Vgl. K. Hartfelder in d. Zeitschrift für Allgem. Gesch. 1855. Heft 9. S. 693, wodurch die ältere Darstellung bei Beyschlag (Versuch einer vollständigeren Lebens-Beschreibung Brentii etc. Hall 1735) I 259 erweitert wird.

[6] Speier.

[7] 19. November (1482).

ueterem hospitem meum, deprehendit, tantum non aureos montes pollicens, si uenire Anduerpiam uellem. Respondi id, quod erat, certe et explicate me uobis per litteras promisisse istic uenturum: non esse itaque integrum mihi ultra quicquam de ea re non mutare modo, sed ne deliberare quidem.

Ciues nostri, qui nunc etiam ex aliorum iuditio incipiunt me in hominum numero habere, pulchriora promittunt, si hic permaneam. Quanquam nondum me dicam abire uelle, subolet tamen eis alio me spectare. Uti scis morem esse ministrorum, qui mutare dominos querunt, ut insolentius seruiant, ita arbitror eos ex contumatia mea intelligere dissidium me querere.

Uenirem ad uos uel intra proximos dies, nisi transportandorum librorum mihi molestius[1] esset. Quod nisi hec me difficultas retinuisset, iam pridem in Italiam redissem. Annitar tamen, ut post festum pasche[2] hinc me quam primum dinellam.

De Italia ualde uellem audire, quid ageret. Dicitur hic res ducis nostri Ferrariensis[3] non satis foelices esse. Quod si quid aliud certe mihi dolet, quum et hominis probitate, tum quod eius benefitijs sum usus, sed nihil explorati habemus. Sumus hic extra solis coelique uias, ut, quum desinant narrari res, tum primum ad nos perferantur. De pace, que inter regem Gallię et Maximilianum conuenit, certus sum perlatum ad uos esse. Fama est hic apud uos adhuc omnia graui pestilentia laborare[4], hic omnia recte habent hactenus, sed ad futuram ęstatem plerique non satis foelitia ominantur. Uale.

Lampertus noster salutem tibi dici iubet. Tu, queso, Dalburgio nostro honestissimis uerbis salutem ex me dicas, magistro Pallantj[5] item et reliquis. Non modico mihi stetit, quod ad uos fui; quia enim diutius aberam (nam quattuor menses, antequam domum redirem, preteriere), amisi amores meos, qui nupserunt. Uides ueterem rationem fati mei, uerum tuli ęquo animo, tandem enim didici infidus esse. Sed hec alias et de alijs coram propediem, ut spero. Iterum uale.

Datum Groningi VI februarij Anno 1483.

Cod. fol. 202ᵃ—203ᵇ.

16. Agricola an Adolf Rusch.

Heidelberg. 1. Okt. 1484.

Rhodolphus Agricola suo Adolpho Rusco S. p. d.

Cupiebam ad te uenire, quemadmodum constitueram, ut et desiderio tuo satisfacerem simulque eadem opera explerem animum meum et Gręcam bibliothecam, quam audio Basileę esse, uiderem, sed in uetere prouerbio esse[6]: inter offam et os multa interueniunt; quo minus mirandum erit accidisse mihi, quod ab hoc instituto mentem meam mutaret: primum dominus meus[7] ab hac profectione auersiores prębet aures, quod arbitratur, si illo ueniam, non facile fore, ut rursus inde diuellar, deinde uia longiorem[8] et hyems pro foribus, tempora turbidiora, breuiores dies et iter in

---

[1] Wahrscheinlich ist molestia zu verbessern.

[2] Ostern fiel im Jahre 1483 auf den 30. März.

[3] Es ist Ercole I (1471—1505), gegen den 1482 Venedig und der Papst einen Krieg führten. Vgl. L. Geiger Renaissance und Humanismus (Berlin 1882) S. 226 u. bes. 571, wo die Litteratur verzeichnet ist. Ein begeistertes Lob dieses Fürsten hat Agricola in seiner Rede In laudem philosophiae vorgetragen. Vgl. Luc ubrat p. 157.

[4] Wegen des erwähnten Friedens vgl. oben S. 22 Anm. 2. In Heidelberg herrschte von August 1482 bis März 1483 die Pest. Vgl. Töpke Matrikel d. Univers. Heidelberg. I. Einl. p. XLI.

[5] Spangel.

[6] Sollte das nicht in est zu ändern sein?

[7] Johannes Dalberg.

[8] Zu verbessern in longior.

dies impeditius. Que quum per se grauia sunt, tum certe duplo triploque etiam grauiora mihi, id est homini quieto et umbris assueto. Postremo spero futurum, ut intra non ualde longum tempus huius itineris aliqua mihi commodior ratio contingat, quo equiore animo patior nunc hanc me spem frustrari atque meum hoc infringi desiderium. Quum mihi persuadeam fore, inaniter fortasse, sed persuadere tamen, ut hoc damnum animi mei post uberiori uel fructu pensem uel saltem uoluptate, ergo ferendum est, et, quod ueteri precepto iubemur, tempori parendum et e rerum conditione sumendum consilium.

Mitto ad te uersiculos, quos superiorj hyeme per otium feci, non bonos hercule nec Musarum dignos nomine. Qui possem enim? Aut unde tantus laboris amor Musis? ut immenso propemodum itinere e Parnaso in Phrysiam, hoc est ad ultimos rerum nature terminos et extra solis (ut ita dicam) coelique uias se conferrent. Qualescunque tamen erunt, tu uidebis. Ego, quod instituto meo sufficit, uersiculos exhibeo. Edillia duo sunt, quorum prius, ut quam modestissime inscriberem, Annam matrem uocaui[1]). Habet enim laudes diue Anne, cui iustissime ex omnibus, quibus Anne nomen contigit, materni cognominis uenerationem tribuere uidemur. Alterum edillium epicedion, id est funebre carmen continet Mauritij comitis Spegelbergi[2]). Is e collegio sacerdotum summe ecclesie Coloniensis erat, uir in extrema eaque longa senecta ad ultimum usque spiritum litterarum studijs deditissimus. Uersus faciebat, qui, qualescunque erant, ipse certe uirtutibus suis et studiorum amore dignus erat, ut optimi et essent et uiderentur. Me quoque pro nescio·qua opinione, quam pro litterulis meis acceperat, benignius impensiusque quam pro suis aut meis fortunis prosequebatur. Reddidi ergo meritis eius hoc, quod maximum potui, inditium scilicet memoris gratique animi et nomen eius ad posteros proferre cupientis. Quod quidem potuisse ut ingentis felicitatis implet uotum, ita uoluisse fortasse poterit beneuolentie offitijs satisfacere uideri.

Oratiunculam[3]), quam Wormatie in conuentu sacerdotum dixi superioribus diebus, eam doctissimo uiro, D. Thome Uuolfo[4]), misissem, uerum nondum uacauit mihi, ut eam recognoscerem et excriberem. Dabo operam, ut quam primum repurgatam eam perferendam ad illum curem, addamque Mycillum Luciani, quem hac estate[5]) e greco conuertj[6]), ut ei damnum istud temporis huius uelut fenoris accessione resartiam. Oro, ut humanissimo homini me diligenter commendes dicasque ornatissimis uerbis meo nomine salutem.

Tu, queso, si quid uetustorum librorum et uulgo ignotorum in uestris regionibus inuenis, facito me certiorem. Quodsi ad te possem uenire, circuiremus omnia et omnem bibliothecarum puluerem excuteremus. Nunc si quid ad me perferetur, quod tamen non arbitror, (unde enim? aut quomodo huc?). sed si quid perferetur, effitiam, ut scias, prestaboque, ut neque hac in re neque alia quauis, cuius intra me facultas erit, aut desideres offitium aut beneuolentiam requiras. Uale.

Date propere Heidelberge Kalendis octobribus Anno LXXXiiij°.

Cod. fol. 209² — 210°.

1) Dieses Gedicht ist gedruckt in R. Agricolae Lucubrationes etc. (Colon. 1539) II 197. Der Anfang auch bei Tresling a. a. O. S. 91.

2) Dieses Epicedion ist jetzt gedruckt bei R. Agricolae Lucubr. II 314. und ein Teil auch bei Tresling a. a. O. S. 92. Über M. von Spiegelberg, den humanistisch gebildeten Propst zu Emmerich am Rhein, vgl. J. Janssen Gesch. d. deutsch. Volkes I², 63. 71.

3) Diese Exhortatio ad clerum Wormacensem in sinodo publico dicta steht in der Handschrift fol. 182—190.

4) Das ist Thomas Wolf der Ältere in Strassburg, der Oheim des berühmten Thomas Wolf des jüngeren. Vgl. Ch. Schmidt, Histoire littér. de l'Alsace I, 219. II 59 ff.

5) Wohl zu verbessern in estate.

6) Die lateinische Übersetzung des Lukianischen Dialogs ist jetzt gedruckt Agricolae Lucubrationes p. 276—289.

17. Agricola an Adolf Rusch.

Heidelberg.   *17. März 1485.*

Rhodolphus Agricola suo Adolfo S. d. p.

Respondi litteris tuis, itidem litteris doctissimi hominis Petri Scottj[1]), quas litteras arbitror tibi redditas esse. Cras cum domino meo proficiscar Wormatiam, tertia aut quarta post pascha[2]) reuertemur. Proinde si ex itinere conuenire me uoles, despicies[3]), qua proficiscaris. Hos libros si in mercatu Francouordiç apud bibliopolas inueneris, eme mihi queso (curabo tibi, ut comodum erit, referri pecuniam): L. Columellam de re rustica cum alijs illi adiunctis, Cornelium Celsum de medicina[4]), Saturnalia Macrobij, Opera Statij cum commentario et Sillum Italicum[5]) aut omnes hos aut quos inuenis.[6]) Quodsi emes, dabis eos ministris domini mei perferendos, qui diuertuntur domi telonearij, eo loco, quo ego, quum Francouordiç essem, diuertebar. Ego, carissime Adolphe, liberé et prope licenter opera tua utor. Recte id necne fatiam, in tua humanitate positum id erit. Proinde enim, ut tu id accipies, ita ego me bene aut secus fecisse iudicabo. Spero futurum, ut intra tertium aut quartum mensem domi tuç te uideam, qua uero aut quando, comodius coram tibi, si adesses, dixero, quam possem litteris committere. Uale.

Date prçpropere Heidelberge anno 1485 palmarum die.

Cod. fol. 211ᵃ ᵘ· ᵇ·

18. Agricola an Adolf Rusch.

Heidelberg.   *13. April 1485.*

Rhodolfus Agricola Suo Adolfo Rusco Sa(lutem) pluri(mam) dicit.

Libros, quos emisti mihi, eos accepi. Pulchri sunt et exactj, itaque gratias tibi quam possum maximas pro illis ago, quia tu nihil aliud uoluisti, quam ut gratias pro eis agerem; ego tamen neque ea conditione neque expectatione tibi, ut emeres, iniunxi, itaque posthac uel partius uel forte liberius utar beneficentia tua, proinde ut uidero mihi, quod hoc me beneficio tuo onerauí, cessisse, idque dico non tuo nomine, sed meo. De tua enim benignitate quin rectissime mihi cedat, dubitare nec debeo nec possum adeoque me ipsum uel ingratissimum animi condemnem, si, cuius beneficentiam non recusem, de eius animo aliter atque de optimo atque beneficentissimo mihi persuadeam, quumque factis gratias agendas putem, de facientis animo, ex quo tota facti existimatio

---

[1]) Über den gelehrten Strassburger Kanonikus Peter Schott (1458—1490) vgl. die eingehende Schilderung bei Ch. Schmidt Hist. littér. II 2 ß.

[2]) 3. April war Ostern.

[3]) Es muss wohl dispicies heissen.

[4]) Aus dem encyklopädischen Werke des A. Cornelius Celsus haben sich nur die Bücher VI—XIII erhalten, welche von der Heilkunde handeln. Vgl. Teuffel Gesch. d. Röm. Literat. 2. Aufl. nr. 275.

[5]) Über diese Schriftsteller vgl. Teuffel a. a. O. nr. 438. 316. u. 315. Von diesen sämtlichen Autoren gab es damals noch keine in Deutschland hergestellten Drucke. Die Editio princeps des Celsus erschien Florenz 1478, die des Columella, zusammen mit Cato, Varro u. Palladius, Venedig 1472, die des Macrobius Venedig 1472, die des Statius c. 1480 (s. l. e. a.) und 1483 in Venedig, die des Silius Italicus 1471 in Rom. Vgl. die näheren Nachweise dafür bei Bähr Gesch. d. Röm. Literat. III 267, 284, 398. I 429. 419. Wenn aber daraus Albr. Kirchhoff (Serapeum XIII [1852] 312) den Schluss zieht, dass Agricola sich durch Rusch Handschriften und nicht Drucke bestellt habe, so kann ich dem nicht beistimmen. Warum sollte man denn nicht italienische Bücher damals in Frankfurt verkauft haben? Auch geht aus unserem Briefe keineswegs hervor, dass Agricola diese Schriftsteller für den Kurfürsten und nicht für sich gekauft hätte.

[6]) Die Worte von Hos libros bis quos inuenis wurden mit einigen Varianten schon »Neuer literarischer Anzeiger 1806, p. 316« veröffentlicht, doch ohne Angabe der Quelle.

pendeat necesse est, aut ambigam aut non honestissime credam? Sed ego, quemadmodum uidero euenire materiam aliquam mihi, qua gratiam tibi, etsi non referre, habere tamen me possis intelligere, sic audentior posthac ero, ut liberalitatem tuam euocem, aut cunctantior, ut mecum onerem pudorem. Quod autem presens rerum conditio mihi permittit, gratias ago tibi, utque ex animo agere me, hoc est non agere modo, sed multo uberiores habere perspitias, quibuscunque rebus potero, nitar atque contendam.

Uir prestantissimus hic Guillelmus Raimundus, qui has tibi litteras meas reddet, is est, de quo, nisi memoria me fallit, Wormatie tecum locutus sum, quem dixi audiuisse me Louanij professum esse, post uenisse Coloniam illicque docere, quumque illinc decederet, ut adeat Italiam, reddidit mihi litteras cuiusdam Coloniensis ciuis, ornatissimi hominis et summa mihi familiaritate deuinctj, qui amplissimis cum et honestissimis uerbis mihi commendanit, quamquam id frustra fuerit. Quorsum enim commendare mihi quenquam, qui totus aliena commendatione nitar necesse est. Cupijt, ut cum domino meo Wormati posset in comitatu eius adire urbem, quod ipsum dominus propter conditionem rerum suarum necesse habuit illi negare.[1] Itaque cum statueret secundum uiam fluminis Rheni iter facere Argentinamque uenturus esset, nolui deesse neque tibi ofitium meum, quin ad te litteras darem, neque illi, quin qua possem, illum tibi cura commendarem. Homo est, ut audio, doctissimus omnium linguarum, Latine, Grece, Hebraice, Caldaice, Arabice et, nescio an omnia numerauerim, peritissimus, preterea theologus, philosophus, poeta et (ut in summa dicam) unus in omnibus et omnia in uno, quem ego profecto gauisus sum contigisse mihi, ut uiderem. Nam ut consuetudine eius liberius uterer, angustia mihi temporis ereptum est. Hunc, quia Italiam petit (quod non difficile tibi erit), iuues oro, ut comites aliquos itineris inueniat, quo tutius id commodiusque perficere possit, sicque tractes eum, ut ille se humanissimo homini et ego amantissimo commendatum illum intelligere possimus, quod a tua munificentia nequaquam crederem petendum, nisi tantum fauerem laudibus et eruditioni doctissimi hominis, ut illi etiam, que certa parataque apud te erunt, tanquam dubia et differenda precibus meis impetranda putarem. Doctissimo uiro Petro Scotto, item Thome Uulfio honestissimis et amantissimis uerbis meis saluta. Uale.

Date Heydelberge idibus aprilis Anno 1485.

Cod. fol. 210ᵃ—211ᵃ.

19. Agricola an Johann von Dalberg.

Trient.   *4. August (1485).*[2]

Reuerendissime presul. Primum in commune gratias agimus deo de incolumitate, qua accepta uisi sumus et nos ipsi ex parte melius habere; sollicitos nos fecit, quod uisus es nobis nescio quid querens discessisse. Deinde quam uberrimas possumus gratias agimus humanitati, quod tanta nedum diligentia, sed sollicitudine, quacunque potes, consalis saluti rebusque nostris. Nuntius reddidit quinquaginta aureos, quos illi dedisti domino decano.[3] Sunt nobis, si uiriles quisque conferre uelimus, non minus CI. aurei, quos abunde suffecturos nobis speramus. Quando erit, ut te sequamur, difficile dictu est. D. comes[4] optime ut nunc ex nobis habet, proxime, ut mihi uideor, ego, tertio loco decanus est. Omnes tamen intra linteos iactamur. haec iacens in latere tibi scripsi, tantumque abest, ut de itinere quicquam tibi promittere queamus, ut sit non satis uirium cuiquam nostrum, quo

---

[1] Der Bischof Johann von Dalberg lebte mit den Wormser Bürgern in Streit. Pauli Gesch. d. Stadt Worms S. 245.

[2] Das Jahr ergibt sich aus dem Brief vom 1. Sept. 1485.

[3] Der Dekan ist Jodocus Beck, decanus vallis Wumpine (Wimpfen am Neckar), mit welchem er eine amtliche Reise nach Rom gemacht hatte. Serapeum X 105.

[4] Bernhard von Eberstein. (Ob dieser ein Verwandter des kaiserlichen Rates Eberstein war, konnte ich nicht feststellen. Vgl. Tresling a. a. O. S. 64.

ingredi constanter per cubicula possimus. Medicus omnia secunda pollicetur. D. decanus commendat bullas et scripta et sarcinulas.[1] Uidebone te iterum, uir carissime? Cupio adhuc uiuere, non tam ita me deus amet, sed ut meliore morte defungar, deinde ut conspectum tuum liceat mihi adhuc intueri; quodsi mihi contingat, nihil ultra cum deo paciscar pro uita. Perpetuum salue et uale, lux et columen uitę meę, et deum, quantum potes, pro me ora.

iiij augusti Tridenti ex lectulo, ut potui.

Cod. f. 203ᵇ—201ᵇ und nochmals fol. 204ᵇ—205ᵃ.

20. Agricola an Johann von Dalberg.

Trient. *1. Sept. 1485.*

Salue, reuerendissime pater.[2] D. Johannes Richenstain, ab urbe[3] aut proxime Senis[1] ueniens, quia se affirmabat intra proximos dies Spire[4] futurum et celerius, quam nos possimus aut per rationem ualetudinis nostre sperare audeamus, has ad te litteras dedi, ut quam primum de rebus nostris, quo loco essent, fieres certior. Quum hec scriberem, decanus et ego[5] paulo firmiore ualetudine eramus, hoc est caput e puluino sustulimus et deambulare per domum coepimus, sed dubij tamen et ancipiti robore, ut quibus quotidie tantum timendum sit, quantum sperandum et exacta cura atque arctissima temperantia quotidie sit cum egritudine depugnandum. D. comes de Eberstein peius adhuc habet et lecto adhuc affixus est. Locuti sumus cum eo, uidereturne, ut maneremus et expectaremus, quousque rectius et ipse ualeret, et una abiremus, an, quia uideremus coelum hoc loco pestilens esse nec speraremus fore, ut hic manentes confirmari possimus, melius crederet, ut nos, qui aliquo pacto possemus, quamprimum hinc nos diuelleremus, ipse, ubi comodum esset, nos sequeretur, ne enim ulla re prodesse nos illi posse et esse suffitientia ministeria ei tantaque mora nostra impensas fieri maiores, d. decanum impensas in medicum et pharmacopolam et hospitem ad diem abitus nostri persoluturum, deinde, si quid pecunie reliqui sit, quod illi supra rationem impensarum itineris nostri relinqui possit, id illi relictum iri, sin minus, esse dominum Georgium Nothaft, cuius necesse esse illum uti benignitate, uti nos omnes oporteret, si paulo diutius hic maneremus. Uisum est itaque hortatusque est, ut, quam primum res nostrę ferrent, abiremus; id autem intra diem aut duos, nisi quid aliud (ut multa solent) eueniat, facturos nos spero. Sed necesse est lento itinere aut pigro potius nos proficisci, ut iter cum ratione ualetudinis nostrę decidamus. Dominus T. arndes et Eustachius Senis sunt. Cardinalis Fuscarus diem suum obijt. Causa Ursinorum et Columnensium[7] poscente pontifice pactione interposita indutijs trahitur et iuditio de ea consentientibus in id partibus cognoscetur.

Dominus Georgius Nothaft summa qua potest comitate et beneuolentia non solum prosequitur, sed cumulat nos. Reliqua spero coram me narraturum, quam spem ea nocte, posteaquam litteras postremas ad te dedi, et sequenti itidem prorsus abieceram. Foeliciter etiam atque etiam uale.

Datae Tridenti Kal. septembris Anno 1485 propere, ut uides.

Cod. fol. 203a. u. b.

[1] Sie kehrten von Rom zurück, mit den dort erhaltenen Schriftstücken versehen.
[2] Am Rande steht hier von alter Hand: Presuli Wangiensi S. d. Rhodolphus) enim in itinere egrotus ab eo relatus hanc epistolam scribit.
[3] Rom.
[4] Siena.
[5] Speier.
[6] Vgl. den vorangehenden Brief.
[7] Die Familie Orsini und Colonna in Rom hatten in Streit gelegen. Vgl. über diese lange dauernde Fehde F. Gregorovius Gesch. d. Stadt Rom (Stuttg. 1870) VII 267.

5

34

Verzeichnis der Adressaten.

	Seite		Seite
von Dalberg, Johann	32, 33	von Plenningen, Johannes	15, 17, 25
Goyer, Albert	11	Rusch, Adolf	29, 31
Occo, Adolf	18, 20, 22	Vredewolt, Johannes	11
von Plenningen, Dietrich	12—14, 16, 27, 28	Walter Woudensis	16

Namenregister.

Aachen (Aquisgrani, Aquisgranium) 13. 22. 24.
Adagia. Schrift des Erasmus 6.
Adam Montensis 28.
— Studienfreund Agricolas in Pavia 23.
Advertensis, Adj. zu Advert 25.
Adwert, Kloster in Friesland 25.
Aemstelredamus, s. Alardus.
Agricola (eigentl. Husman od. Huisman) Rudolf 2.
— seine Eltern 21.
— sein Bruder 15.
— seine Berufung an den Hof Maximilians I. 24.
— seine Berufung nach Antwerpen 23.
— seine anderes 29.
— Krankheit in Trient 32. 33.
— seine Grabschriften 3.
— seine Schriften 3. 5—7.
— Dialektik 3—5. 7. 8. 19. 21. 23.
— seine Pädagogik 3—5. 7.
— seine Philosophie 7.
— s. Lukianübersetzung 19.
— sein Gedicht auf die hl. Anna 5. 30.
— sein Gedicht auf Spiegelberg 30.
— Verse ad Critellium 10.
— seine Rede in Pavia 23.
— seine Rede auf der Wormser Synode 30.
— seine Konjekturalkritik 5.
— seine Sprachenkenntnis 4. 5.
— sein Orgelspiel 17.
— seine Bücherbestellungen 26. 31.
— sein Urteil über Rom 26.
— seine Beurteilung durch Erasmus 4—6.
— seine Beurteilung durch Melanchthon 6—7.
— Urteil L. Häussers über seine Briefe 7.
— seine Beurteilung durch Bezold 3.

Alardus Aemstelredamus, Herausgeber der Werke Agricolas 3 6.
Alemanicus, Adj. z. Alemania = Oberdeutschland 9.
Amaltheia 23.
Andreas, Joann., Alerkus, 26.
Anduerpia, s. Antwerpen.
Andnerpiensis, Adj. zu Anduerpia 28.
Anduerpiensis, Adj. zu Anduerpia 25.
Anna, die hl. Mutter der Maria, der Mutter Jesu 5. 30.
Antwerpen (Antwerpia), Stadt im jetzigen Belgien 15. 24. 29.
— kurze Charakteristik der Stadt 27.
— Einwohner von 28.
— seine Schule 3.
— s. Stephanus.
Aquisgranum, s. Aachen.
Arabicus, s. Arabisch.
Arabisch (Arabiena) 32.
Archimedor 20.
Argentina, s. Strassburg.
Argentinensis, Adj. zu Argentina (= Strassburg) 25.
Aristipp, griech. Philosoph. 20.
Aristophanes, sein Plutus 24.
— Wolken 3.
Aristoteles 26.
Arlebergensis s. Wilhelmus.
Arndus, T. 33.
Atheniensis 11. 20.
Attisch (Atrunuš, Atticus) 20.
Augsburg (Augusta) 9. 19.
— Bischof, s. von Werdenberg.
Augusta, s. Augsburg.
Augustensis, Adj. zu Augusta (= Augsburg) 20. 22. 25. 26.
Ayninger 19.

Bacharach (Bachariacum), Stadt am linken Rheinufer zwischen Bingen und Koblenz 27.
Bacharicum, s. Bacharach.

Barbara 19.
Barborus, Hermolaus, italienischer Humanist 5.
Barbianus 28.
Basel (Basilea) 5. 29.
— griechische Bibliothek 29.
Basilea, s. Basel.
Basilius, s. Wessel.
Battista, s. Guarino.
Batus, Freund des Agricola 15.
Bavaria, s. Bayern.
Bayern (Bavaria) 8.
Bertomagensis, Adj. zu Bertomagus 22. 23. 25.
Bertomagus, s. Worms.
Beck, Jodocus, Dekan zu Winnpfen 32. 33.
Bologna (Bononia) 20.
Bononia, s. Bologna.
Bottwar, s. Klein-Bottwar.
Budaeus (eigentl. Budé), französischer Gelehrter 5.
Burgund (Burgundia) 24.
— Kanzler (cancellarius) 24.
v. Burgund, David, Bischof von Löttich 25.
Burgundia, s. Burgund.
Brabanter (Brabantini) 25.
Brabantini s. Brabanter.
Brethren, s. Bretten.
Bretten (Brethenn), früher Brützsches, jetzt badisches Städtchen 6.
Brüder (Bruderschaft) vom gemeinsamen Leben 20.
Brüssel (Bruxella) 21.
Bruxella, s. Brüssel.

Baldaicus, s. Chaldäisch.
Camerarius, s. von Dalberg.
Campensis, Adj. zu Kampen 20.
Campi, s. Kampen.
Pasteo, D. 9.
Cato 31.
Celsus, A. Cornelius 31.
Celus, Konrad 1. 2. 9.
Chaldäisch (Caldaicus) 32.
Christanus, auch Cristanus diminus 19. 25.

Cicero 4.
— seine Reden 26.
Tusculanen 24.
Ciceronianus, Schrift des Erasmus 4.
Colonia, s. Köln a. Rh.
Coloniensis, Adj. zu Colonia 19. 30. 32.
Colonna (Columnenses), edles Geschlecht in Rom 33.
Columella, L. Junius Moderatus, Verfasser der 12 Bücher De re rustica 26. 31.
Columnenses, s. Colonna.
Comburg, ehemaliges Ritterstift im württemberg. Oberamt Hall 10.
Confluentes, s. Koblenz.
Copia verborum ac rerum, s. Erasmus.
Cornelius, s. Celsus.
Critellium 10.
Cristanus, s. Christanus.

Dalberg, von (Dalburgius), latinisiert Camerarius, Joh., pfälzischer Kanzler und Bischof von Worms 3. 8. 22. 23. 25—29. 32.
— Ulplus, Vater des Bischofs Johann 23.
Dalburgius, s. von Dalberg.
von Dalhenn, Joh., jurist zu Heidelberg 13 (ob identisch mit Talhasm?).
Daventria, s. Deventer.
Demosthenes 21.
Desiderius, s. Erasmus.
Deutsch, Deutscher, Deutsche 7. 8.
Deutschland (Germania) 4—6. 9. 23. 26. 31.
Deventer (Daventria), Stadt in Holland 20.
Dillingen an der Donau, früher Besitz des Bischofs von Augsburg, jetzt bayerisch 18. 19.
Dultschland, s. Deutschland.

36

Inhalt.

Die Lyriker

Eumelus, Terpander und Alkman

in ihrem Verhältnis zu Homer.

Von Dr. *J. Sitzler*,

Professor am Gymnasium in Tauberbischofsheim.

Die homerischen Gedichte bilden, wie allgemein bekannt, den Mittelpunkt der gesamten griechischen Poesie; aus dieser schöpften die Dichter immer und immer wieder, wie aus einem nie versiegenden Borne. Für eine ziemlich grosse Reihe von Dichtern nun ist das Verhältnis, in welchem sie zu Homer stehen, in mehr oder weniger ins Einzelne gehenden Abhandlungen bereits nachgewiesen; ja sogar auf Prosaiker haben sich diese Untersuchungen erstreckt. Allein die lyrischen Dichter sind bis jetzt, soviel ich sehe, nach dieser Seite hin noch wenig ins Auge gefasst worden, obgleich doch von vorüberein klar ist, dass sie in besonders engem Verhältnis zum Vater der Poesie stehen müssen. Dies war der Grund, der mich bewog, bei dieser Gelegenheit einen Teil der Sammlungen und Untersuchungen, die ich in dieser Beziehung angestellt habe, zu veröffentlichen. Mögen sie allen Mitarbeitern auf diesem Gebiete der griechischen Poesie willkommen sein!

Aber bei diesen Untersuchungen bin ich nicht nach dem sonst so beliebten Grundsatz verfahren, nur dasjenige zusammenzustellen, was man als Nachahmungen und Entlehnungen bezeichnen könnte. Ganz abgesehen von der Unsicherheit, die in diesen Dingen notwendigerweise herrschen muss, hätte eine solche Betrachtung meinem Zwecke nicht entsprochen. Meine Absicht war, soweit es möglich ist, eine vollständige Vergleichung des betreffenden Lyrikers mit den Epikern zu geben, also nicht nur die Sprache, sondern auch den Inhalt zu berücksichtigen und nicht nur auf die Aehnlichkeiten, sondern auch auf die Verschiedenheiten hinzuweisen; denn nur so bekommt man ein vollständiges und richtiges Bild von der Poesie des betreffenden Lyrikers und von dem Verhältnis derselben zu Homer und dem Epos. Ich füge bei: und dem Epos; denn nicht nur

Homer, sondern die gesamte ältere epische Poesie habe ich, soweit es mir nötig erschien, beigezogen. Allerdings ist diese zum Teil jünger als die alten Lyriker; aber trotzdem wies ich sie nicht zurück; denn abgesehen von Einzelheiten zeigen auch diese Poesien den gleichen epischen Karakter, wie die früheren; sie bewegen sich in fast demselben Kreise epischer Formeln und Wendungen, und das meiste davon geht gewiss auf ältere Übung und Muster zurück.

Welcher Nutzen sich aus solchen Untersuchungen ergeben wird, ist nicht schwer einzusehen. Sie tragen bei zur Erklärung der Fragmente, zur Beurtheilung des Dichters und zur Kenntnis der Dichtgattungen an und für sich sowohl, als im Verhältnis zu einander. Ausserdem aber wird auch die Lexikographie und die Grammatik daraus Nutzen ziehen, besonders die historische, da hier die einzelnen sprachlichen Erscheinungen von der ältesten bis in die spätere Zeit verfolgt werden. Gerade in den beiden letztgenannten Beziehungen sind die Lyriker noch kaum verwertet.

I. Eumelus.

Dem Eumelus von Korinth schreibt Pausanias IV 33, 3 ein Prosodion auf Delos zu, das Bergk PLGr. III⁴ an die Spitze der Fragmente der Meliker gestellt hat. Leider sind von diesem nur zwei Verse erhalten, die über das Verhältnis, in welchem die lyrischen Gedichte des Eumelus zu den Gesängen Homers standen, keinen genügenden Aufschluss geben können. Trotzdem lassen sich daraus nicht zu verachtende Anhaltspunkte gewinnen.

Die zwei Hexameter enthalten 12 Wörter; denn wie die Lücke zwischen καθαράν und και auszufüllen ist, ist ungewiss. Bergk vermutet: κίθαριν, jedenfalls unrichtig, vgl. auch Flach, gr. Lyr. S. 94. Ich schlug κραδίαν vor. Unter diesen 12 Wörtern sind zwei, die sich bei Homer noch nicht finden, das eine der Eigenname Ἰθωμάτᾳ, das andere σάμβαλα; jedoch lesen wir dieses im Hymn. auf Hermes Vv. 79, 83, 139. Eines steht in anderer Bedeutung als bei Homer, καταθύμιος. Lehrs Aristarch.² S. 146 sagt: „καταθύμιος significat i. q. ἐνθύμιος, κατὰ ϲϵχήν, non, inquit, quod apud nos, sc. ἀριστός." Aber an unserer Stelle ist es gleich ἀριστός. So gebraucht es, von unserer Stelle abgesehen, zuerst Theognis, vgl. den Index zu meiner Ausgabe. Über καθαράν lässt sich nicht urteilen, da das Substantiv fehlt. Ist καθαράν κραδίαν richtig, so hat man χ 462: καθαρῷ θανάτῳ und das Adv. καθαρῶς Hes. op. 337. h. Ap. D. 121 zu vergleichen.

Hinsichtlich des Dialekts schreibt Bergk das lange α statt η, ferner Μοῖσα und ἔχοισα und endlich σάμβαλα. Statt ἔχοισα hat die Überlieferung ἔχοισα. Die äolische Form ἔχοισα wurde mit Rücksicht auf Μοῖσα hergestellt und wird scheinbar durch die Form σάμβαλα unterstützt, die auch Sapph. Fr. 98 gebraucht. Allein diese Form ist auch dorisch. Daher glaube ich, dass auch Μῶσα und ἔχοισα zu schreiben ist, vgl. auch Führer, Sprache und Entwick. d. gr. Lyr. S. 6. Der Dorier Eumelus gebrauchte also den dorischen Dialekt; natürlich sind epische Formen nicht ausgeschlossen, wie καταθύμιος und ἔπλετο zeigen.

Die Wortverbindung: τῷ Ἰθωμάτᾳ καταθύμιος ἔπλετο Μῶσα erinnert an Ψ 548, wo Antilochos zu Achilleus über Eumelus sagt: καί τοι φίλος ἔπλετο θυμῷ; φίλος θυμῷ = καταθύμιος. Verbindungen wie: καθαράν (κραδίαν) καὶ ἐλεύθερα σάμβαλ' ἔχοισα sind hinlänglich aus Homer bekannt. καθαρός ist bei Homer und den älteren Epikern Attribut der εἵματα vgl. ζ 61 u. a., auch des Todes vgl. oben. Zu ἐλεύθερα σάμβαλα vgl. Ζ 528: κρητῆρα .. ἐλεύθερον, auch zur Bezeichnung der Freiheit.

II. Terpander.

Schon etwas besser sind wir bei Terpander, dem berühmten Musiker aus Antissa, daran. Bekannt ist, dass Plut. de mus. 3 von ihm sagt: καὶ γὰρ τὸν Τέρπανδρον, φη, κιθαρῳδικῶν ποιητὴν ὄντα νόμων κατὰ νόμον ἕκαστον τοῖς ἔπεσι τοῖς ἑαυτοῦ καὶ τοῖς Ὁμήρου μέλη περιτιθέντα ᾄδειν ἐν τοῖς ἀγῶσιν. Die richtige Erklärung giebt Flach, gr. Lyr. S. 190. Wenn schon daraus seine Beschäftigung mit Homer folgt, so wird sein Verhältnis zu demselben noch besser ausgesprochen von Plut. de mus. 5: Ἀλέξανδρος δ᾽ ἐν τῇ συναγωγῇ τῶν περὶ Φρυγίας... φη... ἐζηλωκέναι δὲ τὸν Τέρπανδρον Ὁμήρου μὲν τὰ ἔπη, Ὀρφέως δὲ τὰ μέλη. Wie richtig der erste Teil dieser Nachricht ist, zeigt uns eine Betrachtung der Fragmente.

Die bei Bergk l. l. angeführten 6 Fragmente enthalten 50 Wörter. Davon kommen 3 bei Homer nicht vor, alle in Fr. 5, nämlich τετράγηρυς, ἀποστέρξαντες und ἐπτατόνῳ. Das Wort ὕμνων und ὕμνους, das wir Fr. 1 und 5 lesen, stand früher ♯ 429; es ist aber jetzt emendiert, und so findet sich ὕμνος jetzt nur in Hesiod, Hymnen u. s. w., vgl. Flach, gr. Lyr. S. 40 Anm. 4. Für σωτήρας bietet Terpander Fr. 4 die älteste Belegstelle; denn Hymn. XXII 5 und XXXIII 6, wo es auch steht, sind sicherlich später. Dann findet sich das Wort bei Simonid. epigr. 120, 1 und 130, 1 und öfter bei Pindar u. s. w. Ausserdem sind aus Frgm. 3 die Eigennamen Μνάμας = Μνημοσύνης und Μωσάρχῳ = Μουσηγέτῃ zu erwähnen; das letztere fehlt in dem Lexikon von Passow. In anderer Bedeutung als bei Homer ist das Verbum κιλαδέω gebraucht, vgl. Fr. 5: νέους κιλαδήσομεν ὕμνους. Ueber dieses Wort spricht R. Holsten, de Stesichori et Ibyci dial. et copia verb. S. 34. Aber er hat dabei unsere Stelle übersehen und so Pindar als auctorem huius usus bezeichnet statt Terpander; auch die von ihm angeführte Stelle Eur. Iph. T. 1129: κίλαδον ἑπτατόνου λύρας hat in Terpander ihr Vorbild.

Über den Dialekt kann ich mich kurz fassen. Es ist der epische, wie er uns bei Homer und den Epikern entgegentritt. Allein diesem hat Terpander einen dorischen Anstrich verliehen, indem er langes α statt η, Μῶσα statt Μοῦσα und in der Deklin. τᾶς Μώσας gesagt hat. Andere Dorismen nehmen wir in unseren Fragmenten nicht wahr.

Unter den Wortverbindungen sind an erster Stelle die Epitheta zu betrachten. Manche derselben stimmen mit Homer und den Epikern überein: Frgm. 2: ἄναχθ᾽ ἑκαταβόλον vgl. z. B. ♯ 339: ἄναξ ἑκατηβόλ᾽ Ἄπολλον. — Λατοῦς υἱεῖ vgl. Η 840: λητοῦς ἐπτ... υἱός u. a. -- Frgm. 6: μῶσα λίγεια vgl. Lehrs, quaest. ep. S. 169 flg. — καλὸν ἔργων vgl. Frgm. κακά, allerdings in etwas anderem Sinne. h. XXIX 12: ἔργματα καλά. Andere sind ganz in epischer Weise gebildet: Fr. 3: τᾶις Μνάμας παισὶν Μώσαις vgl. ♯ 488: Μοῦσαι. Διὸς παῖς und Δ 512: Ἀχιλεύς, Θέτιδος παῖς. — Fr. 5: νέους... ὕμνους vgl. α 352: ἀοιδὴν ἥτις... νεωτάτη. — In folgenden Fällen werden epische Epitheta auf andere Begriffe übertragen: Fr. 6: δῖκα εὐρυάγυια vgl. χ 230: πόλις εὐρυάγυια und hym. Cer. 16: χθὼν εὐρ. — καλῶν ἐπιτάρροθος ἔργων vgl. Μ 180, Ρ 339: μάχης ἐπιτάρροθος an derselben Versstelle. — Frg. 4: κάλλιστοι σωτῆρες vgl. ς 263: καλὸς λιμήν und ξ 253: ἀνέμῳ καλῷ. - Nach epischem Vorbilde sind gebildet: Fr. 5: τετράγηρυν ἀοιδάν vgl. μ 187: μελίγηρυς ὄπ und hymn. Ap. 341: μελίγηρυν ἀοιδήν. — ἑπτατόνῳ φόρμιγγι vgl. Ο 443: ἑπτὰ παλίντονον und θ 248: αἰόλον ᾄσμα. In folgenden Fällen klingen manche Wortverbindungen an das Epos an: Fr. 1: σοὶ πέμπω ταύταν ὕμνων ἀρχάν vgl. Ο 109, wo es von Zeus heisst: ὔμμι κακὸν πέμψησιν ἑκάστῳ, wo also πέμπειν in ähnlicher Weise übertragen wird; bekannt sind aus den Tragikern Verbindungen wie ἔπη πέμπειν u. a. Pind. Ol. 7, 7: Μοισᾶν δόσιν ἀθλοφόροις ἀνδράσιν πέμπων wird in eigentlicher Bedeutung genommen. — Fr. 2: ἀμφί μοι αὖτε ἄναχθ᾽... ᾀείτω ἁ φρήν, wie ich mit Hermann lese; dazu vgl. hymn. 7, 1: ἀμφὶ Διώνυσον, Σεμέλης ἐρικυδίος τάδν, μνήσομαι und 10, 1: ἐμφί μοι Ἑρμείαν φίλον γόνον ἔννεπε Μοῖσα; ebenso h. Merc. 51: θεὸς δ' ὑπὸ καλὸν ἄειδεν, ἀμφὶ Δία Κρονίδην. 22, 1. 33, 1. Alle diese Stellen sind jünger als Terpander; aber aus dem von Bergk zu unserer Stelle ausgeschriebenen schol. in Aristoph. nub. 595 erkennen wir, dass dies der gewöhnliche Anfang solcher Hymnen war, und Baumeister, hom. Hymn. S. 339 bemerkt mit Recht zu h. VII 1: »formula illa fortasse non a Terpandro inventa, sed apud epicos nata est; nam certe origo iam latet θ 266: ἀνεβάλλετο καλὸν ἀείδειν | ἀμφ' Ἄρεος φιλότητος ἐϋστεφάνου τ' Ἀφροδίτης. Die Umschreibung μοι φρήν = ἐγώ ist aus Homer hinlänglich bekannt, vgl. z. B. Κ 45: Διὸς ἐτράπετο φρήν und Μ 173: Διὸς πείθε φρένα; ebenso bei θυμός, νόος und ἦτορ. Endlich stimmt auch die Wortstellung: ἀμφί μοι αὖτε ἄναχθ' mit dem homerischen Gebrauch, vgl. Schnorr de Carolsfeld, verb. collocat. Hom. S. 19 flg., sowie der Hiatus αὖτε ἄναχθ'. vgl. Ξ 233:) ἵνα ἄναξ. — Frgm. 3: σπένδομεν ταῖς Μνάμας παισὶν vgl. Ζ 239: ὀπίοις Διὶ πατρί und so in der ganzen Gräcität. Fr. 6: αἰχμά τι νέων = »Lanzenkampf oder überhaupt kriegerische Tüchtigkeit« vgl. Ο 525: αἰχμῆς εὖ εἰδώς, wofür gleich im Folgenden εὖ εἰδότα θουρίδος ἀλκῆς steht. Darnach ist Passow s. v. zu korrigieren. — αἰχμὰ θάλλει καὶ μῶσα καὶ δίκα vgl. λ 415: εἰλαπίνη τεθαλυῖα, h. Merc. 152: μολπὴ τεθαλυῖα; Hes. th. 902: Εὐνομίην τε Δίκην τε καὶ Εἰρήνην τεθαλυῖαν; aber bei Homer und Hesiod steht so nur das Perf. τέθηλα, bes. das Partic. τεθαλυῖα. Das Praesens hat Simon. Am. 7, 85. Carm. pop. 11. Adesp. 18; dann Pindar, vgl. Pyth. 7, 21. Isthm. 4, 17 u. s. w. — καλὸν ἐπιτέρρθος ἔργων vgl. zur Stellung z. B. φ 26: μεγάλων ἐπίστορα ἔργων.

So sehen wir denn, wie die Form der Gedichte des Terpander ganz homerisches Gepräge zeigt. Hinsichtlich des Inhalts und der Stoffe aber können wir bei der Zahl und Beschaffenheit unserer Fragmente nur auf ein paar Punkte hinweisen. Zu dem Gedanken des Fr. 1: σοὶ πέμπω ταύταν ὕμνων ἀρχάν vgl. Hes. th. 47: Ζῆνα, θεῶν πατέρ' ἠδὲ καὶ ἀνδρῶν, | ἀρχόμεναί θ' ὑμνεῦσιν ἠδὲ λήγουσαι ἀοιδῆς κτλ., wie ich mit Dindorf lese; ferner hymn. 9, 8. 31, 18: ἐκ σέθεν, σέο ἀρξάμενος, sowie das sprichwörtliche: ἐκ Διὸς ἀρχώμεσθα καὶ ἐς Δία λήγετε. Diese Sitte bestand durch die ganze griechische Litteraturperiode. - - Dass auch Frgm. 2 der Übung der Epiker entspricht, beweist das oben Angeführte. - Zu Frgm. 3: ταῖς Μνάμας παισὶν Μώσαις vgl. Hes. th. 53 und 915 flg., wo die Musen Töchter der Mnemosyne, die hier Moeme genannt ist, heissen; ebenso h. Merc. 429 flg. Musen und Apollon hat Homer zusammengestellt θ 488. hymn. 25, 2 und so auch wiederholt andere Dichter, vgl. Preller-Plew, gr. Mythol. I² S. 223 flg. - Frgm. 4: Ζὰ Ζανὸς καὶ Λήδας κάλλιστοι σωτῆρες erinnert zunächst an hymn. 17 und 33, wo die Dioskuren ebenfalls Söhne des Zeus und der Leda heissen und als σωτῆρες gepriesen werden. Söhne des Zeus und der Leda nennt sie auch Hesiod Frg. 115 b. Rzach., während sie Homer als Söhne des Tyndareos kennt, vgl. Preller l. l. II S. 92. Als σωτῆρες scheinen sie an unserer Stelle zuerst genannt zu sein, vgl. Preller l. l. S. 105 flg. — Ebenso wird unter den uns erhaltenen Schriftstellern zuerst von Terpander Nysa als Amme des Dionysos angegeben, vgl. Frgm. 8. Ziehen wir das Resultat daraus, so ergiebt sich, dass Terpander auch hinsichtlich des Inhalts seiner Gedichte sich an seine Vorgänger anschloss, ohne jedoch auf Selbständigkeit zu verzichten. Er scheint dabei den Hesiod mehr befolgt zu haben, als den Homer.

III. Alkman.

Es folgt jetzt der grosse dorische Chorlyriker Alkman. Auch von diesem haben wir kein vollständiges Gedicht; allein die Fragmente sind zahlreich genug, um uns über sein Verhältnis zu Homer und den Epikern aufzuklären. Über Alkmans Nachahmung des Homer spricht Bergk, gr. Litteraturgesch. I S. 881. und Spiess, de Alcmanis poetae dialecto in Curtius Stud. X S. 335

sagt mit Berufung darauf: diligens Homeri, omnium poetarum magistri, studium apud eum cognoscitur, cui plus debet quam ullus alius poeta praeter Stesichorum». Sehen wir, wie sich diese Urteile bestätigen.

Die Fragmente 1—101 bei Bergk enthalten in runder Zahl etwa 1000 Wörter, darunter 102 Eigennamen. Unter diesen zählte ich 158 Wörter, die nicht oder doch nicht in der betreffenden Bedeutung bei Homer vorkommen, darunter 46 Eigennamen. Von diesen 158 Wörtern kommen 25 bei Hesiod und in den Hymnen vor, nämlich 5 Eigennamen und ausserdem: Fr. 1: μέλος vgl. h. 19, 16; da dieser Hymnus jünger als Alkman, so bietet die Stelle des Alkman den ältesten Beleg für dieses Wort, das von jetzt an allgemein in Gebrauch kommt. — Fr. 9: ὁμετῆρες vgl. h. 22, 5; andere Stellen kenne ich nicht; aber das Femin. ὁμήτειρα steht schon Σ 259: Νύξ. ὁμήτειρα θιῶν. — σοφηί vgl. Margit. 2 bei Kinkel; auch Archiloch. 45 und von da an allgemein; aber σοφίη steht schon Ο 412. h. Merc. 483. — Fr. 22: φοίναις vgl. Hes. asp. 114: θοίνης; dann Theognis 239; aber θοινηθῆναι δ 36. — Fr. 23: ἡμισίων vgl. M. 23, allerdings eine spätere Stelle; dann Hes. op. 160. hymn. 31, 19. 32, 19. — κανα χάπυδα vgl. Hom. et Hes. cert. 94 bei Rzach; da aber dieses Gedicht aus später Zeit ist, so enthält unsere Stelle den ältesten Beleg für dieses Wort; vgl. auch ζ 82: καναχῂ δ'ἦν ἡμιόνοιιν. — τηρεί vgl. h. Cer. 142; dann Theogn. 903. Pindar u. s. w. — μάταν vgl. Hym. Cer. 308; dann Theogn. 523; Pindar u. s. w.; bei Homer findet sich einigemal ματάω. — Fr. 33: κοινά vgl. Hes. op. 723. — ζαττύτι vgl. Hes. op. 400. h. Ap. P. 37. h. Merc. 302. — Fr. 45: ὕμνῳ vgl. Terpander S. 3. — Fr. 47: βρουησσα vgl. Hes. op. 773; ausserdem lesen wir das Wort Pind. Pyth. 5, 3 und dann wieder 4mal bei Euripides. — Fr. 66: κιθαριστάν vgl. Hes. th. 95. h. 25, 3; aber κιθαρίζιιν Σ 570 und κιθαριστύν Β 600. — Fr. 67: νόμως ‹Gesangesweisen› vgl. h. Ap. D. 20, eine corrupte Stelle, die Baumeister ausschliesst; demnach findet sich das Wort an unserer Stelle zuerst sicher. — Fr. 72: σκάφευς vgl. Hes. op. 572; σκάπτειν h. Merc. 90. 207. — Fr. 80: ὠραίῳ vgl. Hes. op. 695, der das Wort auch sonst öfter hat, wenn auch in etwas anderer Bedeutung. — Fr. 83: πεγισσόν vgl. Hes. th. 399. — Fr. 85 B: ἄχει vgl. Hes. th. 42 u. h. Cer. 38, beide Male in dem Sinne ‹tönen, widerhallen› von Höhen, die ein Ton trifft. An unserer Stelle steht es entweder von einem Singenden, vgl. Hes. op. 582 und scut. 393: ἠχέα τέττιξ und darnach Theokr. 16, 96: τέττιξ ἄχει, oder von dem Instrument, vgl. Soph. Trach. 642: αὐλὸς . . . ἀχῶν κτλ. — Fr. 87: ἐν ἀρμένοισιν vgl. Hes. scut. 84: ἄρμενα πάντα παρίχον; ebenso Theogn. 275. 695. Pind. Ol. 8, 73: ἄρμενα πράξαις ἀνήρ und Nem. 4, 58: ἀντιάλλει ἐν ἀρμένοισι. An allen diesen Stellen hat ἄρμενος die Bedeutung ‹gut, angenehm›; bei Homer dagegen heisst es nur ‹passend, gefügt› vgl. Σ 600. τ 234. 254. h. Merc. 110. — [Fr. 151: χθόνιος öfter bei Hesiod.] — Fr. 23: κύρος steht, wie Hes. th. 503, wo es der πενίη entgegengesetzt ist; ebenso κορέννυμι op. 33; bei Homer heisst es nur ‹Sättigung, Überdruss›.

Zu diesen 25 kommen noch 11 Wörter, die Alkman in anderer Bedeutung als die alten Epiker gebraucht: Fr. 22: κατάρχειν παιᾶνα vgl. γ 445: κατήρχετο in sacraler Bedeutung; den Alkman'schen Gebrauch ahmen die Tragiker und attischen Prosaiker nach, nur dass sie gewöhnlich mit κατάρχειν den Gen. verbinden. In derselben Bedeutung sagt Homer ἐξάρχειν vgl. Β 273; βουλᾶς oder mit dem Gen. Σ 51: γόοιο. Σ 606: μολπῆς. Hes. scut. 205: ἀοιδῆς. Archiloch. 76: παιᾶνα. h. 27, 18: χορούς; ebenso die Tragiker u. s. w. — Fr. 23: τὸ κιμῶσιν ἀλέγω; ebenso sagt Pind. Ol. 2, 78: ἐν τοῖσιν ἀλέγοιτα vgl. Dissen ad h. l.; bei den Epikern heisst ἀλέγειν ‹sich kümmern›, gewöhnlich mit οὐ. — παρίσσομες ‹übergehen›, wie es sich bei Herod. 1, 177, den Tragikern, Platon u. s. w. findet; Hom. Ψ 868 hat: παριὼν μήριθμος. — διαπλέκει ἀμέραν vgl. h. Merc. 80: διάπλεκε ἔργα; dem Alkman folgt Herod. 3, 42, 6, wo Stein Aristoph. Vö. 753 zitiert; eine andere Stelle aus der Komödie hat Athen. X p. 458 B; auch Platon braucht das Wort so. In anderm Sinne gebrauchte das Wort Pind. Nem 7, 98, vgl. Dissen ad h. l. — σύριον ἄστρον vgl. Hes. op. 417; aber dieser meint den Sirius, den er auch V. 587 u. 609 nennt; ebenso scut. 153 und 397. Alkman dagegen braucht das Adjektiv allgemein »glänzend«; ebenso Ibyc. 3, vgl. Holsten l. l. S. 46, der auch auf Archilochus hinweist. — *ἀμέναι* »tauschen«, wofür ich keinen weiteren Beleg kenne; in anderer Bedeutung oft bei Homer. — *μίτρα* »Kopfbinde«, wie öfter bei Herodot u. a.; bei Homer »Leibbinde«. — Fr. 24: *σκαιός* in übertragener Bedeutung, wofür Passow Herodot, die Tragiker, Komiker, Platon u. s. w. anführt; bei Homer u. Hes. nur in eigentlichem Sinne, vgl. *A* 501 u. a.; Hes. th. 170. - - Fr. 26: *κύματος ἄνθος* »Schaum der W.«; ähnlich die Tragiker; bei Epikern »Blüte« eigentlich und übertragen, besonders auf das Leben. — Fr. 34: *ἀργιφόνταν τυφόν*, während bei Homer jenes Adjektiv nur Attribut des Hermes ist. — Fr. 75: *κηρίναν ὀπώραν* »Honig«. In der Bedeutung »Frucht« findet sich dieses Wort erst bei den Tragikern; bei den älteren Epikern bezeichnet es die »Jahreszeit«. — [Fr. 144: *μάστακας* == *τὰς γνάθους* kenne ich sonst nicht; bei Passow fehlt diese Bedeutung. Bei Homer: »Mund, Futter«.] — Dazu füge ich noch Fr. 23: *ἰάτωρ*, wofür Passow Apollin. metaphr. ps. 102, 6 als Belegstelle angiebt; Homer sagt *ἰητήρ* und ihm folgen die andern Dichter. — Fr. 92: *παλιακίω* ist korrupt. Ich vermute: *ταύσια πολλὰ κίω* vgl. *γ* 316. *ω* 13: *τηυσίη ὁδός* oder *ταύσια πολλὰ λακίω* vgl. h. Ap. P. 362: *τηύσιον ἔπος*.

Zieht man nun diese 36 Wörter nebst den 46 Eigennamen von jenen 158 ab, so bleiben 76 Wörter, die sich im alten Epos nicht finden, nämlich Fr. 1: *πολύμμελές*, wofür Passow Poll. 4, 67 anführt. — *αἰνάοιδε* nur hier. — *νεοχμός*, das sich dann bei Herod. 9, 99, 104, bei den Tragikern u. s. w. findet. — Fr. 6: *πιτνεῖ*; dann bei Pindar und besonders bei den Tragikern. — Fr. 10: *ἐλιχρύσω*, auch Ibyc. 6, 1. Passow führt Theocrit. 1, 30 an. — *πυλεῶνα* vgl. Bergk ad h. l. — Fr. 17: *δαυχνοφόρον*, das Bergk = *δαφνηφόρον* erklärt; zu *δαφνηφόρον* vgl. Aeschyl. suppl. 706. Eurip. Jon 422. Anakreontea 11, 6. Plutarch u. s. w. — Fr. 18: *ἐπαμμένα πίσω* kenne ich sonst nicht. — Fr. 20: *θριδακίσκας* kenne ich sonst nicht; Deminut. zu *θρίδαξ*, wofür die Attiker *θριδακίνη* sagen, vgl. Lobeck Phryn. S. 130. — *κριβάνας* vgl. Athen. III p. 111 F flg., und überhaupt die ganze Stelle von p. 109 F an. — Fr. 22: *θιάσοισιν*, bei Euripides und andern. — *ἀνδρῶν* »Männermahle«, wofür Passow Aristot. polit 2, 10 und Plutarch als Beleg anführt. — *πρίτ** geziemt, auch bei Theognis 235, öfter bei Pindar u. s. w. — Fr. 23: *διατάν*, öfter bei Pindar Ol. 9, 75. Pyth. 1, 10, 42, 4, 236, 6, 28. Nem. 9, 51; auch Anyte Anth. Pal. VII 492, 3. — *ἀγρόταν*, das auch bei Aeschyl. Pers. 1002 steht, vgl. lexic. Aeschyl. ed. Dindorf s. v. — *πώρω* vgl. Bergk ad h. l. — *μαρτύρεται*, das sich dann bei Tragikern, Komikern, Attikern findet: aber *μαρτυρίη λ* 325. Hes. op. 282. *μάρτυρα* Hes. op. 371. h. Merc. 372. *μάρτυρος* oft bei Homer. — *κλενά*, auch Stesichor. 5 vgl. Holsten l. l. S. 63. — *χαραγός*, oft bei den Attikern, Dichtern sowohl als Prosaikern. — *οὐδαμῶς*, wofür Passow Herodot, Tragiker u. s. w. anführt. — *ἐμφανής*, das nach Alkman zunächst bei Ananios 5, 8 vorkommt, dann bei den Tragikern u. s. w. — *ὑποπετριδίων* vgl. Bergk ad h. l. — *ἀτενάς*, was bei Passow aus Xenoph. mem. 2, 7, 2 als frühester Stelle nachgewiesen wird; *ἀτενὴς* öfter bei Homer. — *ἰκανθεῖ*, auch bei Herodot 2, 12, dann Aristophanes, Platon u. s. w.; aber *ἄρθω* bei Homer. -- *διηράδαν*, wofür E. Frohwein, de adverbiis Gr. in Curtius Stud. I S. 101 Pollux 2, 129 als Beleg anführt; *διαφαίνωθαι* bei Hom. t 379. θ 491. K 199. — *δραμεῖται* findet sich hier zuerst, vgl. Veitch s. v. — *ἄτι*, auch Ibyc. 1, 7, vgl. Holsten l. l. S. 32 flg., wo aber für das zweifelhafte Theognis 970 das sichere Theogn. 235 zu setzen ist. — *πορφύρας*, nach Alkman zuerst bei Aeschyl. Agam. 957, 959; aber *πορφύρεος* oft bei Homer. — *ποτνιάται*, öfter bei Pindar und Tragikern. -- *σωστήρια* vgl. Bergk ad h. l. — [*ἄπονον*, zuerst bei Pindar, dann später bei Attikern. — *ἔρα* fehlt bei Passow; ich kenne das Wort sonst nicht.] — *γλαυξ*, wofür Passow Aristoph. av. 302 u. 1106 anführt; aber *γλαυκῶπις* oft bei den Epikern. — *ἐρῶ*, zuerst bei Archiloch. 25, 68, dann bei Pind., Theognis u. s. w.; episch *ἐρέω*. — Fr. 24: *ἄγροικος*, bei Passow mit Platon belegt. — Fr. 25: *γεγλωσσαμένον* kenne ich sonst nicht; bei Passow fehlt das Wort. — *κακκαβίδων* vgl. Bergk ad h. l. — Fr. 26: ἰμερόφωνοι, auch bei Sappho 30. Theocr. 28, 7. — βάλε δὴ βάλε: später ἄβαλε, was Passow aus Callimachus anführt; vgl. auch Jacobs Delect. epigr. Gr. S. 430 Adnot. ad No. 38. — κηρύλος, bei Aristoph. av. 300 in der Form κειρύλος. vgl. Th. Kock ad h. l. und zu V. 251. — ῥηλιγύς vgl. Bergk ad h. l. — Fr. 33: κύτος, dann bei Tragikern u. s. w. — ἔντεος, von Passow mit Aristophanes, Platon u. s. w. belegt. — παμφάγος, auch bei Eurip. Med. 1187. Aristot. u. s. w. — χλιερόν, das nach Alkman bei Herodot 4, 181, bei Aristophanes u. s. w. vorkommt. — Fr. 34: λεόντειον; Passow zitiert Aeschyl. Fr. 108. Theocr. 24, 134. — ἐν ὀρήσας kenne ich sonst nicht; aber πιρός schon A 639 und öfter. — ἄτρυφον, sonst nicht belegt. — Fr. 38: σίγμς vgl. Veitch, greek verbs s. v., der aber die älteste Belegstelle Archiloch. Fr. 71 übersehen hat. — κνπαιρίσκω, sonst nirgends; aber κύπειρος h. Merc. 107 u. κύπειρον Φ 351. ὁ 603. — Fr. 30: καλχᾶν vgl. Athen. XV p. 682 A. 684 C. — Fr. 43: ἴκα kenne ich sonst nicht; ist es dasselbe Wort mit ἵξ, wie einige wollen, so steht es schon bei Hom. φ 395. — Fr. 56 A: ἀθελφιδίους belegt Passow mit Herodot und Attik. — Fr. 60: φάραγγες, auch bei Tragikern, att. Prosaikern u. s. w. — Fr. 62: ἀθελφά; die Form ἀθελφή findet sich bei Attikern; ἀθελφεά hat Pind. Nem. 7, 4. ἀθελφεή Herod. 3, 53. ἀθελφεός und ἀθελφεός stehen, wie bekannt, bei Homer. — Fr. 63: πείρα, auch bei Theognis vgl. den Index meiner Ausgabe; dann bei Pindar Nem. 3, 70. 4, 76. 9, 28, Tragiker u. s. w.; Hom. πειράζειν und öfter πειρᾶν oder πειρᾶσθαι. — μαθήσιος, später bei Tragikern und att. Prosaikern; μαθεῖν schon bei Hom. Z 444. ρ 226. σ 362, also nicht zuerst bei Theognis, wie Passow sagt. — Fr. 65: μελίσκον, sonst mir unbekannt, Deminut. zu μέλος, vgl. oben S. 5. — Fr. 68: μέμανεν findet sich hier zuerst, vgl. Veitch s. v. — Fr. 69: πάλυις. auch bei Pind. Ol. 7, 61 von Böckh unnötigerweise statt ἄμπαλον hergestellt, vgl. Bergk ad h. l.; πάλος findet sich bei Sappho 9, dann bei Herodot, den Tragikern u. s. w. Bekannt ist aus Homer: κλήρους πάλλον Γ 316 u. a. m. — Fr. 70: ὀρυφῆται vgl. Bergk ad h. l.; bei Homer in etwas anderer Bedeutung ὀρύπτειν Η 324 und ὀρύπτεσθαι β 153. τ 426. — σνναικλίαις nur hier. — Fr. 71: αἴκλον vgl. Athen. IV p. 139 B. 140. — Fr. 74 B: κλῖναι, nach Alkman bei Herodot 1, 50 u. öfter, Tragikern, Komikern u. s. w.; Hom. κλιντήρ σ 190, öfter κλισμός. — μακωνίδων kenne ich sonst nicht. — σασάμω, auch bei Solon Fr. 40, Herodot u. s. w.; σησαμίς Stesichor. 2, 1, vgl. Athen. II 68 A. III 111 A. 114 A. B. — πελίχναις, Deminut. von πελίκη, vgl. Athen. XI p. 495 A. B. Ich kenne das Wort sonst nicht. — χρυσοκόλλα kenne ich sonst nicht; Athen III p. 111 A: ἐστὶ ῥωμάτιον διὰ μέλιτος καὶ λίνου. — Fr. 75: πνάνιον. vgl. Athen XIV p. 648 B u. C, wo auch über πόιτον, χίδρον und κηρίναν ὀπώραν gesprochen wird. — χίδρον hat Aristoph. equit. 806, vgl. Th. Kock ad h. l. — κήρινον belegt Passow aus Platon; κηρός steht μ 48. 173. 175. — Fr. 78: ὑπαντήσει, für das Passow Lucian salt. 83 anführt; auch ἀντλήσειν Fr. 82 findet sich erst wieder bei Attikern und Theognis 1056. αὐλός Κ 13. Σ 495; αὐλητής Theognis vgl. den Index meiner Ausgabe, Pind. Pyth. 12 inscript. u. s. w. — Fr. 84: σαλασσομέδωσα kenne ich sonst nicht; θαλασσομέδων führt Passow aus Xenn. dion. 21, 95 an. — Fr. 85 B: λιγύκροτον, bei Passow mit Suidas belegt. — Fr. 90: κοδύμαλον kenne ich sonst nicht, vgl. Ath. III p. 81 F. — Fr. 91: μάγαδιν vgl. Flach, gr. Lyr. S. 101 flg. — Fr. 95: κατάϊσεις, sonst nicht, vgl. Bergk ad h. l. — Fr. 96: κλήτει, sonst nicht, vgl. Bergk ad h. l. — Fr. 97: λᾶδος vgl. Bergk ad h. l.; λιδάφιον Aristoph. av. 715; λίδιον Ath. VI p. 256 F u. XIII p. 582 D. E. — Fr. 98: μελισσομέναι, vgl. Veitch l. l. s. v., der aber ebenso wie Passow die früheste Stelle, an der es sich nach Alkman findet, Platon epigr. 24, 3, übersehen hat; das Aktiv steht Pind. Nem. 11, 18. Aeschyl. u. s. w.

Zu diesen Wörtern füge ich aus Fr. 101 B flg. noch folgende: Fr. 116: γειτόσημα, von Passow mit Platon belegt; γείτων bei Homer u. Hesiod u. s. w. — Fr. 120: ἀάνθα vgl. Bergk ad h. l.; sonst kenne ich das Wort nicht. — Fr. 121: ἀγῇ von ἀγάω = ἀγάζω vgl. Bergk ad h. l.; kommt sonst nicht vor. — Fr. 123: ἀγίσθεο vgl. Bergk ad h. l.; sonst nicht. — Fr. 125: ἄετιας vgl.

Bergk ad h. l. — Fr. 126: ἀλίβαπτον vgl. Bergk ad h. l.; als Adjektiv wird das Wort bei Passow mit Nikander belegt. — Fr. 130: βλῆρ vgl. Bergk ad. h. l. — Fr. 132: γεργέρα vgl. Bergk ad h. l.; fehlt bei Passow. — Fr. 133: γίρρον = οἰστός nur hier; in anderer Bedeutung bei Herodot, Komikern, Xenophon u. s. w. — Fr. 140: καρχάραισι wird bei Passow nur aus späterer Zeit belegt; καρχαρόδους hat Homer und Hesiod; καρχαλέος findet sich Φ 541. — Fr. 142: κερκολύρα, nur hier, vgl. Bergk ad h. l. — Fr. 145: δάρκον = μνήμην fehlt bei Passow, vgl. Bergk ad h. l. Fr. 146 A: ἀμοστοίχους, bei Passow mit Theophrast belegt. — Fr. 146 B: οὐτίς = τὸ ζῶον, vgl. Bergk ad h. l. — Fr. 148: πληθρίον = τὸ πήδαλιον, sonst unbekannt. Fr. 152: φιλόσιλος vgl. Bergk ad h. l. — Fr. 153: ὑακός vgl. Bergk ad. h. l.

Dies sind die Wörter, die ich mir als nicht vorkommend bei Homer und Hesiod bemerkte. Fasst man bloss ihre Zahl ins Auge, so scheint es, als ob es sehr viele wären. Allein um sie richtig zu beurteilen, darf man zweierlei nicht übersehen. Mustert man nämlich dieselben, so springt sofort in die Augen, dass ein grosser Teil davon schon der Natur und Beschaffenheit der Wörter nach bei den alten Epikern gar nicht vorkommen konnte, während das Fehlen anderer nur rein zufällig ist, zumal wenn die Wortfamilie im Epos vertreten ist. Das zweite aber ist, dass wir es hier nur mit Fragmenten zu thun haben, deren Erhaltung oftmals eben gerade der seltsamen Wörter wegen stattgefunden hat. Daraus ergiebt sich, dass sich das Verhältnis zwischen epischen und nicht epischen Wörtern wesentlich anders gestalten würde, wenn wir die sechs Bücher Gedichte Alkmans noch vollständig hätten.

Über den Dialekt Alkmans haben mehrere Gelehrte besonders gehandelt, wie G. Ingraham, de Alcmanis dialecto, 1877. II. Spiess, de Alcmanis poetae dialecto, 1877, abgedruckt in Curtius Studien, Bd. X, S. 329 flg. Fr. Schubert, Miscellen zum Dialekte Alkmans, in den Sitzungsberichten der Wiener Akademie 92, 517 flg. Dazu kommt noch A. Führer, die Sprache und die Entwicklung der griechischen Lyrik, 1885, S. 3 flg. und K. Sittl, griech. Litteraturgesch. I S. 300 flg.

Unser Dichter gebraucht den lakonischen Dialekt; dies zeigen sowohl die Fragmente, als auch die Zeugnisse der Alten, von denen ich nur auf Pausan. 3, 15 hinweise: Ἀλκμᾶνος, ᾧ ποιήσαντι ᾄσματα οὐδὲν ἐς ἡδονὴν αὐτῶν ἐλυμήνατο τῶν Λακώνων ἡ γλῶσσα, ἥκιστα παρεχομένη τὸ εὔφωνον. Dagegen lesen wir bei Apollonios de pronom. p. 356: Ἀλκμὰν συνεχῶς αἰολίζων, wozu Bernhardy in seiner griechischen Litteraturgeschichte mit Recht bemerkt: man weiss nicht, mit welchem Recht; denn den Alten gilt er als reiner Gewährsmann des Dorismos, und bloss ein paar Äolismen fand Ahrens. Und woher soll Alkman diese Äolismen haben? Die einen meinten, der Dichter habe sie aus Kleinasien mitgebracht; die andern führten sie mit grosserm Rechte, wie es schien, auf Terpander zurück. Allein Sittl l. l. betont mit Recht, dass ja Terpander nur den dorisch gefärbten Dialekt des Epos gebrauchte, wie ich oben genau gezeigt habe. Daher hatte auch Alkman keinen Grund zu Äolismen. Was man in den erhaltenen Fragmenten als solche ansehen darf, hat Spiess auf S. 374 flg. zusammengestellt; Führer l. I. S. 4 flg. folgt ihm darin. Es ist die Endung σσα im Feminin, der Participien, die Form κλιννά Fr. 23 und endlich φοίναις Fr. 22; alles andere, was man früher noch anführte, kommt auch dem lakonischen Dialekte zu. Führer kommt zu dem Resultat, dass diese Äolismen Irrtümer der etwa im 4. Jahrh. vor Christ. erfolgten Transscription seien; auch Sittl sagt, dass Alkman keine andern Äolismen anwandte als die epischen. Ich stimme diesen Gelehrten bei. Über οι statt ω vgl. was ich bei Eumelus ausgeführt habe. Statt κλιννά ist das dorische κλιγνά herzustellen; man müsste denn nur nach dem Zeugnis des Chöroboskus in anecdot. Oxon. II 210, 19, das Spiess l. l. anführt, diese Form auch für dorisch halten. Mir scheint es wahrscheinlicher, dass auch Paus. III 18, 6: Φαίναν statt Φαίνναν als dorischer Name einer der Gratien zu lesen ist, vgl. Fr. 105 b. Bergk. Ebenso ist φοίναις statt φοίναις zu schreiben. Als Dorismen werden noch aus Alkman angeführt Fr. 135: δοάν. Fr. 138: ἵξ. Fr. 139: ἠτί, Fr. 141: κέντο, Fr. 147 A: πήρατα und Fr. 149: Περίηρς.

Aus dieser Darlegung des Sachverhalts ergiebt sich, dass Alkman nur den lakonischen Dialekt gebrauchte, aber nicht den spätern, sondern den sog. altlakonischen. Die Eigentümlichkeiten desselben stellt Spiess S. 372—373 zusammen. Bei den Verbis contract. wird *ε* vor ο und ω nicht in *ι* verwandelt; ebensowenig findet sich im Futur. sigmat. vor ω und ο ein *ε*; ferner wird inlautendes σ nicht in die Aspiration und auslautendes nicht in ρ verwandelt; auch ζ geht nicht in δ oder δδ über. Daraus sieht man, dass man den Dialekt Alkmans nicht so ohne weiteres mit dem spätern dorischen Dialekte, wie wir ihn auf Inschriften und bei Grammatikern finden, zusammenstellen darf, und darauf hat man bei der Herstellung des Textes wohl zu achten. Nur diejenigen gewöhnlichen Formen dürfen in lakonische geändert werden, für die sich bei Alkman Analogieen zeigen; auch darf die Änderung nicht weiter gehen und keine andern Formen herstellen, als solche, die wir aus dem Dichter selbst kennen. Nach diesen Grundsätzen hat man grossentheils in Einklang mit andern Gelehrten zu schreiben: Fr. 1: λύγγας ebenso Fr. 7. — Fr. 10: φέρωσα. — Fr. 18: σιρῶν. — Fr. 21: λιπῶσα. — Fr. 22: σούνας, — διάσοισιν. — ἀνδρήων. — κατέρχην oder κατάρχην. — Fr. 23: καμῶσιν. — κλινά. — δωκέ. — ὀναίρων: ebenso Fr. 61: ἀναιρον. πώτωπον. — δραμήται. — Πελημάδες. — φερώσαις. — ἐνθῶσα — σωστήρια. — Fr. 26: παρσενικαί. — φέρην oder φέρειν. — Fr. 28: ὧτ'. — ἱάρκυος. Fr. 29: Σδεύ. — Fr. 30: γώνατα. — Fr. 33: δωσῶ. — χλιαρόν. — ᾧπερ. — σδανεύει. — Fr. 34: σιοῖσιν. — ἰχωσα. — λεόντηον. — σήσω. — Fr. 37: Γαδμάν. — παρσένων. — Fr. 38: σίγμς. — Fr. 42: τίς καν. — Fr. 45: τίθη. — Fr. 46: ἱαρόν. — Fr. 48: συγάτηρ. — τράφει; ebenso Fr. 60. — Fr. 49: ὡς καν. — Fr. 51: σύγατερ. — Fr. 51: τι. — ἀσδοραι. — Fr. 59: σύγατερ. — Fr. 60: σήρες — πορφυρίας. — Fr. 62: Πειδῶς. — Προμαστίας συγάτηρ. — Fr. 63: μασήσιος. — Fr. 64: ἐπισίσθαι — Fr. 65: κισφριστάν: ebenso Fr. 55: κισφρίσδην. — Fr. 68: δωρί. — μέμανεν. — Fr. 71 B: ἐπιστίφωσαι. — Fr. 75: παρέξει. — Fr. 76: τρές. — σίρος. — Fr. 78: ἐπανλησατ. — Fr. 81: σαλασσομέδωσ. — Fr. 87: σάκω. — Fr. 88 ist korrupt. — Fr. 91: ἀποσίσδαι. — Fr. 93: ἀρήται. — Fr. 96: κλήται Σισσαλία. — Fr. 101 A: Ἀσϊάμιτος σεράποντα. — Fr. 121: ἀγή. — Fr. 146 A: ὀρφνσίχως: und ebenso in den andern ähnlichen Formen, die ich etwa übersehen haben sollte.

Dieser Dorismus, wie ich ihn hier kurz skizziert habe, verleiht der Poesie des Alkman den ihr eigentümlichen Karakter. Aber es tritt noch ein weiteres Element dazu, das man das epische nennen kann. Dahin rechne ich Fr. 1: πολυρρεκλᾶς — Fr. 11: ἐκέϊνος. — Fr. 23: ποδώκη. — Εὐτείχη. — Ἀρήιον. — στάσειιν. — Fr. 24: εἰς. — παρά, auch Fr. 46. — Fr. 25: ἔκη. — Fr. 20: παρθενικά. — εἴαρος. — ὅρος vgl. Bergk ad h. l.; aber man darf wohl mit Spiess l. l. annehmen, dass ὅρης auch dorisch war. — Fr. 28: ὄσσαν. ὄρνις. — Fr. 30: προτί. — Fr. 33: ἠώ. — Fr. 31: ἔχουσιν. — σήσαω. — Fr. 38: ἄνθη. — Fr. 41: Ὀδυσσέος. — Fr. 47: βροτήσια. — Fr. 52: πρός. — Fr. 59: ὠρανίαφι. — Fr. 60: εἴδοισιν. — γαια. — βένθεσι. — Fr. 61: ᾗ ὄπ. — Fr. 66: ὄσαι. — Fr. 71: Ἀλκμάων. — Fr. 72: ἦσκε. — Fr. 74 B: τόσαι. — Fr. 97: εἴμερα. — Fr. 100: ἱδμενα. Dazu kommt noch die Auslassung des Augments an manchen Stellen.

Vergleicht man diese epischen Formen mit den dorischen, um zu finden, welchen Grundsatz Alkman bei Anwendung derselben befolgte, so ergiebt sich Folgendes. Die meisten Wörter, die der Dichter aus dem Epos heruborgenommen hat, sind metrisch von den entsprechenden dorischen verschieden; einige wenige, wie z. B. βροτήσια, sind rein poetische Wörter, die eben nur in dieser poetischen Gestalt vorkommen. Demnach sind dies die zwei Gesichtspunkte, die den Alkman bei der Aufnahme epischer Formen in seine Gedichte leiteten. Wo diese Gründe nicht vorliegen, ist die dorische Form herzustellen; und wie weit er hierin geht, ersicht man daraus, dass er selbst die epischen Wörter, so weit es möglich ist, dorisiert; man vgl. z. B. στάσειιν, ὠρανίαφι, εἴμερα. Doppelformen von gleichem metrischem Werte in der Weise, dass die eine episch, die andere dorisch wäre, giebt es bei Alkman nicht. Welcher Grund hätte ihn auch zu einer solchen ›Dialektmischung‹ verleiten sollen? Daher kann ich auch dem Apollonios nicht glauben, dass unser Dichter σί und τέ neben einander gebraucht habe, vgl. Fr. 52. 53. 54. Apollonios hat sich entweder geirrt, oder ist durch ein unkritisch redigiertes Exemplar irregeleitet worden.

Aber nicht nur einzelne Wörter, auch ganze Wortverbindungen erinnern an Homer und das Epos. Unter diesen wollen wir zunächst die Epitheta ins Auge fassen. Völlig mit dem Epos stimmen folgende Fälle überein: Fr. 1: Μῶσα λίγηα vgl. Terpand. fr. 6. — Fr. 10: μάκαρς ἀνήρ vgl. Δ 68: ἀνδρὸς μάκαρος. — Fr. 17: Λατοίδη vgl. h. Merc. 261: Λητοίδη. — Fr. 23: [Ἀφροδίταν χρυσίαν ἄνασσαν vgl. E 427: χρυσίη Ἀφροδίτη; h. Ven. 92: ἄνασσα; Σ 336: Δήμητρος ἀνάσσης. —] ἵππον παχὺν ἀεθλοφόρον καναχάποδα vgl. Ι 123. 265: ἵππους πηγοὺς ἀθλοφόρους; zu καναχάποδα vgl. oben S. 41. — νύχτα δι' ἀμβροσίαν vgl. K 41. 142: νύχτα δι' ἀμβροσίην. σήριον ἄστρον vgl. Hes. op. 417: Σείριος ἀστήρ. allerdings etwas anders vgl. oben. — Fr. 31: γυνὰ ταμία vgl. z. B. Z 390: γυνὴ ταμίη. — Fr. 333: τρίπους ἄπυρος vgl. Ι 122. 264: ἀπύρους τρίποδας, auch als Geschenk. — Fr. 30: χρύσιον ὅρμον vgl. ο 460: χρύσεον ὅρμον. — Fr. 41: Ὑδρασῆος ταλασίφρονος vgl. Δ 466. α 87, wo sich genau dieselben Worte finden. — Fr. 56 B: φαίδιμος Αἴας; ebenso Η 187. — Fr. 58: νυκτὸς μελαίνας vgl. Ο 324: μελαίνης νυκτός. Fr. 60: μελαίνα γαῖα vgl. Ο 715: γαῖα μέλαινα. — σῆρες ὀρεσκῷοι vgl. Δ 268: φηρσὶν ἰρεσκῷοισι. ι 155: αἶγας ὀρεσκῴους. — πορφυρέας ἁλός vgl. Η 391: ἅλα πορφυρέην; ebenso Theogn. 1035. Simon. C. 31. — ὑιωνῶν ταινυπτερύγων vgl. Μ 237: οἰωνοῖσι ταινυπτερύγεσσι. — Fr. 74 Δ: νάισσιν (so ist zu lesen statt ναοῖσιν) ἀνθρώποισιν vgl. h. Cer. 256: νηΐδες ἄνθρωποι. — Fr. 79: πῦρ δάιον vgl. z. B. Ι 347: δήιον πῦρ. — Fr. 85 Δ: Ἑκατον Διὸς υἱόν vgl. Η 83. Ἀπόλλωνος ἑκάτοιο. Δ 21: Διὸς υἷιν ἐκηβόλον Ἀπόλλωνα. Auch Fr. 122: ἀγίρωχοι. Fr. 136 B: ζάτραφα vgl. ζατρεφής und Fr. 137: ἀδμήστατον vgl. ἤδμητος sind aus Homer hinlänglich bekannt. Hierher gehört auch Fr. 45: Καλλιόπα σύγατερ Διός vgl. B 491: Μοῦσαι Διὸς αἰγιόχοιο θυγατέρες. α 10: θεὰ θύγατερ Διός. h. XXXI 1: Διὸς τέκος Μοῦσα Καλλιόπη. Vgl. Fr. 50. — Fr. 51: Γάνασσα Διὸς σύγατερ vgl. h. Cer. 75: Ῥείης ἠυκόμου θύγατερ Δήμητερ ἄνασσα. — Fr. 58: ὄρος ἄνθεον ὕλα vgl. h. XXXIV 8: ὄρος ἄνθεον ὕλῃ; h. Cer. 386: ὄρος δάσκιον ὕλῃ; τ 431: ὄρος κατειμένον ὕλῃ; Ξ 333: πολυανθέος ὕλης; h. Apoll. D. 139: ἤνθισ' ὡς ὅτι τε ῥίον οὔρεος ἄνθεσιν ὕλης. — F. 59: Μῶσα ὠραρίασι vgl. Hes. th. 78, wo eine der Musen Οὐρανίη heisst; ferner h. Cer. 55: θεῶν οὐρανίων und Οὐρανίωνς oft bei Homer und Hesiod. B 491: Ὀλυμπιάδες Μοῦσαι. Simonid. C. 18: Πιλειάδες οὐράνιαι.

Noch zahlreicher sind die Beispiele, wo die Epithete zu Begriffen treten, die ähnlich und sinnverwandt sind mit denen, bei welchen sie bei Homer stehen. Dahin gehören Fr. 4: ναὸς ἀγνᾶς vgl. h. Merc. 187: ἄλσος ἀγνόν; φ 259: ἱερὴ ἀγνή. — τὰ πύργω Στράτας vgl. Η 71: εὔπυργον Τροίην. — Fr. 6: χερσάνδε κωχύον vgl. Ω 54: κωφὴν γαῖαν. — Fr. 7: ἃ λίγηα Στράτη vgl. Fr. 1: Μῶσα λίγηα; zu Στράτη μ 44. — Fr. 8: συγάτηρ μάκαιρα vgl. h. Apoll. D. 14: μάκαιρ' ὦ Λητοῖ. Γ 182 ὦ μάκαρ Ἀτρείδη vgl. Fr. 37. — Fr. 0: πωλίαν ὠκέων vgl. Ε 257: ὠκὺς ἵππων. — πωλίαν ὠκέων δρατήρες vgl. h. XXII 5: ἵππων δρητῆρε; h. XVII 3 und XXXIII 18: ταχέων ἐπιβήτορας ἵππων, auch von den Dioskuren. — ἱππόται Ἡλεύς. — Ἡωλυδεύκης κισθράς vgl. Σ 184: Ἤρη Διὸς κυδρὴ παράκοιτις. — Fr. 10: ἐν σάλεσσι πολλοῖς vgl. Ι 143: θαλίῃ ἐνὶ πολλῇ. Ι 147: μειλία πολλά. — Fr. 21: Κύπρον ἱμερτάν vgl. B 751: ἱμερτὸν Τιταρήσιον; h. Apoll. P. 2: Μίλητον ἱμερόεσσαν. Solon 1. 1: ἱμερτῆς Σαλαμῖνος. Mimn. α. 2: ἱμερτὴν ἰαίην. — Πάφον περιφέρταν vgl. τ 173: Κρήτη περιφερτον. Hes. th. 103: περιφέροιτο Κύπρον. — Fr. 23: Σίφρον ποδώκη vgl. Θ 474: ποδώκεα Πηλείωνα. — τὸν χορστατᾶν vgl. Δ 457: ἄνδρα χορστατῶν. Σ 201: Δίαντε χορστά. — Γάνακτα Δρέχον vgl. Ι 180: Πηλῆα ἄνακτα. — ἔξοχον ἱμεσίαν vgl. Σ 56: ἔξοχον ἡρώων von Achilleus. — μέγαν als Attribut der Helden vgl. Δ 563: Αἴαντα μέγαν. H 810: μέγας ... Ἕκτωρ u. s. w. — Εὔρυτός τε Ἄρεος ἂν π. κλόνον Λυκάνα τε τὼς ἀρίστως vgl. Λ 117: πάντες ἄριστοι ἰόντες ἀνὰ στρατόν. — γεραίτατοι σιῶν; ebenso steht γεραιός bei Homer öfter als ehrendes Attribut vgl. z. B. Σ 301 γεραιὸς Νέστωρ. K 164:

γεραιέ; ausserdem vgl. Ν 429: πρεσβυτάτην θυγατρῶν. Hes. th. 234: πρεσβύτατον παίδων. — Πόρκω εἰναλίω vgl. ὁ 443: εἰναλίω κήτει; ähnlich ε 67. ο 479: ausserdem ν 345: Φόρκυνος ἁλίοιο γέροντος. τὸ ἀργύριον πότμπον vgl. das häufige θέτις ἀργυρόπεζα. — ποικίλος δράκων παγχρύσεος vgl. θ 448: θεσμὸν ποικίλον u. Γ 327: ποικίλα τεύχεα; ausserdem Β 448: θύσανοι παγχρύσειοι. — μέτρα ἄγαλμα vgl. γ 274: ἀγάλματ' . . . ὑφάσματα. Hes. Fr. 252 b. Rzach: Ἡσίοδος τὸν ὅρμον ἄγαλμα καλεῖ. — Ἐράτα σιειδής vgl. Hes. th. 350: Οὐρανίη θεοειδής; bei Homer steht θεοειδής nur von Männern. -- ἐρατά Ἰανθεμίς vgl. Hes. th. 333: ἐρατή Διώνη; ähnlich 250. 355. Vgl. auch h. Cer. 423: Γαλαξαύρη ἐρατεινή. Γ 175: ὀμηλικίην ἐρατεινήν. — ἁ καλλίσφυρος Ἀγιδᾱ χώρα vgl. z. Β. ε 333: καλλίσφυρος Ἰνώ. — Fr. 24: Σαρδίων ἀπ' ἀκρᾶν vgl. Ε 460: Περγάμω ἄκρη. — Fr. 31: πολύσφαμος ἑορτά vgl. β 150: ἀγορήν πολύφημον. — χρύσιον ἄγγος vgl. θ 431: ἄλεισον χρύσεον. — μέγαν σκύφον vgl. Σ 344: τρίποδα μέγαν. — ποιμένες ἄνδρες vgl. Δ 275: αἰπόλος ἀνήρ. Simon. Am. 20, 2: ἄνδρις ποιμένις. — τηρὸν μέγαν vgl. μ 173: κυρσίο μέγαν τροφόν. φ 178: στέατος . . . μέγαν τροφόν. — Fr. 37: Ἰαδηᾶν Μωσᾶν vgl. θ 64: ἡδεῖαν ἀοιδήν; h. XXXII 2: Μοῦσαι ἡδυεπεῖς. — ἁ ξανθὰ Μεγαλοστράτα vgl. Δ 740: ξανθήν Ἀγαμήδην. — Fr. 38: μάργος Ἔρως vgl. π 421: μάργε von Antinoos; φ 111: μέργην von Eurykleia. ἄκυ' ἐπ' ἔνθη vgl. Υ 227: ἄκρον ἐπ' ἀνθερίκων καρπόν; ebenso Hes. Fr. 143 b. Rzach. — Fr. 40: κακὸν Ἑλλάδι βωτιανείρα von Paris vgl. Η 329 von der Chimära: πολέσιν κακὸν ἀνθρώποισιν; ausserdem Ζ 282 von Paris: μέγα γάρ μιν Ὀλύμπιος ἔτρεφε πῆμα ι Τρωσί τε καὶ Πριάμω μεγαλήτορι τοῖό τε παισίν. Ν 454. — Ἑλλάδι βωτιανείρα vgl. Δ 155: Φθίη βωτιανείρη. — Fr. 43: ποικίλον ἵκα vgl. Κ 30: παρδαλέη ποικίλη. Hes. th. 360: ὤγο ποικίλον. — τὸν ἀμπέων ὀφθαλμὸν ὀλετῆρα vgl. Σ 114: φίλης κεφαλῆς ὀλετῆρα. — Fr. 45: ἐρατῶν ἐπέων vgl. Hes. th. 70: ἐρατὸς δούπος; h. Merc. 153: χέλυν ἐρατήν; ähnlich 421. 426: ἐρατή φωνή. Hierher ziehe ich auch: Fr. 23, 91: αἴνας ἐρατᾶς. — χαρίεντα χορόν vgl. ω 198: ἀοιδήν χαρίεσσαν. — Fr. 46: ἱαρὸν ἀκερσίον vgl. κ 275: ἱερὰς βήσσας. Fr. 55: ὦ' Δὶ δαίμον vgl. Ε 461. 717: οὐλος Ἄρης. Σ 535: ὀλοὴ κήρ Η 819: μοῖρα. Ν 15: θεῶν ὀλοώτατε πάντων. — Fr. 65: τὸ καλὸν μελίσκον vgl. h. Apoll. D. 164: καλὴ ἀοιδή; auch Δ 604: ἐπὶ κάλη und das häufige καλὸν ἀείδειν. — Fr. 68: αἴχματάς τε Μέμνων vgl. Ε 107: αἰχμητά Ἰκιάων. — Fr. 75: χίδρον κρίνων vgl. ξ 77: ἀλφιτα λευκά. — Fr. 80: ὡραίω Δίνω; so lese ich st. λίνω. Dazu lässt sich Hes. op. 605 vergleichen: allerdings lässt sich hier ὡραῖος nicht nur in der Bedeutung jugendlich schön und kräftig, sondern auch zur rechten Zeit fassen. Ohne Zweifel ist Pind. Ol. 9, 94. — Fr. 81: λεπτά ἄναρχος vgl. Ζ 264: λεπτή εἰσίθμη. — νηλέης ἀνάγκα vgl. z. B. Δ 484: νηλέϊ ἡμαρ. — Fr. 85 A: Μῶσαι κροκόπεπλοι vgl. z. B. Θ 1: ἠὼς κροκόπεπλος. Hes. th. 273: Ἐννὼ κροκόπεπλον; ebenso 358: Τιλετώ — Fr. 87: ἐνήρ ἀλιτρός; ähnlich steht ἀλιτρός Ψ 595; in abgeschwächter Bedeutung ε 182. Θ 361. — Fr. 97: λέδος καλόν vgl. z. B. ζ 111: εἵματα καλά. — Fr. 101 A: Ἀσταμένος σεράπνυτα vgl. z. B. Β 110: Θεράποντες Ἄρεος Hes. th. 100: Μουσάων θεράπων. — Fr. 110: ἀλμυρὸν γειτόνημα = θάλασσα vgl. z. B. ε 100: ἀλμυρὸν ὕδωρ. — Fr. 151: χθόνιοι τέρμς von der Eris vgl. Ε 742 von der Gorgo. Μ 209 von einer Schlange. Hes. th. 744. h. Apoll. P. 123; ausserdem vgl. χθόνιοι Hes. th. 697: θεοὶ χθόνιοι: op. 465: Δὶ χθονίω.

Ziemlich selten sind die Fälle, wo das epische Epitheton bei Alkman zu einem Worte tritt, das einer andern Bedeutungssphäre angehört, als dasjenige, bei dem es sich im Epos findet; so Fr. 16: ἐρατὰ κεκαίρω; bei Hom. Γ 64: δώρα. Hes. th. 879: ἔργα. h. Apoll. P. 202: χῶρον. ibid. 299: πόλιν; endlich von der Stimme, Tönen vgl. Fr. 45. Solon 28: ἥδυς ἐρατοῖσιν ἐπ' ἔνθεσι, wie ja das Wort häufig vom Alter steht. Ausserdem vgl. h. Merc. 72: λειμῶνας ἐρατεινούς. — Fr. 13: ἔλασσα ἔργα πάσον vgl. z. B. α 232 μὴ καθίκετο πένθος ἄλασσον und ähnliches; aber mit ἔργα ist das Adj. nicht verbunden. Ν 261: Ἕκτορ ἄλασσε. — χρυσοῦς ἀκύρατος, wie Herodot VII 10. Ω 303: ὕδωρ. Ο 498: κλῆρος. ρ 532: κτήματα. — Fr. 26: παρθενικαὶ μελιγάρυες, während Homer nur μ. ἄρ μ 187 und μ. ἀοιδή h. Apoll. P. 311 sagt. — ἀλιπόρφυρος ὄρνις.

aber ξ 53: ἠλάκατα. ν 108: φάρεα. — Fr. 34: τρηὸν ἀργιφέωτας vgl. oben. — Fr. 39: ῥιϑινᾶν καλχᾶν; dagegen Ψ 583: ἱμάσθλην. h. Cer. 183: παασόιν, vgl. R. Holsten I. I. S. 34 flg. — Fr. 47: φῦλα βροτήοισι; bei Hes. op. 773: βροτήσια ἔργα; vgl. auch γ 282: φῦλ᾽ ἀνθρώπων. — Fr. 117: οἶνον ἄπυρον, aber bei den Epikern nur Attribut von τρίπους; Ι 122 oder λέβης Ψ 267. Pind. Ol. 7, 48 spricht von ἀπύρους ἱερούς.

Etwas häufiger sind die Epitheta, die sich bei Homer und Hesiod noch nicht finden. Ich zähle an erster Stelle diejenigen auf, die der Bedeutung und dem Gebrauche nach epischen völlig entsprechen: Fr. 1: μέλος νεοχμὸν vgl. Terp. 5: νέους ὕμνους und die Stelle, die ich dort anführte. — Fr. 23: ἃ κληρὰ χοραγὸς vgl. Hes. Fr. 73 b. Krach: κλειτὴ Μελίβοια. Ι 379: κλειτοὺς ἐπικούρους. Fr. 68: δουρὶ ξυστῷ vgl. μ 172: ξυστῆς ἐλάτρισιν und sonst. — Fr. 73: Ἀπόλλωνος Λυκήω; ebenso Fr. 83: Ἀπόλλων ὁ Λύκηος vgl. Ι 101: Ἀπόλλωνι Λυκηγενέι; ausserdem h. Apoll. P. 1 flg. — Fr. 110: καρχάρσισι φώναις vgl. Φ 511: καρχαλέοι δίψῃ. Κ 360: καρχαρόδοντι.

Daran reihe ich die Wörter, die bei Epikern nicht vorkommen, aber in epischer Weise gebildet sind: Fr. 1: Μῶσα πολύμμελλς ἀειναοιδὲ vgl. Γ 214, β 200: πολύμυθος von Menelaus und Telemachus. ξ 386: γέρον πολύπενθές; das μ ist verdoppelt, wie in φορμμελίγξ Mimnerm 14, 4: ausserdem ν 109: ὕδατ᾽ ἀειναοντα; auch ἀειγενέτης. — Fr. 23: Βωκόλον τὸν βιατὰν vgl. z. B. Πρίαμον βίην und Μ 129: κρατερὸν Πολυποίτην. — ἀπέδιλος Ἀχᾶ vgl. λ 604. Hes. th. 952: Ἥρης χρυσοπεδίλου. h. Merc. 57: Μαῦδα καλλιπέδιλον. Alkā. 13 Β: εὐπέδιλλος Ἴρις. — χάριτες ἐρογλέφαροι vgl. Hom. epigr. 1, 2: Ἥρης ἐρατώπιδος und Hes. th. 16: ἱλικοβλέφαρον... Ἀφροδίτην. — μαρμάρῳ μυλάκρῳ vgl. Μ 380: μαρμάρῳ ὀκριόεντι und Μ 161: βαλλόμεναι μυλάκεσσι. — ὑποκιτρίδίων ὀναίρων vgl. λ 207: εἴκελον... ὀνείρῳ ἔπτατο; ähnlich λ 222. Mimn. 12, 7: εὐνὴ ὑπὸ πτερος; auch bei Pindar. — Fr. 26: παρϑενικαὶ ἰμερόφωνοι vgl. Β 867: Καρῶν βαρβαροφώνων. Sappho 30: ἱμερόφωνος ἀήδων. — Fr. 33: ὁ παμφάγος Ἀλκμάν vgl. Λ 479: παμφάγοι Δῶες. 191: ἀνδρὶ σιτοφάγῳ. — Fr. 34: λιόντριον γάλα vgl. Δ 630: αἴγειον τρηόν. Δ 122: νεῦρα βόεια. — τρηὸν ἄτρυφον vgl. Hes. op. 442: ἄρτον τετράτρυφον. — Fr. 58 von einem Berge: νεκτὸς μελαίνας στέρνον vgl. die manchfachen Umschreibungen und Übertragungen von Teilen des menschlichen Körpers auf Sachen bei den Epikern; ich erwähne: κ 50: ὀμφαλὸς θαλάσσης; ferner das häufige νῶτα θαλάσσης; dann κάρηνα von Bergen und Burgen; ebenso Hes. th. 42: κάρη Ὀλύμπου; ausserdem οὔατα eines Bechers Α 633, eines Dreifusses Σ 378 und χείλει Μ 52 von einem Graben, ὄ 132. 616. ο 116 von einem Becher und Hes. op. 97 von einem Fass; endlich Υ 151: ἱν ἀφθνῆ Καλλικολώνης. Η 70: μέτωπον κόρυθος. Σ 348 und θ 437: γάστρην τρίποδος und Tyrt. 11, 21: ἀσπίδος γαστρί. Später dehnen sich diese Metaphern noch weiter aus. Vgl. auch Hes. th. 117: γοῦτ᾽ εὐρύστερνος. — Fr. 75: χηφίναν ὑπώραν vgl. ι 81: ἄνθινον εἶδαρ; auch φ 12: πύρνον d. h. πύρινον σιτίον. — Fr. 84: Ἰνὼ σαλασσομέδωσα vgl. α 72: Φόρκινος θυγάτηρ, ἁλὸς ἀτρυγέτοιο μέδοντος. h. Ven. 292: Διὰ Κύπρου ἐκταμένης μεδόωσα.

So bleiben noch folgende Epitheta übrig: Fr. 9: σοφοί von Kastor und Polydeukes. — Fr. 17: θαυχροφόρον von einem Manne. — Fr. 23: τὸν ἀγρόταν von einem Helden. — Ἄρεος πώρα. — Fr. 24: ἀνὴρ ἄγροικος καὶ σκαιός. Fr. 26: ρηλιγχς ὕπρο. Fr. 74 Β: μακωνίδων ἄρτων. — Fr. 75: πνάκιον πόλτον. — Fr. 125: αἴτιας χορδάς. — Dazu füge ich die in Eigennamen bestehenden Epitheta: Fr. 23: κίλης Ἐνετικός. — ἵππος Κολαξαῖος. — Ὀρθία (Ἀρτάμιτι). — μίτρα Ludίa. Fr. 82: Φρύγιον μέλος Κερβήσιον. — Fr. 117: οἶνον Οἰνουντιάδαν ἢ Δένθιν ἢ Καρύστιον ἤτοι Ὀνογλιν ἢ Σταθμίταν. — Fr. 143: Κυδωνίων μάλων.

Diese 112 Epitheta sind gewöhnlich so gesetzt, dass zu einem Substantiv ein Epitheton tritt. Zwei Epitheta bei einem Substantiv finden sich in folgenden 12 Fällen: Fr. 23: Ἀφροδίταν χρυσίαν ἄνασσαν. — ποικίλος δράκων παγχρύσιος · μίτρα Λυδία νεανίδων ἄγαλμα. — Fr. 26: καρσενικαὶ μελιγάρυς ἱμερόφωνοι. — Fr. 37: μάκαιρα παρσένων ἁ ξανθὰ Μεγαλοστράτα. — Fr. 43: ποικίλον ἴκα τὸν ἀμπίλων ὀφθαλμῶν ἐλίτρα. — Fr. 45: Μῶσα Καλλιόπα σύγατερ Διός. — Fr. 51:

_42_

/ ἄνασσα Διὸς θύγατερ. — Fr. 58: ὄρος ἀνθέον ὕλᾳ, νυκτὸς μελαίνας στέρνον. — Fr. 59: Μῶσα Διὸς θύγατερ ἀφανάωσι. — Fr. 82: Φρύγον μέλος Κερβήσιον. — Fr. 85 Α: ἵκατον Διὸς υἱόν. — Selten sind die Fälle, wo drei Epitheta zu einem Nomen treten; es finden sich nur 4: Fr. 1: Μῶσα λίγηα πολυμμελὴς ἱμεράωιδε. — Fr. 9: πόλων ὁμετέρεις ἱππόται σοφοί. — Fr. 23: ἵππον παγὸν ἀεθλοφόρον καναχάποδα. — Fr. 34: τυρὸν μέγαν ἄτρινον ἀργιφόντιον. — Solche Häufungen der Epitheta sind aus Homer und Hesiod hinlänglich bekannt; ich erwähne Σ 326: Δήμητρος καλλιπλοκάμοιο ἀνάσσης. — σ 295: ὅρμον πολύδαιδαλον χρύσιον. — Ι 141: Ἄργος Ἀχαϊκὸν οὔθαρ ἀρούρης. — Τ 78: ἥρωιὶ Δαναοὶ θεράποντες Ἄρηος. — φ 340: ὀξὺν ἄκοντα κενεὸν ἀλκτῆρα καὶ ἀνδρῶν. — Ζ 289: πέπλοι παμποίκιλοι ἔργα γυναικῶν Σιδονίων. — Hes. th. 7: χοροὺς καλοὺς ἱμερόεντας. — Β 714: διὰ γυναικῶν Ἀλκηστις, Πελίαο θυγατῶν εἶδος ἀρίστη. — Γ 228: Ἑλένη ταναύπεπλος δῖα γυναικῶν. — h. XXXI 1: Διὸς τέκος Μοῦσα Καλλιόπη. — α 71: θάλασσα νύμφη Φόρκυνος θυγάτηρ. Hes. th. 52: Μοῖσαι Ὀλυμπιάδες κούραι Διὸς αἰγιόχοιο; vgl. auch Β 191. — Ε 721: Ἥρη πρέσβα θεά, θυγάτερ μεγάλοιο Κρόνοιο. — Δ 128: (Ἀθηναίη) Διὸς θυγάτηρ ἀγελείη. — δ 762: (Ἀθηναίη) αἰγιόχοιο Διὸς τέκος ἀτρυτώνη. — δ 228: Πολύδαμνα Θῶνος παράκοιτις Αἰγυπτίη. — Δ 300: θοῇ παρὰ νηὶ μελαίνῃ. — Θ 222: μεγακήτεϊ νηὶ μελαίνῃ. — Δ 21: Διὸς υἱὸν ἐκηβόλον Ἀπόλλωνα. — Δ 115: Μενέλαον ἐφῆσον Ἄρηος υἱόν. — χ 184: σάκος εὐρὺ γέρον πεπαλαγμένον ἄζῃ. — Ξ 176: πλοκάμους φαεινοὺς καλοὺς ἀμβροσίους. — Β 447: αἰγίδ' ἐρίτιμον ἀγήραον ἀθανάτην τε. — Β 412: Ζεῦ κύδιστε μέγιστε κελαινεφὲς.

Aber nicht nur die Epitheta, auch viele andere Wortverbindungen und Konstruktionen erinnern an Homer und Hesiod. Fr. 1: ἄγε μέλος v. ἄρχε παρσένοις ἀείδεν vgl. Θ 139: ἄγε φόβονδ' ἔχε ᾧ ἵππους. γ 475: ἄγε ἵππους ζεύξας; ausserdem Π 65: ἄρχε Μυρμιδόνεσσι μάχεσθαι und das häufigere: τοῖσιν ... ἦρχ' ἀγορεύειν; endlich Δ 473: ἀείδοντες παιῶνα. Σ 570: πάϊς λίνον ἄειδε. h. Apoll. D. 161: ὕμνον ἀείδουσιν. Vgl. auch Fr. 45. — Fr. 2: ἐγωνγα ἀείσομαι ἐκ Διὸς ἀρχομένα vgl. h. IX 8: ἐκ σέθεν ἀρξάμενος κλήσω κτλ. Vgl. ausserdem Bergk ad h. l. Fr. 3: ἐμέ τε καὶ σφετέρως ἵππους vgl. Ι 079: οἳ δ' ἐπαίνεται ἠδὲ σὲ δῶραι zu σφέτερος = ἡμέτερος; Hes. op. 2: σφέτερον πατέρ' ἐμνήσαντα. — Fr. 6: χρυσόνδε κ. ἐν φύκεσσι πεπτεῖ vgl. Δ 482: ἐν νοτίῳ χερὶ πέσεν. — Fr. 7: ὁ Μῶσα κέκλαγε vgl. h. XIX 14 von Pan: ἔκλαγεν; Homer hat κεκληγὼς von Kämpfenden, von Thersites und von den von der Skylla verschlungenen Gefährten; vgl. übrigens Classen, Beobacht. S. 98 flg. — Fr. 8: τὼς τέκε οἱ θυγάτηρ Γλαύκω μ. vgl. Π 175: ὃν τέκε Πηλῆος θυγάτηρ, καλὴ Πολυδώρη. Σπαρχίῳ Π 150 u. a. m. — Fr. 9: Κάσταρ τε πόλων ὦ. δμητήρας καὶ Πωληδεύκης κ. vgl. schema Alemanicum Schnorr de Carolsfeld, verb. colloc. Homer. S. 11. — Fr. 10: κύρος ἐν σύλεσσι πολλοῖς ἥμενος μ ἀνίῳ vgl. Ι 143, wo es von Orestes heisst: ὅς μοι τηλύγετος τρέφεται θαλίῃ ἐπὶ πολλῇ und Λ 501: Astyanax schlief in weichem Bette θαλέων ἐμπλησάμενος κῆρ. Vgl. auch Lehrs quaest. epic. S. 166 flg. — Fr. 16: τὶν ἐγωγα φέρωσα τόνδ' ἐλιχρύσω πελέωρα vgl. ε 526: Ποσειδάων ἔσακτι εὔχετο χεῖρ' ὀρέγων εἰς οὐρανὸν ἀστερόεντα. Ζ 302 flg.: πέπλον ἑλοῦσα Θεανὼ θῆκεν Ἀθηναίης ἐπὶ γούνασιν ἠυκόμοιο, εὐχομένη δ' ἠρᾶτο Διὸς κούρῃ μεγάλοιο; ausserdem vgl. Ψ 100: πολλὰ δὲ καὶ σπένδων χρυσέῳ δέπαϊ λιτάνευεν ἐλθέμεν. — Fr. 18: ἐραμμένα πέρι δέρματα σημφὺ vgl. Κ 23: ἀμφὶ δ' ἔπειτα δαφοινὸν ἕσσατο δέρμα λέοντος. π 456: ἀμφὶ δέ μιν μέγα δέρμα τεχήεις ἔσσ' ἐλάφοιο. — Fr. 20: θριδακίσκας τε καὶ κριβάκας ῥυντὸς vgl. α 147. π 51: σῖτον δὲ δμῳαὶ παρενήνεον ἐν κανέοισι. Fr. 21: Κύπρον ἱμ. λιπᾶσα καὶ Πάφον vgl. Ξ 281: τὼ βήτην Λῆμνον τε καὶ Ἴμβρον ἄστυ λιπόντε; ausserdem Θ 363: Κύπρον ἵκανε ἐς Πάφον Sappho 6: ᾖ σε Κύπρος καὶ Πάφος ᾖ Πάνορμος. — Fr. 22: σοίναις καὶ ἐν αὐλείοισιν vgl. zu dieser Stellung der Präposition μ 27: ᾖ ἁλὸς ᾖ ἐπὶ γῆς und Kühner, gr. Gramm. II S. 477. 3. — παρὰ δαιτυμόνεσσιν vgl. χ 12: μετ' ἀνδράσι δαιτυμόνεσσιν. — παιᾶνα κατάρχειν vgl. oben. — Fr. 23: Zu den Aufzählungen der Helden (Vv. 1—12) und der Mädchen (Vv. 70 flg.) vgl. Odyssee 11;

7

ausserdem E 703 flg. Θ 273 flg. Ξ 317 flg. Ρ 415 flg. 〗 455 flg. Dass solche Aufzählungen besonders der Poesie der Hesiods eigen sind, ist hinlänglich bekannt; ich brauche also keine Stellen anzuführen. — ἐν καμώσιν vgl. Ψ 72: εἴδωλα καμόντων und Classen 1. I. 57 flg. — Ἄρεος ἂν πώρω κλόνον vgl. E 167. 〗 319: ἄν τε μάχην καὶ ἀνὰ κλόνον ἐγχειάων; ausserdem Σ 134: μῶλον Ἄρηος. Δ 734: ἔργον Ἄρηος. — κράτγαι γὰρ Δῖσα παντῶν vgl. Δ 79 von Agamemnon: πάντων Ἀργείων κρατέει; 288: πάντων μὲν κρατέειν ἐθέλει. — ἀλλὰ μήποτ' ἀνθρώπων ἐς οὐρανὸν ποτήσθω vgl. ο 329. ρ 565: τῶν ὕβρις τε βίη τε σιδήρεον οὐρανὸν ἵκει und ähnliche Redensarten. — μηδὲ πειρήτω γαμὲν Ἀφροδίτην vgl. Θ 6: μήτε τις πειράτω διακέρσαι ἐμὸν ἔπος; ausserdem I 388: κούρην δ' οὐ γαμέω Ἀ. — Χάριτες δὲ Διὸς δῶρον εἰσφαίνουσιν vgl. Θ 375: καταδῖσα Διὸς δῶρον; εἰσφέρειν hat bei Homer keinen Akkusativ, sondern steht absolut. — τῶν δ' ἄλλος ἰῷ ἰῷ θεῖ', ἄλλος δ' εἴτε μαρμάρῳ vgl. Θ 429: τῶν ἄλλος μὲν ἀποφθίσθω, ἄλλος δὲ βιώτω; ausserdem β 368: ὡς κι δόλῳ φθίῃ. Θ 359: χερσὶν ὑπ' Ἀργείων φθίμενος ἐν πατρίδι γαίῃ. — ἄλαστα δὲ ἔργα πάσων vgl. Σ 77: παθέειν τ' ἀεικέλια ἔργα. — κακὰ μηχάμενοι vgl. γ 166. μ 295: κακὰ μήσατο δαίμων. — ἐστι τις σιῶν τίσις vgl. α 40: ἐκ γὰρ Ὀρέστεο τίσις ἔσσεται. — ὁ δ' ὄλβιος, ὅστις ἐφ' ὥρην ἀμέρην διακλένει vgl. h. XXV 4: ὁ δ' ὄλβιος, ὅντινα Μοῦσαι φίλωνται; h. XXX 7. h. Cer. 486: ausserdem ρ 530: ἐναύσωαιων, ἐπεί σφιαι θυμὸς ἐνέφρων, womit das glückliche Leben der Freier geschildert ist; bei der Schilderung des Unglücks des Odysseus und seiner Gefährten heisst es κ 464: οὐδέ ποτ' ἡμῖν θυμὸς ἐν εὐφροσύνῃ, ἐπεὶ ep. 528: (ἥλιος) βρόατον δὲ Παντελήνεων ψαείτει. th. 372: ἰῷ θ', ᾗ πάντεσσιν ἐπιφαύσκουσι ψαείτει ἐθανάτοις τε θεοῖσι. — ἐμὶ δ' οὔτ' ἐκατὸν οὔτε μωρήσθαι νεν ὦ κλ. χοραγός ... ἐξ vgl. Λ 339: μή με ἐκ περᾷ νηνὶ κύνας καταδάψαι Ἀχαιῶν; ausserdem Κ 240: μήτ' ἐφ μι μαλ' αὐτὸς μήτε τε νείκει; dieselbe Zusammenstellung haben wir Simonid. Amorg. 7. 112: τὴν ἦν δ' ἱκοστος εἴδεται μεμψάμενος γεναίκα, τὴν δὲ τοιήσαε μωμήσεται. — ἠ οὐ ᾖ ὑφῇ; zur Synizesis von ᾗ οὐ vgl. E 349: ᾗ οὐ ἅλις und zur Frageformel, die die Aufmerksamkeit auf einen Gegenstand lenken will, Η 448: οὐ ὁρᾷς ὅτι κτλ ρ 545: οὐ ὁρᾷς ὁ κτλ Ο 555: οὐ ὁρᾷς οἶνε; ähnlich Φ 108. Besonders ausgedehnt und beliebt ist dieser Gebrauch in der attischen Zeit, vgl. Kühner, gr. Gramm. II S. 871 flg. — τὸ τ' ἐργότερον πότμον διαφάδαν τί τοι λέγω; vgl. P 260, wo nach Anführung einiger Helden die weitere Aufzählung mit den Worten abgebrochen ist: τῶν δ' ἄλλων τίς κεν ᾗσι φρεσὶν οὐνόματ' εἴποι κτλ; ausserdem vgl. das häufige: ἀλλὰ τίη μοι ταῦτα φίλον διελέξατο θυμός; — Ἀγμσιχόρα μὲν αὕτα vgl. Κ 477: οὗτός τοι, Διόμηδες, ἀνήρ, οὗτοι δέ τοι ἵπποι; ebenso η 48. — ἁ δὲ δευτέρα πεδ' Ἀγιδὼ τὸ εἶδος vgl. Θ 116: Ἄριστος ἔην εἶδός τε δέμας τε μέγεθος Φαιήκων μετ' ἀμύμονα Λαοδάμαντα vgl. auch Alkäos 48 A: τὸν ἄριστον πεδ' Ἀχίλλεα. Stolia 18: Ἄίαντα δὲ δεύτερον ... Ἰαιρεῶν μετ' Ἀχιλλέα. — Ὀρθρίῃ φάρος φεροῶσαις vgl. Λ 203: τῶν (sc. πελῶν) ἐν ἀτραμένῃ Ἑκάβη φέρε δῶρον ἀθίῃς. — οὔτε γάρ τι πορφύρας τόσσος κόρος ὥστ' ἀμύναι vgl. ξ 513: ἦ γὰρ πολλαὶ χλαῖναι ἐπημοιβοί τε χιτῶνες ἐνθάδε ἔννεσθεν, μία δ' οἴῃ φωτὶ ἑκάστῳ; ebenda 521: χλαῖνα ἀμοιβάς. — ἐς Αἴγαιαι βροῖτας ἐνθοῦσα vgl. Λ 384: οὔτε σι, ἐς γαλόων οὔτ' ἐς Ἰθακίης ἐξοίξεται; ähnlich Ν 413. — Ἰσταρεῖς τί μοι γίνοιτο vgl. ρ 355: καί οἱ πάντα γίνοιτο. — οὐ γάρ ἁ κ. εἰγησιχόρα πάρ' αὐτεῖ vgl. Κ 165: οὐ τε καὶ ἄλλοι ἔασι νεώτεροι υἷες Ἀχαιῶν, οἵ κεν κτλ., was auch gleich ist: εἰσὶ γὰρ ἄλλοι κτλ.; ausserdem ν 393: λίην τοι παρίσσομαι. — Ἀγιδοῖ δὲ παρμένει vgl. Δ 402: οὐδέ τις αὐτῷ Ἀργείων παρέμεινεν, ebenfalls vom Kampfe. · σωστηριά θ' ἅμ' ἐπαινεῖ vgl. Β 335: μῦθον ἐπαινήσαντες. -- τᾶς πεδ᾽, ὦ νέαι, δέξασθε vgl. Υ 377: κατὰ πληθὺν καὶ ἐκ φλ. δίδεξο. — [ἄκονόν τι ἄνα καὶ τέλος vgl. Ο 228: οὔ κεν ἀνιδρωτί γ᾽ ἐτελέσθη; ausserdem ψ 248 flg. — δίκᾳ δ᾽ ἐγὼν εἴποιμί κε vgl. Ψ 542: Ἀντίλοχος... Ἀχιλῆα δίκῃ ἡμείψατο. — ἅπαν μὲν αὖτα πεφσῖνος vgl. δ 417: πάντα γιγνόμενος alles werden, d. h. sich in alle Gestalten verwandeln. Häufiger findet sich die Redensart von Herodot an vgl. Passow s. v. — Das Nächste übergehe ich als zu unsicher. —] Ἰώτι ἀνδάνην ἐρῶ vgl. h. Cer. 205: ἦ δή οἱ καὶ ἔπειτα μεθύστερον εἴνδεν ἀργάις. vgl. Baumeister ad h. l. — πόνων γὰρ ἅμιν ἰάτωρ ἔγεντο vgl. ρ 384: ἐητῆρα κακῶν und h. XVI 1: ἐητῆρα νόσων. — ἐξ Ἀγησιχόρας νεάνιδες εἰρᾶς ἐπ ἐπέμαν vgl. Ξ 19: πρίν τινα καταβήμεναι ἐκ Διὸς οὐρον. Β 33: Τρώεσσι δὲ κῆρ᾽ ἐφίετατο ἐκ Διός; ausserdem χ 424: ἀνεώτιξ ἐπέβησαν. υ 52: εὐφροσύνης ἐπιβῆται. Hes. th. 366: τιμῆς καὶ γεράων ἐπιβησόμεν.

Den Rest von Fr. 23 übergehe ich. — Fr. 24: οὐκ εἰς ἀνὴρ ἄγροικος οὐδὲ σκαιὸς οὐδὶ... οὐδὲ Σισσαλὸς γ. οὐδὲ Ἐρυσιχαῖος οὐδὶ ποιμήν, ἀλλὰ Σαρδίων ἀπ᾽ ἀκρᾶν vgl. θ 179: ἐγὼ δ᾽ οὔ τής ἀέθλων, ἀλλ᾽ ἐν προῖτοισιν ὀἴω ἔμμεναι, wo das einfache Schema für des Dichters Ausdrucksweise vorliegt; etwas weiter ausgeführt ist z. B. θ 216: οὐ γὰρ πυγμάχοι εἰμὶν ἀμύμονες οὐδὲ πελεισταί, ἀλλὰ ποσὶ κραιπνῶς θέομεν καὶ νηυσὶν ἄριστοι. Jedoch weiter ausgeführte Beispiele fehlen, vgl. auch Hartung gr. Partikeln I S. 207. — Σισσαλὸς γένος vgl. ο 267: ἐξ Ἰθάκης γένος εἰμί; ebenso ξ 199. -- Fr. 25: ἐπὶ τάδε καὶ μέλος Ἀλκμᾶν εὗρε vgl. Β 343: οὐδέ τι μῆχος εὑρέμεναι δυνέμεσθα. τ 158: οὔτε τιν᾽ ἄλλην μῆτιν ἐθ᾽ εὑρίσκω. h. Apoll. P. 15: οὐδὲ δύνανται εὑρέμεναι θανάτοιό τ᾽ ἄκος καὶ γήραος ἄλκαρ. — γ. καννεαβίδων στόμα συνθέμενος vgl. α 328: τοῦ ἐπερωώδην φρεσὶ μῆθετο θέσπιν ἀοιδήν. — ω 197: τῆς δ᾽ ἄρα κλαιούσης ὅπα σύνθετο δῖος Ὀδυσσεύς. — Fr. 26: οὔ μ᾽ ἔτι γνῖα φέρην δύναται vgl. Ζ 511: ῥίμφα ἑ γοῦνα φέρει und 514: ταχέες δὲ πόδες φέρον; auch Ν 512: οὐ γὰρ ἔτ᾽ ἔμπεδα γνῖα ποδῶν ἦν ὁρμηθέντι. — ὅς τ᾽ ἐπὶ κύματος ἄνθος ἅμ᾽ ἀλκυόνεσσι ποτῆται vgl. Υ 228, wo es von Pferden heisst: ὅτε δὴ ἀκροτάτων ἐπ᾽ ἐυφία ρῶτα θαλάσσης, ἄκρον ἐπὶ ῥηγμῖνος ἁλὸς πολιοῖο θέεσκον. Ν 27: βῆ δ᾽ ἐλάαν ἐπὶ κύματα; ebenso ist Β 89 zu vergleichen, wo die Bienen in ihrer Thätigkeit geschildert werden; ausserdem vgl. Δ 280: ἅμ᾽ Αἰάντεσσι κίνεντο φάλαγγες und das häufige ἕπεσθαι ἅμα. — νηλεγὲς ἦτορ ἔχων vgl. Hes. th. 456: νηλεὲς ἦτορ ἔχων; ähnlich Ι 497. — ἀλιπόρφυρος εἴαρος ὄρνις vgl. zu dieser Apposition eines Nomens zum Relativum Η 187: ἰὸν ἔκανε..., ὅς μιν ἐπιγράψας κνήῃ βάλε, φαίδιμος Αἴας. δ 321: ἀνδρῶν πλεῖος δόμος, οἵ τε μιν αἰεὶ μῆλ᾽ ἀδινὰ σφάζουσι καὶ... βοῦς, μηερὸς ἐμῆς μνηστῆρες; vgl. überdies Ameis, Anhang zur Odyssee β 119 und Schnorr de Carolsfeld l. l. S. 41 flg. — Fr. 27: Πολλαλέγων ὄνυμ᾽ ἀνδρὶ κτλ vgl. ε 360: Οὔτις ἐμοί γ᾽ ὄνομα. — Fr. 29: Ζεῦ πάτερ, αἰ γὰρ ἐμὸς πόσις εἴη führt der Schol. zu ξ 244 an: αἰ γὰρ ἐμοὶ τοιόσδε πόσις κεκλημένος εἴη; ausserdem vergleiche zur Einführung des Wunsches durch Ζεῦ πάτερ η 331: Ζεῦ πάτερ, αἴθ᾽ ὅσα εἴπε τελευτήσειεν ἅπαντα Ἀλκίνοος; ebenso ρ 112. φ 200. Bekannt ist die Formel: αἰ γὰρ Ζεῦ τε πάτερ καὶ Ἀθηναίη καὶ Ἀπολλον vgl. Ameis zu δ 341. — Fr. 30: σφ᾽ιᾶ δὲ προτὶ γνάνατα πίπτω; damit vergleicht Bergk ad h. l. η 147: σάν τε πόσιν σά τε γούναθ᾽ ἱκάνω; bekannt sind γουνάζεσθαι und γουνοῦσθαι und ähnliche Wendungen; vgl. auch σ 395: Ὀδυσσεὺς Ἀμφινόμον πρὸς γνῖτα καθίζετο und Ε 370: ἡ δ᾽ ἐν γούνασι πῖπτε Διώνης δῖ᾽ Ἀφροδίτη. — Fr. 31: τῷ δὲ γυνά τ. σφᾶς ἕειξε χώρας vgl. χ 91: εἷ πώς οἱ εἴξειε θυράων. h. Cer. 191: εἴξε δὲ οἱ κλισμοῖο. — Fr. 32: ἐπ᾽ ἀρίστερα χειρὸς ἔχων; dazu vergleicht Bergk ad h. l. ε 277: ἐπ᾽ ἀρίστερα χειρὸς ἔχοντα. — Fr. 33: καὶ ποκά τοι δώσω τρίποδος χείτος vgl. ν 13: ἀλλ᾽ ἄγε οἱ δῶμεν τρίποδα μέγαν. — (τρίπους) πλέος ἐννεος vgl. Ι 71: πλεῖαί τοι οἴνου κλισίαι. — οἷον Ἀλκμὰν ἡράσθη χλ. πεδὰ τὰς τροπάς vgl. h. Merc. 130: ἐνθ᾽ ὀσίης κρεάων ἠράσσατο κύδιμος Ἑρμῆς. h. Cer. 129: ἀλλ᾽ ἐμοὶ οὐ δόρπου μελίφρονος ἤρατο θυμός. Allein überall regiert ἐράω und ἔφαμαι den Genetiv; ein Beispiel für den Accus. ist mir nicht bekannt; dazu kommt, dass hier der Aorist ἠράσθη nicht am Platze ist, wie das folgende ἔσθη zeigt; endlich fällt auch die Form ἠράσθη auf, die sich erst bei den Tragikern findet, vgl. Veitch l. l. s. v.; die Epiker sagen ἠρασάμην. Daher vermute ich ἦρ ἔσθει statt ἠράσθη den Frühling über ist, vgl. Fr. 76. Zu ἔττος ἔσθει vgl. Θ 231: ἔσθοντες κρέα πολλά und zu πιθὰ τὰς τροπάς Hes. op. 564: μετὰ τροπὰς ἠελίοιο. — οὔτι ἦν τετυγμένον vgl. z. B. A 467: τετεύκοντο δὲ δαῖτα: auch Γ 330: κυνέην εἴρυτον. — Fr. 34: ἐν κορυφαῖς ὀρέων vgl. ι 121: κορυφὰς ὀρέων. Γ 10: ὅριος κορυφῇσι. — σεοῖσιν ὕδη ἱορτή vgl. h. Apoll. D. 22 von Apollon: πᾶσαι δὲ σκοπιαί τοι ἅδον κτλ. Μ 80: ὧδε Ἕκτορι μῦθος. — χρ. ἄγγος ἔχωσα vgl. τ 31: χο λέχνον ἔχουσα. Hes. Fr. 194 (Rzach): σκέπφον ἔχων. — οἷά τε ποιμένες ἄ. ἔχουσιν mit Bezug auf χρ. ἄγγος ebenso gesetzt, wie α 313: κιμήλιον ..., οἷα φίλοι ξείνοι ξείνοισι διδοῦσιν; ebenso κ 242 und sonst. — λ. γάλα σήσαο vgl. θ 89: ἐπιστατὸν γάλα θῆσθαι. — τυρὸν ἐτύρησας vgl. zu dieser Ausdrucksweise Kühner, gr. Gramm. II S. 261 flg. Krüger, poet.-dial. Synt. § 46, 12. — Fr. 38: ἔρπει γὰρ ἄντα τῷ σιδάρῳ τὸ καλῶς κισσείσθην: denn so ist mit Welcker zu lesen, da ἄντα mit Dativ in diesen Verbindungen nirgends vorkommt. Vgl. z. B. Γ 75: οἱ μὲν θεοὶ ἄντα θεῶν ἴσαν. Zu σίδηρος = Waffen vgl. die bekannten Worte: ἐφέλκεται ἄνδρα σίδηρος π 294. τ 13 und zu καλῶς κισσείσθην α 155: καλὸν ἀείδειν und öfter; ausserdem Σ 570: ἱμερόεν κιθάριζε; h. Merc. 455: ἱματὸν κιθαρίζεις. — Fr. 30: ἔρως μι γλυκὺς κατείβων καρδίαν ἰαίνει; zu dem Schema αἰνθ᾿ ὅλον καὶ κατὰ μέρος μι ... καρδίαν vgl. Schnorr de Carolsfeld l. l. S. 1 flg. α 379: θυμὸν ἰαίνει; ähnlich Ω 119. h. Cer. 65. Hes. th. 910: τῶν καὶ ἀπὸ βλεφάρων ἔρως εἴβετο δερκομενάων λυσιμελής· καλὸν δ᾿ ϑ᾿ ἐπ᾿ ἀφρύσι δερκιόσαντα; auch ε 152: κατείβετο δὲ γλυκὺς αἰών. — Κύπριδος ἔκατι vgl. z. B. o 319: Ἑρμείαο ἔκητι und zu Κύπριδος = Ἀφροδίτης Γ 330. — Fr. 37: τοῦτο Ἰω. Μωσᾶν ἰδείξεν δῶρα Μ. vgl. x 303: μοι φύσιν αὐτοῦ ἰδείξεν. h. Cer. 474: ἣ δὲ ... βασιλεῦσιν δείξε ... δρησμοσύνην ἱερῶν: ähnlich Hes. op. 502; ausserdem Γ 64: δῶρ᾿ ἱερατά ... χρυσείης Ἀφροδίτης. Hes. op. 614: δῶρα Διωνύσου πολυγηθέος. scut. 47: δῶρα πολυχρύσου Ἀφροδίτης. th. 93: οἷά τε Μουσάων ἱερή, δόσις ἀνθρώποισιν und ähnliches oft später. — μάχαιρα παρσείνων vgl. E 381: διὰ Θεάων. Γ 423: διὰ γυναικῶν und Kühner, gr. Gramm. II S. 290. — Fr. 38: Ἀφροδίτα μὲν οὐκ ἔστι, μάργος δ᾿ Ἔρως ... παίσδει vgl. zur Satzbildung A 335: οὔ τι μοι ὔμμες ἐπαίτιοι, ἀλλ᾿ Ἀγαμέμνων, ὃ σφῶϊ προΐει κτλ.; ebenso α 347: jedoch entsprechen diese Beispiele nicht genau: an unserer Stelle fand nämlich eine Verkürzung statt. = Ἀφροδίτα μὲν οὐκ ἔστι, μάργος δ᾿ Ἔρως ἔστιν. ὃς ... παίσδει; ebendieselbe Verkürzung finden wir bei Theognis 307 flg. 833 flg. — ἄκρ᾿ ἐπ᾿ ἄνθεμ καθαίνων τὸ κυμ vgl. Γ 227: ἄκρον ἐπ᾿ ἀνθερίκων καρπὸν θίον; ebenso Hes. Fr. 143 bei Rzach. — μή μοι αἴγης vgl. ι 42: μή τίς μοι ἀτεμβόμενος κίοι ἴσης. — Fr. 30: χρ. ὅρμον ἔχον; ebenso o 460. — Fr. 40: Διάσκερις αἰνάσκερις vgl. X 481: δύσμορος αἰνόμορον; ausserdem Γ 39: Δύσπαρι, wo der Schol. unsern Vers zitiert. — Fr. 41: Ὀδυσσῆος τ. ἰσθ᾿ ἐταίρων Κίρκα ἐκαλίτνασα vgl. μ 47: ἐπὶ δ᾿ οὔατ᾿ ἀλείψαι ἑταίρων, den Bergk ad h. l. zitiert. — Fr. 42: νόον ἐνίσποι vgl. Ω 447: νόον καὶ μῆτιν ἐνίσπε; dazu Hom. Epigr. 5: Θεστορίδη. Θνητοῖσιν ἀνωΐστων πολέων περ οὐδὲν ἀφραστότερον πέλεται νόον ἀνθρώποισιν: ähnliche Gedanken öfter. Fr. 44 übergehe ich als noch nicht hergestellt. — Fr. 45: ἀρχ᾿ ἐρατῶν ἐπέων vgl. h. XIII 3: ἄρχομ᾿ ἀοιδῆς. Hes. scut. 205: Θεαὶ δ᾿ ἐξῆρχον ἀοιδῆς Μοῦσαι II. κτλ.; ausserdem A 781: ἄρχον ἐγὼ μύθων und so öfter. — ἐπὶ δ᾿ ἵμερον ὕμνῳ καὶ χ. τίθει χορόν vgl. h. Merc. 575: χάριν δ᾿ ἐπίθηκε Κρονίων sc. αὐτῷ; dazu vergleicht Baumeister o 319, wo es von Hermes heisst: ᾧς ῥά τε πάντων ᾔ ἀνθρώπων ἔργοισι χάριν καὶ κῦδος ὀπάζει. h. XXIV 5: χάριν δ᾿ ἅμ᾿ ὀπασσον ἀοιδῇ; ausserdem Σ 502: μερόεντα ὕμνον und α 421: ἱμερόεσσαν ἀοιδήν. — Fr. 47: εἴνατέ μοι τ᾿δε vgl. X 384: ἀλλ᾿ ἄγε μοι τόδε εἰπέ; B 484: ἔσπετε νῦν μοι, Μοῦσαι κτλ — Fr. 48: οἷα ἔρσα τράφει vgl. ε 422: κήτος .... οἷά τε πολλὰ τρέφει κλυτὸς Ἀμφιτρίτη, vgl. auch zu Fr. 34. Ausserdem vgl. Hes. scut. 395: τέττιξ ..., ᾧ τε πόσις καὶ βρῶσις θῆλυς ἔρση. — Fr. 50:

μέγα γείτονι γείτων vgl. Χ 305: ἀλλὰ μέγα ῥῆξας τι καὶ ἐσσομένοισι πυθέσθαι, zu dem der Schol. bemerkt: λείπει τὸ ἀγαθόν· ὡς Ἀλκμάν, worauf er dann unser Fragment anführt. Ausserdem vgl. Hes. op. 346: πῆμα κακὸς γείτων, ὅσσον τ' ἀγαθὸς μέγ' ὄνειαρ. Vgl. auch Fr. 116. — Fr. 51: οὐ γάρ ἔγωγε vgl. Δ 374. ι 5, wo die Rede ebenso beginnt. — Fr. 52: πρὸς δὲ τι τῶν φίλων vgl. ν 324: σὺ πρὸς πατρὸς γουνάζομαι; auch die Stellung, infolge deren πρός durch δὲ τι von dem dazu gehörigen Genetiv getrennt ist, widerstrebt den Epikern nicht, vgl. Schnorr de Carolsfeld l. l. S. 19 flg., der Λ 128: ἐκ γάρ σφεας χειρῶν. ξ 452: πὰρ δ' ἄρα μιν Ταφίων u. a. m. anführt. Aber gerade in unserer Formel findet sich diese Stellung bei Homer nicht, die doch später ganz regelmässig wird, vgl. Soph. Philokt. 468 und dazu Cavallin. — Fr. 53: τι γάρ Ἀλέξανδρος δάμασεν vgl. z. B. Τ 203: οὓς ἐδάμασσεν Ἕκτωρ Πο. — Fr. 54: τι γὰρ ἄσδομαι vgl. Ε 434: θεὸν μέγαν ἄζετο; ausserdem führt Bergk ξ 108 (nicht 1080 an: ὡς σε, γύναι, ἄγαμαί τε τέθηπα τε. — Fr. 55: ἔχει μ' ἄχος vgl. ξ 215: μὴ δύη ἔχει. τ 118: ἀχέεσσι ἔχομαι. Λ 581: Ἀτρείδην δ' ἄχος εἷλε. — Fr. 56 A: σφοῖς ἀδελφιδέοισι κᾶρα καὶ φόνον vgl. Γ 6: ἀνδράσι Πηγμαίοισι φόνον καὶ κῆρα φέρουσα und öfter. — Fr. 56 B ist unsicher; mir scheint jedenfalls soviel festzustehen, dass der Grammatiker, der diese Worte zitierte, hier μήχος gelesen hat; denn für μέγος war ein Zitat unnötig; ebenso weise ich εἴκε dem Grammatiker zu; ich lese also: μέγος παρὰ τὸ μῆχος, ὃ μὴ ὂν ἐν τῇ γῇ, ἀλλ' ὑπερέχων αὐτῆς· τὸ δὲ μῆχος] Ἀλκμὰν εἶπε μῆχος τι φαίδιμος Αἴας. Wie man über diese Ansicht des Grammatikers zu urteilen hat, lasse ich hier dahin gestellt. — Fr. 50: λίγ' ἀείσομαι vgl. κ 254: λίγ' ἀείδειν. — Fr. 60: εἴδυναίν δ' ὁρίων κορυφαί κτλ. vgl. Ε 524: εὔδησι μένος Βορέω καὶ ἄλλων ξ ἀνέμων Simonid. C. 37, 16 flg.: τίθετω δὲ πάντος. εἴδετω δ' ἄμοτον κακόν. — ὁρίων κορυφαί vgl. h. Cer. 38: ὁρέων κορυφαί; ausserdem Fr. 34. Zur Zusammenstellung: κορυφαί τε καὶ φάραγγες, πρώονές τε καὶ χαράδραι vgl. Μ 282: ἐσχαλόν· ὁρέων κορυφὰς καὶ πρώονας ἄκρους. Θ 557: πᾶσαι σκοπιαὶ καὶ πρώονες ἄκροι | καὶ νάπαι. — ἔρπετά θ' ὅσσα τρέφει μ. γαῖα vgl. δ 417: πάντα... ὅσσ' ἐπὶ γαῖαν ἕρπετὰ γίγνονται; ausserdem Ρ 447: πάντων, ὅσσα τε γαῖαν ἕπι πνείει τε καὶ ἕρπει. Δ 741: ὅσα τρέφει εὐρεῖα χθών. Ε 52: ἄγρια πάντα, τά τε τρέφει οὔρεσιν ὕλη. — γένος μελισσᾶν vgl. h. Merc. 309: βοῶν γένος. Mimnerm. 17: γένος ἵππων; auch Μ 23: ἡμιθέων γένος ἀνδρῶν. Hes. op. 109: γένος μερόπων ἀνθρώπων. — χρώδεαὶ ἐν βένθεσι π. ἁλός vgl. ρ 316: βαθύης βένθεσιν ὕλης; χρώδεαλος; ausserdem Δ 388: ἐν βένθεσσιν ἁλός. εὕδουσιν δ' ὀτωτῶν φῦλα τ. vgl. δ 405: φῶκαι εὕδουσιν. ξ 533: σύς εἴδων; ausserdem Τ 30: φῦλα μυίας. — Zur Zusammenstellung von Thieren des Landes, Meeres und der Luft vgl. h. Ven. 4: καί τ' ἐδαμάσσατο φῦλα καταθνητῶν ἀνθρώπων, οἰωνούς τε διαπέτεας καὶ θηρία πάντα, ἡμὲν ὅσ' ἤπειρος πολλὰ τρέφει ἠδ' ὅσα πόντος. Vgl. auch Hes. th. 582 flg. — Fr. 61: ἦ ῥα τὸν Φαίδον ἄνειρον εἴδον; vgl. zu ἦ ῥα in der Frage z. B. Ε 421. λ 281: καὶ Χλῶριν εἴδον π.; ὄνειρον fasst Bergk ad h. l. als Adverbium, wie sich später ὄναρ findet, vgl. Passow s. v.; besser nimmt man es als Prädikatsnomen als Traum, vgl. τ 547: σὸς ὄνειρ. ἀλλ' ὕπαρ ἐσθλόν, sc. τόδε ἐστίν; ebenso ν 90. — Fr. 62: (Τύχα), Εὐνομίας.. ἀδελφὰ καὶ Προμαθείας θυγάτηρ; ähnlich κ 137: Κίρκη... εὐπλόκαμος δεινή,... Αἰήταο ἀδελφεὸς ἐπιχάγη φ. Ἠελίοιο Vgl. auch Η 718. — Fr. 64: ἔστι παρίντων μνᾶστιν ἐπιέσθαι vgl. α 392: ἔστι μὲν εὕδειν. ἔστι δὲ τ. ἀκούειν. μνᾶστιν ἐπιέσθαι ist gesagt, wie Θ 440: τοῖσιν χόλον αὐτὸν ἴλλαθι := τοῖσιν αὐτὸς χατέσθαι; καὶ δlazu, ausserdem. ρ 280: δόρπου μνῆστις. Ob παρίντων Mascul. oder Neutr. ist, lässt sich nicht entscheiden. — Fr. 66: ὅσαι δὲ παῖδες ἁμέων ἐντί. τὸν κ. κίνέοντι vgl. zur Satzbildung α 245: ὅσσοι γὰρ νήσοισιν ἐπικρατέουσιν ἄριστοι..., τόσσοι μητέρ' ἐμὴν μνῶνται; ähnlich ξ 93. Τ 230. Hes. th. 183; ausserdem Ψ 552: ἵνα σ' αἰνήσωσιν Ἀχαιοί. Χ 30. — Fr. 67: οἶδα δ' ὀρνίχων νόμως πάντων vgl. α 52, wo es vom Atlas heisst: ὅς τε θαλάσσης, πάσης βένθεα οἶδεν; ebenso δ 385. — Fr. 68: δωρὶ δὲ ξ. μέμηνεν Αἴας vgl. Φ 5: μαίνετο φ. Ἕκτωρ. Θ 111: ἐμὸν δόρυ μαίνεται ἐν παλάμῃσιν; aber ein Dativ der Waffe findet sich bei diesem Verbum bei Homer und Hesiod nicht. — Fr. 69: ὃς Ἴθεν πάλοις ἔπαλεν vgl. Γ 316: κλήρους πάλλον. — δαίμονας τ' ἐδάσσατο vgl. Hes. op. 37: κλῆρον ἐδασσάμεθα; ausserdem vgl. ξ 208: ζωὴν ἐδάσσαντο παῖδες ἕ. καὶ ἐπὶ κλήρους ἐβάλοντο. δαίμων steht hier wie Θ 106, = »Schicksal«; später findet es sich häufig so gebraucht. Die ganze Stelle beziehe ich auf Zeus, der bei dem Zweikampf zwischen Achilleus und Memnon das Schicksal ebenso befragt, wie bei dem zwischen Achilleus und Hektor, vgl. X 208 flg.; aber während er hier die Lose abwägt und so die Schicksale verteilt, schüttelt er sie an unserer Stelle. · Fr. 70: κὴπὶ τὰ μύλα ὀρινῄεται vgl. η 101: αἱ μὲν ἀλετρεύουσι μύλῃς ἐπι μήλοπα καρπόν. — Fr. 71: αἴκλον Ἀλκμάων ἁρμόξατο vgl. ι 162: δαίφετα μεκρὰ ταμὼν ἁρμόξεο χαλκῷ ἱ τέρθιαν σχεδίην. — Fr. 72: ἦσκέ τις σκάφεης ἀνάσσων; zu ἦσκε ἀνάσσων vgl. Krüger. poet.-dial. Syntax § 56, 1 ··3. Anm. 1. Ausdrücke, wie σκάφεης ἀνάσσων finden sich häufig in späterer Zeit, besonders bei Euripides, vgl. Hel. 1040: ὄχων. Iphig. T. 17: στρατηγίας; aber auch schon bei Homer lesen wir ω 30 und Ϳ 180: τιμῆς. ἥσπερ ἄνασσε. Hier ist τιμῆς ἀνάσσειν = βασιλεύειν, wie an unserer Stelle σκάφεης ἀνάσσειν = σκάπτειν. — Fr. 73: πρόσθ' Ἀπόλλωνος Λυκήω vgl. h. Merc. 328: ἔστησαν πρόσθε Διὸς γούνων. — Fr. 74 A: ν ἀνθρώποισιν αἰδοιέστατον vgl. ε 447: αἰδοίως... ἀθανάτοισι θεοῖσι. — Fr. 75 B: κλέται μὲν ἐπτὰ καὶ τόσαι τράπισθαι vgl. z. B. ξ 100: δωδέκ' ἐν ἠπείρῳ ἀγέλαι· τόσα πώεα οἰῶν κτλ.; ähnlich Hes. th. 367. — ἄρτιαι ἐπιστέῳ ωσαι vgl. Δ 170: ἐπιστίξαντο ποταίσι. Θ 232: ἐπιστίφιες οἰνοιο. — πίθεστι χρυσοκόλλα; ebenso steht B 386: πλευκλή γε μετάσεται ohne Dativ, = dabei sein, dabei stattfinden«. — Fr. 75: ἤδη παρεξεῖ πτάνιόν τι πάλτον vgl. σ 400: ὅς δή τοι περίχει βρῶσίν τε πόσιν τε ἐνδυκέως. Hes. scut. 84: ἄμπνευα πάντα περίζον. — Fr. 76: ὥρας ἴσηκε vgl. τ 103: ὅταν ὅττι κε θείης. Θ 171: αἷμα τιθεῖς. ὥρας... τρεῖς... καὶ τὸ τέτρατον τὸ Fῷ vgl. zur Satzbildung ξ 24: οἱ δὲ δὴ ἄλλοι ἱ ἔχουσ' ἀλλότις ἄλλος ἄρ' ἀγρομένους σεύασαι ἱ οἳ τρεῖς· τὸν δὲ τέταρτον ἔχουσ' πολινδὲ κτλ. — σέρρος καὶ χεῖμα κοπτέραν τρίταν vgl. zur Satzbildung Ο 187: τρεῖς γάρ ἐκ Κρόνου εἰμὲν ἀδελφεοί... ἱ Ζεὺς καὶ ἐγώ, τρίτατος δ' Ἀΐδης, und zur Zusammenstellung von Sommer, Winter und Herbst Λ 190 flg.: χεῖμα μὲν ..., εὐτὰρ ἐπὴν ἔλθῃσι θέρος τεθαλυῖά τ' ὀπώρη κτλ. -- τὸ Fῷ ὅαπ σάλλει μὲν vgl. h. Cer. 401: ἄνθεσι γαῖ' εἰώδεσιν εἴαρος ὥρῃ ἱ παντοδαποῖς θάλλει. ἰσθίεν δ' ἄδερ οὐκ ἔστιν vgl. Μ 327: οὐκ ἔστι φυγεῖν; ausserdem E 203: ἰδμεναι ἄδην. — Fr. 77: αἱ γάρ ἄμεν τούτων μέλοι vgl. zu Fr. 29 und Z 111: ἐμοὶ τάδε πάντα μέλει. α 159: τούτοισιν μὲν ταῦτα μέλει. — Fr. 80: οἴκας μὲν ὦ. Λίτρῳ vgl. π 200: νῶν δὲ θεοῖσιν ἴοικας. τ 381: Ὀδυσῆι ἴοικας. — Fr. 83: αἱ γὰρ vgl. zu Fr. 29. 77. — Fr. 85 A: ἴχ. μὲν Διὸς νίον τάδε Μ. κρ. vgl. z. B. E 713: Λικμάντος Ἥρη... αὐτὰρ Ἀθηναίη ἴπτα π. προσηύδα. Zur Verbindung des Apollon und der Musen vgl. Terpander Fr. 3. — Fr. 85 B: λιρύκαρτον π. ἄχει vgl. h. Merc. 425: λιγέως κιθαρίζων. T 284: λίγ' ἐκώκει; ausserdem zu λιγύκαρτον = λιγύκρατον B 50: λιγύφθογγος. T 350: λιγύφωνος. -- Fr. 80: μῆλον Διὸς νίόρ vgl. (so ist zu lesen st. ὄαμ) ὁ χορός, ἁμὸς vgl. zu Fr. 31; ausserdem h. Apoll. D. 131: εἴη μοι κιθαρίς τε φίλη καὶ ×. τόξα, wo εἴη φίλη dem ἀδαμ entspricht. -- Fr. 87: ἀνήρ δ' ἐν ὀρμένασιν ἀ ἰᾶτ' ἐπὶ θάκω vgl. γ 330: ἐν ἅλατὶ θαλασσίμεν ρ 456· ἀλλοτρίοισι περμμένος. — κατὰ πίτρης erinnert an ὁ κατὰ χθονός bei Xenoph. Cyrop. IV o, 5; aber Ψ 101: ψυχὴ κατὰ χθονὸς ᾤχετο. h. Merc. 68: ἰόντα κατὰ χθονός. Der Begriff der Bewegung liegt an unserer Stelle in ἤστο ἐπὶ θάκω. — Fr. 88 ist verdorben.— Fr. 80: νικῷ δ' ὁ κάφρων vgl. Δ 576: τὰ χερίονα νικᾷ; ausserdem Γ 71: νικήσῃ κρείσσων τε γένηται. Hes. op. 210 flg.: ἄφρων, ὃς κ' ἐθέλει πρὸς κρείσσονας ἀντιφερίζειν ἱ νίκης τε στέρεται πρός τ' αἴσχεσιν ἄλγεα πάσχει. — Fr. 90: μῆον ἡ κοδήμπλωτ vgl. B 518 flg.: ὄντι τόσος τν ὅσος Τελαμώνιος Αἴας, ἀλλὰ πολὺ μείων. Γ 193. — Fr. 91: μάγαδιν δ' ἀποσέσθαι vgl. Γ 89: τεύχεα κάλ' ἀποθέσθαι. — Fr. 93: Κέρχρης ἄγεται vgl. B 638: Αἰτωλῶν δ' ἡγεῖτο und öfter. — Fr. 97: λῦδος εἱμένα καλόν vgl. ο 331: χλαίνας τ' εἱμένοι ἠδὲ χιτῶνας. τ 327: κακὰ εἱμένος. — Fr. 98: καλλὰ μελισθομένα vgl. Δ 473: καλὸν ἀείδοντες. — Fr. 99: τὰ Fὰ πάθεα vgl. λ 376.

τὰ σὰ κήδεα. — Fr. 100: τὸ νέκταρ ἔδμεναι vgl. Ν 35: ἀμβρόσιον εἶδαρ | ἔδμεναι. π 84: σῖτον
ἅπαντα | ἔδμεναι. — Fr. 117: οἶνον ἄνθεος ὄσδοντα erinnert an ι 210 flg., wo der Wein aus
Ismaros geschildert wird. — Fr. 147 A: πήρατα πασῶν vgl. ε 289: μέγα πεῖραρ ὀιζύος. Ζ 143:
ὀλέθρου πείρατα.
Zu diesen Verbindungen rechne ich auch die Umschreibungen. Über Fr. 60: γένος
μελισσᾶν und ὑωτῶν φῦλα habe ich schon oben gesprochen. Fr. 23: ταὶ Ναννῶς κόμαι ist
mit Verbindungen zusammenzustellen, wie Σ 117: βίη Ἡρακλῆος β 409: ἱερὴ ἲς Τηλεμάχοιο; ferner
Ι 407: ἵππων ξανθὰ κάρηνα. — Fr. 33: τρίποδος κύτος vgl. Σ 318. θ 437: γάστριν τρίποδος.
Ε 99: θώρηκος γύαλον. Theogn. 1201: κύφων' ἀρότρου. — Fr. 86: Διὸς νόῳ ἅδοι vgl. Μ 255:
Ἀχαιῶν θέλγε νόον und sonst öfter. Hierher ziehe ich auch Fr. 23: Ἀγιδῶς τὸ φάος, das ich mit
φάος Ἠελίοιο Ψ 154 und sonst, φόως Σελήνης h. Mere. 141, φάρος δράκοντος Hes. scut. 144 und
ähnlichen vergleiche. Das Substantiv φάος, von einem Menschen gebraucht, findet sich auch bei
Homer, vgl. π 23. ρ 41: ἦλθες. Τηλέμαχε, γλυκερὸν φάος. Diesen Stellen liegt die Vergleichung
mit der Sonne, dem φάος κατ' ἐξοχήν, zugrunde, wie dies Alkman deutlich zeigt: ἐγὼ ᵈ' ἀυ' ἅλιον
κτλ. Daraus ergeben sich beide Bedeutungen, für Alkman ›Glanz‹, für Homer ›Heil‹, Leben‹.
Also folgt unser Dichter auch hierin dem Vorgange Homers.
Diesen zahlreichen Verbindungen, die alle homerisch und episch sind, stehen nur wenige
gegenüber, die sich bei Homer noch nicht finden. So Fr. 23: πρίπει c. Infin., vgl. oben. —
Fr. 23: ἐν καμώσιν ἀλέγω vgl. oben. — μαρτύρεται c. Acc. et Infin., wie bei den Tragikern
u. a. — ἦ οὐχ ὁρῇς, mit folgendem unabhängigen Satze hier zuerst; Beispiele mit abhängigen
Sätzen aus Homer habe ich oben angeführt. — ἀνδάνην ἑρῶ; Homer und Hesiod haben nur
ἔραμαι, immer mit Genetiv. ἐρῶ findet sich zuerst bei Archiloch. 25 und 68, vgl. oben; an der
letzten Stelle auch mit Infinitiv. Der Infinitiv steht auch bei Theognis, Pindar u. s. w. — Fr. 38:
ἅ μή μοι σίγης findet sich bei Homer noch nicht; soviel ich sehe, ist unsere Stelle die älteste,
wo diese Konstruktion in einem Relativsatze sich findet. — Fr. 52: πρὸς δὲ τὶ τῶν φίλων, eine
Stellung, wie sie später Regel ist, vgl. oben. — Fr. 57: μηδέ μ' ἀείδην ἀπέρυκε; ἀπερύκω steht
bei Homer nur mit Accus.; mit Infin. liest man es an unserer Stelle zuerst, dann auch bei Theognis.
Auch ἐρύκω mit Infin. findet sich erst Pind. Nem. 4, 33. — Fr. 78: ἁμὶν δ' ἱπακλύσει μέλος und
ebenso Fr. 82: Φρύγιον αὔλησεν μέλος Κερβήσιον kommen bei unserm Dichter zuerst vor. — Endlich
ist Fr. 117 anzuführen: ἄνθεος ὄσδοντα; ὄζειν τινός kann ich aus früherer Zeit nicht belegen;
dem Alkman folgt Xenophan. 1. 6: ἄνθεος ἰαδόμενος. Passow belegt diese Konstruktion mit
den Tragikern, Komikern und Spätern. — Hierher gehört auch der Gebrauch des Artikels. Die
Stellen sind Fr. 7: ἁ Μῶσα, ἁ λίγηα Σηρήν. — Fr. 19: οὐδὲ τὸ Κηακάλω οὐδὲ τὸ Νηρηΐω. —
Fr. 23: τῶν βαστάν. — τὸν κυριστάν. — τὸν ἐρφότεσ. — τὰς ἀρώτας. — τὰν Ἀφροδίταν. — Ἀγιδῶς
τὸ φῶς. — ἁ κληνὰ χοραγός. — τὸν ἱποπετριδίων ὀνείρων. — ἁ δὲ χαῖτα τᾶς ἐμᾶς ἀνεψιᾶς. — τὸ
τ' ἀργύριον πρόσωπον. — ταὶ Νανῆς κόμαι. — ἁ καλλίσφυρος Ἀγησιχόρα. — τὰ μὲν Δώτι. — Fr. 33:
ὁ παμφάγος Ἀλκμάν. — πεδὰ τὰς τροπάς. — τὰ κωτικά. — ὁ δᾶμος. — Fr. 35: τῷ σιδάρῳ. — τὸ
καλῶς κισαρίσδην. — Fr. 37: ἁ ξανθὰ Μεγαλοστράτα. — Fr. 38: τὸ κυπαιρίσκω. — Fr. 43: τὸν
ἁμπίλων ὀφθαλμῶν ὀλετῆρα. — Fr. 49: ὁ δᾶμος ἁδέα. — Fr. 52: τῶν φίλων. — Fr. 61: τὸν Φοῖβον.
— Fr. 65: τὸ καλὸν μελίκων. — Fr. 66: τὸν κισαριστάν. — Fr. 70: τᾷ μέλη. — ταῖς συνναυλίαις
— Fr. 76: τὸ Εῖρ. — Fr. 85: Ἀπόλλων ὁ Λύκηος. — Fr. 86: ὁ χωρὸς ἁμός. — Fr. 89: ὁ κάρρων.
— Fr. 95: τὰν Μῶσαν. — Fr. 96: τὸν ἐν Σισαλία. — Fr. 99: τὰ Γὰ κάδεα. — Fr. 100: τὸ νέκταρ.—
Vergleicht man diese Stellen mit der Übersicht, welche Krüger, poet.-dial. Synt. § 50 über den
Artikel bei Homer giebt, so sieht man, dass sich alle Beispiele des alkman'schen Gebrauchs mit
entsprechenden homerischen belegen lassen, abgesehen von dem substantivierten Infinitiv τὸ καλῶς
κισαρίσδην Fr. 35, vgl. Krüger l. l. 6, 3. Trotzdem kann man nicht sagen, dass der Artikel bei

Alkman dieselbe Rolle spiele, wie bei Homer. Bei diesem ist er, wie man deutlich sieht, erst im Entstehen, vielfach noch stark demonstrativ gefärbt; bei unserm Dichter dagegen liegt er völlig ausgebildet vor, und seine Anwendung in jedem einzelnen Falle ist dem Belieben desselben überlassen. Demonstrativ steht der Artikel Fr. 23: τῶν δὲ. — ἁ δέ. — ὁ μέν. — ἁ δέ. — ταί. — τᾶς πίδα. Fr. 31: τῷ δέ; ebenso Fr. 44, also sehr sehr selten im Vergleiche zum Gebrauche als Artikel.

Besondere Betrachtung verdienen noch die Vergleichungen. Unter diesen ist eine mit ἴσα gebildet, nämlich Fr. 36, wo es von einem Halsband heisst: ὑπδενὰν πιτέλοις ἴσα κα‌ίχᾶν. In derselben Weise sagt Homer λ 304: τιμὴν δὲ ἀελόγχασιν ἴσα θεοῖσιν; ähnlich Ν 176: τίε ἴσα τίκασαν und Ε 71. Aber auch ähnliche Vergleichungen hat Homer. So lesen wir η 106 von den neben einander sitzenden Dienerinnen der Arete: ἥμεναι, οἵά τε φύλλα μακεδνῆς αἰγείροιο. Von der grossen Zahl der Soldaten heisst es Β 800: φύλλοισιν ἐοικότις, und auch sonst zieht Homer die Pflanzenwelt zur Vergleichung herbei.

Andere Gleichnisse sind mit ὡς, ὥτε oder ἅτε eingeführt. Fr. 23 steht: ἁ δὲ χαίτα τᾶς ἐμᾶς ἀνεψιᾶς Ἀγησιχόρας ἐπανθεῖ χρυσὸς ὡς ἀκήρατος. Zu der Verbindung ἐπανθεῖ ὡς χρυσός vgl. h. Apoll. D. 135: χρυσῷ δ' ἔρα Δῆλος ἅπασα; ἥνθησε, und dieselbe Stellung von ὡς finden wir z. B. λ 113: κτείνοντα οὕς ὡς ἀρνειόδοντες; ebenso σ 29 und sonst. Alkman führt fort: τό τ' ἀργύριον πρόσωπον κτλ.; er will uns in seinen Versen das von Goldlocken umrahmte Silberantlitz der Agesichora veranschaulichen. Dieses Einfassen des Silbers mit Gold begegnet uns auch bei Homer, vgl. ξ 232. ψ 159: ὡς δ' ὅτε τις χρυσὸν περιχεύεται ἀργύρῳ ἀνήρ ἴδρις κτλ. und ebenso Hes. scut. 224: ἀμφὶ δέ μιν κάβοις ὕφι θαῦμα ἰδέσθαι, ἀργύροῦ, θήσαιεν δὲ κατιχαριόεντο φαεινοὶ χρύσειοι. — Über Fr. 49 und 65 lässt sich nicht urteilen, da sie unvollständig sind. — Fr. 23 sagt der Dichter von der Agido: ὁρῶ ϝ' ὥτ' ἄλιον. Die Sonne dient bei Homer öfter zur Vergleichung, vgl. z. B. Σ 185, wo es von dem Schleier der Here heisst: λευκὸν δ' ἦν ἠέλιος ὥς; ebenso ist ω 148 ein Gewand; ἠελίῳ ἐναλίγκιον ἠὲ σελήνῃ, und θ 45. η 84 lesen wir: ὥστε γὰρ ἠελίου αἴγλη πέλεν ἠὲ σελήνης δῶμα καθ' ὑψερεφὲς Μενελάου κυδαλίμοιο, wo auch die Vergleichungspartikel ὥστε steht. — Fr. 28: ὁῦσαν oder νεῦσαν?) δ' ἄφρακτα νεάνιδις ϝϝ' ὥρυις ἱέρακος ὑπερπταμένω. Über ὄῦσαν stockten sich, wofür ich νεῦσαν vermutete, vgl. Philol. Rundschau III. Jahrg. No. 30 S. 932. Das Wort ἄφρακτος findet sich ebenso bei Homer, vgl. Σ 221: ἄρρηκτον νεᾶθαι -ohne etwas auszurichten-, in unserm Falle hilflos-. Ähnliche Vergleichungen haben wir auch bei Homer, vgl. P755, wo die Achäer vor Aeneas und Hektor fliehen: ὥστε ψαρῶν νέφος ἔρχεται ἠὲ κολοιῶν, οὖλον κεκλήγοντες, ὅτε προΐδωσιν ἰόντα; κίρκον, ὅτε σμικρῇσι φόνον φέρει ὀρνίθεσσιν; ähnlich auch Η 583. Φ 493 wird die vor Here fliehende Artemis mit einer Taube verglichen, die ἔπ' ἱρηκος κοίλην ἐσέπτετο πέτρην. Dieselbe Vergleichung wie Alkman hat Alkäos Fr. 27: ἔπταξαν ὥστ' ὄρνιθες ὠκυν αἴετον ἐξαπίνας φανέντα. Fr. 23 kämpfen Agido und Agesichora: ὅτε σείριον ἄστρον ἀνειρομέναι. Zu ἀείρασθαι sich erheben- vgl. Ψ 501: ἵπποι, ιΰσὅ' ἀείρεσθην und sonst. Die Vergleichung mit den Sternen ist bei den Epikern nicht selten. Ε 5. Ζ 295 und α 108 wird der Glanz der Waffen und Gewänder mit dem der Sterne zusammengestellt. Ζ 401 heisst es von dem Sohne Hektors: ἐναλίγκιον ἀστέρι καλῷ. aber auch den mordenden Achilleus sieht Priamus Χ 26 durch die Ebene daherstürmen: παμφαίνονθ' ὥσ' ἀστέρ'. ὅς ῥά τ' ὀπώρης εἶσιν, ἀρίζηλοι δέ οἱ αὐγαὶ; φαίνονται πολλοῖσι μετ' ἀστράσι νυκτὸς ἀμολγῷ; ὅντε κύν' Ὠρίωνος ἐπίκλησιν καλέουσιν. λαμπρότατος μὲν ὅδ' ἐστί κτλ. Eine Vergleichung ist auch mit οἷα gebildet, nämlich Fr. 38: μάργος δ' Ἔρως οἷα παῖς παίσδει κτλ. Zur Form vgl. z. B. η 72: ἀάλλιστε, οἷά τε ἀιστῆρες. Auch die Vergleichung hat Homer an einigen Orten angewandt; πάις ὡς steht δ 32 und θ 271. Ο 362 ist das Gleichnis ausgeführt: ὡς ὅτε τις ψάμαθον πάις ἄγχι θαλάσσης, ὅσ' ἐπεὶ οὖν ποιήσῃ ἀθύρματα νηπιέῃσιν, ἂψ αὖτις συνέχευε ποσὶν καὶ χερσὶν ἀθύρων. — Aber die Vergleichung mit οἷος bildet manchmal auch einen vollständigen Satz, so Fr. 34 und 48, über die ich schon gesprochen habe.

57

Ein ausgeführtes Gleichnis ist uns in Fr. 23 aufbewahrt. Hier heisst es von der Agido: δοκεῖ γὰρ ἦμιν αὔτα ἐμπρεπὴς τώς, ὤπερ αἴ τις ἐν βοτοῖς στάσειεν ἴππον παγὸν ἀεθλοφόρον καναχάποδα τῶν ὑποπετριδίων ὀνείρων. Die Verbindung ὤσπερ αἰ steht bei Homer und Hesiod nicht; die älteste Stelle, die ich dafür kenne, ist Sophokl. OC. 776: ὤσπερ τις εἰ κτλ.; aber ὤσπερεἰ steht bei Aeschylos, allerdings immer ohne Verb, vgl. Dindorf lexic. Aeschyl. s. v. Die Epiker haben ὡς εἰ und ὡς εἴτε. Dieses ὡς εἰ bezieht Homer auf ein voraufgehendes ὡς in κ 416: δόκησε δ' ἄρα σφίσι θυμὸς ὡς ἐμιν, ὡς εἰ πατρίδ' ἱκοίατο, und ebenda 420: ὡς ἐχάρημεν, ὡς εἴ τ' εἰς Ἰθάκην ἀφικοίμεθα. In diesen Beispielen steht auch, wie in unsern Stellen, der Optativ. Zu ἐν βοτοῖς στῆσαι ἴππον vgl. Θ 435: τρίποδ' ἴστασαν ἐν πυρί. Ω 350: στῆσαν ἄρ' ἡμιόνοις τε καὶ ἴπποις, ὄφρα πίοιεν, | ἐν ποταμῷ. Das Gleichnis selbst erinnert zunächst an Β 480, wo es von Agamemnon heisst: ἠύτε βοῦς ἀγέληφι μέγ' ἔξοχος ἐπλετο πάντων ταῦρος· ὁ γάρ τε βόεσσι μεταπρέπει ἀγρομένησιν· τοῖον ἄρ' Ἀτρείδην θῆκε Ζεὺς ἤματι κείνῳ, ἐκπρεπέ' ἐν πολλοῖσι καὶ ἔξοχον ἡρώεσσιν. Aber noch eine andere Vergleichung schwebte unserm Dichter vor, nämlich ζ 100 flg., wo Nausikaa mit Artemis verglichen wird: πασάων δ' ὑπὲρ ἤ γε (sc. θεά) κάρη ἔχει ἠδὲ μέτωπα ρεῖά τ' ἀριγνώτη πέλεται, καλαὶ δέ τε πᾶσαι· ὡς ἤ γ' (sc. Ναυσικάα) ἀμφιπόλοισι μετέπρεπε παρθένος ἀδμής. Alkman setzte in diesen Gleichnissen an die Stelle des Stieres und der Artemis das stolze Rennpferd, da es sich hier um einen Wettkampf handelt, in dem der Agido die Hauptrolle zufällt. Auch in Anwendung dieses Bildes ging Homer voraus. Z 506 flg. vergleicht er den in den Kampf eilenden Paris mit einem Rosse, das, an der Krippe üppig genährt, sich losreisst und stolzerhobenen Hauptes und flatternder Mähne dahin eilt: μετά τ' ἤθεα καὶ νομὸν ἴππων. Χ 22 jagt Achilleus auf Troja zu: ὥσθ' ἴππος ἀεθλοφόρος σὺν ὄχεσφιν. Die letzten Worte τῶν ὑποπετριδίων ὀνείρων fasst man am besten als Gen. subject., also »wie die beschwingten Träume sie uns zeigen«, d. h. so schön und stattlich, wie man sich einen Renner nur träumen lassen kann, viel schöner als er In Wirklichkeit vorkommt.

Aber auch Vergleichungen ohne Vergleichungspartikeln finden sich bei Alkman. In diesem Fall tritt das vergleichende Substantiv entweder appositiv oder prädikativ zu seinem Nomen. Dem erstern Falle gehört Fr. 23: ἁ δὲ δεντέρα πεδ' Ἀγιδὼ τὸ εἶδος ἴππος ἰβηνῷ κολαξαῖος δραμείται an, dem zweiten Fr. 23: ὁ μὲν κέλης Ἐνετικός, wo das pronominale Subjekt (ἃ μέν) dem Prädikat (κέλης Ἐνετικός) im Genus assimiliert wurde, wie ebenda: ταὶ Πεληάδες γὰρ ἀμίν, sc. εἰσίν. Unsicher ist Fr. 23: μάταν ἀπ' ὡρανῶ (Blass: ἀπὸ θρόνω) λέλακε γλαύξ, das der erstern Art angehört, wenn es richtig ist. Über solche Vergleichungen spricht Kühner, gr. Gramm. II S. 997, 9, jedoch unvollständig. Beispiele solcher Ausdrucksweise finden sich schon bei Homer, vgl. zur ersten Art λ 556: σφὶν πύργος ἀπώλεο. ρ 218: οἴον ἴειπε κύων ἱλοφῶπα εἰδώς. P 615: καὶ τῷ μὲν φάος ἦλθεν, ἄμυνε δὲ νηλεὶς ἦμαρ; so auch Sapph. 42: Ἔρος δαύτ' ἐτίναξε ἐμοὶ φρένας, ἄνεμος κατ' ὄρος δρύσιν ἐμπέσων; zur zweiten Α 284 von Achilleus: ὡς μέγα πᾶσιν ἔρκος Ἀχαιοῖσιν πέλεται πολέμοιο κακοῖο. Θ 282. Λ 797: αἴ κέν τι φόως Δαναοῖσι γένηαι. λ 125. ψ 272: ἐρετμά, τά τε πτερὰ νηυσὶ πέλονται. δ 708: νηῶν ὠκυπόρων ... αἳ θ' ἁλὸς ἴπποι [ἀνδράσι γίγνονται.

Damit schliesse ich die Betrachtung der Sprache und gehe zur Untersuchung des Inhalts über. Von geringerer Bedeutung ist hier die Übereinstimmung in einzelnen allgemeinen Gedanken. Da dieselben meist auch im sprachlichen Ausdruck gleich oder ähnlich sind, so habe ich sie oben schon berührt und brauche hier nicht darauf zurückzukommen. Nur Fr. 63 will ich hier noch erwähnen: πείρα τοι μαθήσιος ἀρχά. Dazu vgl. β 170: οὐ γὰρ ἀπείρητος μαντεύομαι, ἀλλ' εὖ εἰδώς, wo also auch das εὖ εἰδέναι als Folge des πειρᾶσθαι hingestellt wird; ausserdem sind ähnlich die sprichwörtlichen Verbindungen P 32: ρεχθὲν δέ τε νήπιος ἔγνω und Hes. op. 218: παθὼν δέ τε νήπιος ἔγνω. Auch den allgemein üblichen Formeln und Wendungen zu Anfang oder an besondern Stellen der Gedichte kann ich keine grössere Wichtigkeit beimessen. Dahin gehört Fr. 1. 45 u. 59 die Anrufung der Muse zu Anfang des Liedes, Fr. 2 den Beginn mit Zeus, Fr. 19 u. 21 die Nennung

8

mehrer Namen in den Hymnen κλητικοῖς, wie Homer *A* 37 fl. *II* 514 fl. h. Apoll. P. 1 fl. und dazu Baumeister: ebenso Bergk ad h. l. Verschieden vom homerischen und epischen Gebrauch ist Fr. 22, wo der Dichter sagt, dass es sich gezieme, beim Gelage inmitten der Gäste den Päan anzustimmen. Zwar ist auch bei Homer Gelage und Gesang unzertrennlich mit einander verbunden, vgl. *α* 152. *φ* 430. *θ* 99. *ρ* 271, allein hier ist es der Sänger, der die Gäste mit seinen Liedern ergötzt, vgl. *ι* 1 flg. Bei Alkman wird der Päan von allen Anwesenden gesungen; ebenso scheint es bei Archiloch. 76 zu sein — den beiden ältesten Stellen, wo diese Sitte erwähnt wird. Vgl. auch Anast. Maltos, *περὶ τῶν σιμπποσίων*. Athen 1880. S. 91 flg.

Viel wichtiger ist, wie sich der Dichter hinsichtlich der Mythologie zu den Epikern stellte. Die Fr. 1—15 behandeln die Dioskuren. Über ihre Geburt ist in Fr. 8 gesprochen; aber es wird hier nur ihre Mutter Leda erwähnt, so dass es unsicher bleibt, ob Alkman Zeus oder Tyndareos für ihren Vater gehalten oder den einen dem Zeus, den andern dem Tyndareos zugeteilt hat. Ich glaube das erstere, dass nämlich bei unserm Dichter Zeus Vater der beiden war. Dazu bestimmt mich folgendes. In Fr. 8 wird Leda als Tochter des Glaukos bezeichnet, entgegen der gewöhnlichen Sage, die sie von Thestios erzeugt sein lässt. Dieselbe Genealogie der Leda findet sich in den Korinthiaka des Eumelos, vgl. Fr. 6 bei Kinkel. Nach Clem. Alex. Strom. VI p. 207, bei Kinkel S. 180 brachte man dieses Gedicht des Eumelos in engen Zusammenhang mit Hesiod; etweder schrieb man es geradezu Hesiod zu oder glaubte an eine starke Benützung desselben, vgl. Bergk, gr. Litteratur. II S. 68 Anm. 4. Daraus wird es wahrscheinlich, dass diese Genealogie der Leda eben auch auf Hesiod zurückgeht. Wenn aber Alkman hinsichtlich der Mutter dem Hesiod folgte, so glaube ich, dass er es auch wohl hinsichtlich des Vaters gethan haben wird und also mit diesem Zeus als Vater annahm, vgl. Hes. Fr. 115 bei Rzach. Bei Homer ist Tyndareos der Vater beider, vgl. Preller-Plew, gr. Mythol.¹ II. S. 92. Auf dieselbe Quelle führe ich auch Fr. 5. 9 und 12 zurück, wo beide als Rosstummler und Reisige genannt werden. Dies bestätigt einigermassen Stesichorus Fr. 1, das theilweise mit Alkm. 12 übereinstimmt. Bekannt ist ja, dass sich Stesichorus in der Regel an Hesiod anschliesst. Dagegen lesen wir bei Homer *Γ* 237: *Κάστορά θ' ἱππόδαμον καὶ πὺξ ἀγαθὸν Πολυδεύκεα*, vgl. Preller l. l. S. 102. In Fr. 13 wird von der Expedition der Dioskuren nach Aphidnä zur Befreiung ihrer Schwester Helena gesprochen, und der Scholiast zu *Γ* 242 sagt, dass diese Geschichte bei den Kyklikern behandelt sei, wohl in den Kyprien. Daraus hat sie auch Alkman; denn *Γ* 144, wo sie vorausgesetzt wird, ist späteres Einschiebsel, vgl. Preller l. l. S. 113 flg. Von dem Tode der Dioskuren ist *Γ* 236 flg. die Rede: *τοὺς δ' ἤδη κάτεχεν φυσίζοος αἶα ἐν Λακεδαίμονι αὖθι, φίλῃ ἐν πατρίδι γαίῃ*. Dies wird *λ* 301 flg. genauer dahin bestimmt: *τοὺς ἄμφω ζωοὺς κατέχει φυσίζοος αἶα*. wozu noch gefügt wird, dass dieses Leben abwechselnd Tag für Tag stattfinde. Dasselbe berichten die Kyprien, vgl. bei Kinkel S. 18. Hier war wohl auch Therapnae genannt. Alkman folgt in Fr. 4. 5. ihnen. Dagegen muss es unentschieden bleiben, ob unser Dichter den Namen der Geburtsstätte Pephnos aus der Lokalsage oder dem Epos entnommen hat, vgl. Fr. 14.

Fr. 23 behandelt die Besiegung der Hippokoontiden durch Herakles, vgl. auch Fr. 15; aber aus Mangel an älteren Quellen müssen wir das Gedicht hier übergehen. Nur eine treffende Bemerkung Bergks S. 29 muss ich noch anführen: illud imprimis memorabile ab Alemane hic eos potissimum recenseri, quorum memoriam monumenta vetusta Spartae servarunt. Daraus ersehen wir, wie Alkman in solchen Einzelheiten sich ganz nach der lakonischen Lokalsage richtete und sich von seinem Vorbilde, hier wohl Hesiods Katalogus, emancipierte.

Am besten erkennen wir, wie Alkman zu seinem Vorgänger sich stellte, aus den Fragmenten des Gedichts, das die Begegnung des Odysseus und der Nausikaa zum Gegenstande hatte denn hier ist uns eben sein Vorbild Homer erhalten. Die Fragmente hat Bergk unter No. 28—32 zusammengestellt; ausserdem zog er Fr. 14. 54 und 148 hierher. Fr. 28 schildert die Flucht der Mägde beim Erscheinen des Odysseus, vgl. ζ 138; Fr. 29 spricht den Wunsch der Nausikaa aus, Odysseus möchte ihr Gemahl werden, vgl. ζ 244; Fr. 30 lässt den Odysseus dem Alkinoos und der Arete zu Füssen fallen, vgl. η 146; in Fr. 31 macht ihm die Schaffnerin offenbar auf Befehl ihres Herrn Platz, vgl. η 170, wo es allerdings nicht die Schaffnerin, sondern Laodamas ist; Fr. 32 endlich ist ein Stück der Erzählung, die Odysseus bei den Phaaken über seine Fahrt nach Scheria giebt, vgl. ι 277. Alle diese Nachweise hat Bergk gegeben; auch bezieht er ansprechend Fr. 11 und 54 auf die Anrede an Nausikaa und Fr. 148 auf den Schiffbruch, vgl. ε 270. 315. Auch noch andere Fragmente könnte man hierherstellen; so Fr. 42, das dann Odysseus dem Alkinoos antworten würde, als dieser der Nausikaa Vorwürfe darüber macht, dass sie den Fremden nicht selbst mit nach Hause genommen hat: sich blieb freiwillig zurück, da ich nicht wusste, wie du dies aufnehmen würdest; τίς καν, τίς τοκα ῥά ἄλλω νόον ἀνδρὸς ἐνίσποι, vgl. η 306 flg. Fr. 49 kann Nausikaa gesprochen haben, um sich dem Odysseus gegenüber zu entschuldigen, dass sie ihn nicht mit sich nach Hause nähme, vgl. ζ 273 flg. Fr. 52 kann der Rede des Odysseus an Nausikaa angehört haben, vgl. ζ 149. 168. 175. Endlich kann in den Worten des Odysseus auch Fr. 84 vorgekommen sein; denn Ino Leukothea hat ihn ja im Schiffbruche gerettet, vgl. ε 333 flg. Alle diese Fragmente schliessen sich enge an Homer an; allein man darf nicht vergessen, dass eben die meisten derselben gerade wegen dieser Ähnlichkeit uns erhalten worden sind. Daher dürfen wir annehmen, dass auch in diesem Gedichte Alkman seine Selbständigkeit gewahrt habe, trotzdem er im Ganzen und Grossen Homer folgte.

Wie diese Fragmente an Homer, so schliessen sich andere an die Aethiopis des Milesiers Arktinos an. Dahin rechne ich Fr. 30. 44? 53. 55 56 A. B. 68. 69. 88?. Nach dem Tode des Hektor kam Memnon, der Sohn der Eos, den Trojanern zu Hilfe, und der Kampf beginnt von neuem, vgl. Fr. 68 und 44; das letztere ist zwar noch nicht hergestellt, aber der Name Ἀψας == Ἴλας scheint mir sicher zu sein; vielleicht ist zu lesen: τῷ δὲ κύριν θεὰ καττὰν κάραν Ἀψας ἐπιάξεν. Memnon und Achilleus treffen sich; es kommt zum Zweikampf. Zeus wirft die Lose und verteilt die Schicksale, vgl. Fr. 69. Memnon fällt; aber auch Achilleus wird bald darauf von Paris getötet. Nun erhebt sich grosse Klage bei den Griechen, vgl. 40. 53. 55. Hierher gehört wohl auch Fr. 96, da Thessalien das Heimatland des Achilleus ist. Welche Stelle Fr. 56 A. B. in dem Gedichte hatten, lässt sich nicht sagen. Hierher rechne ich auch Fr. 110. 113.

Auch die Nosten des Hagias hat der Dichter, soviel ich sehe, benützt. In diesen bildete die Heimkehr des Menelaus den Mittelpunkt, und Hagias schloss sich dabei enge an den Bericht in der Odyssee an. Nun wird γ 171 die Insel Psyria erwähnt. Diese nannte Hagias jedenfalls auch, und da sie auch Fr. 46 vorkommt, so glaube ich, dass dieses Fragment einer Heimkehr des Menelaus entnommen ist. In diesem Gedichte kann auch Fr. 41 gestanden haben, die Erwähnung, wie Kirke den Odysseus aufforderte, die Ohren seiner Genossen zum Schutze gegen die Sirenen mit Wachs zu bestreichen. Dass dies nicht in einem besondern Gedichte behandelt war, sondern nur gelegentlich angeführt wurde, zeigt der Anfang καί ποτε. Jedenfalls aber schliesst sich Fr. 87 an die Nosten an. Hier wird die Bestrafung des Tantalus, abweichend von Homer, in der Weise erzählt, dass Tantalus an einer reichbesetzten Tafel sitzt, aber durch einen über seinem Haupte schwebenden Felsen am fröhlichen Genusse der Leckerbissen gehindert wird. Dasselbe berichtet Athenäus aus den Nosten, vgl. Fr. 10 bei Kinkel. Auch Archilochos Fr. 53 und Alkäos Fr. 93 dichten so.

Was Alkman Fr. 26 über die Eisvögel sagt, knüpft an Fr. 563 an, vgl. Preller I. I. 248 flg. — Zu Linos, dem jugendlich schönen Zitherspieler, vgl. Hes. Fr. 211. 212 bei Rzach und carm. popul. 2. Auch Homer kennt den Linos bereits, vgl. Preller I. I. I S. 377 flg. — Nach Fr. 100 stimmt Alkman hinsichtlich der Medea mit Hesiod überein; ebenso Fr. 111 hinsichtlich des Akmon.

Dagegen finden wir auch manches bei Alkman zuerst erwähnt, ohne dass wir ihm nachweisen können, dass er es da- oder dorther entlehnt habe. So gebraucht er Fr. 23 zur Bezeichnung des verwegensten Übermutes das Bild: πειρῆτω γαμὶν τὰν Ἀφροδίταν κτλ. Dass jemand wirklich einen solchen Versuch gemacht habe, weiss ich nicht; auch kenne ich diese sprichwörtliche Redensart sonstwoher nicht. Aber die Versuche des Ixion und Peirithoos sind bekannt genug. Von dem letztern sagt Apollodor biblioth. II 5, 12: τὸν Πειριφώρης μνηστευόμενον γάμον. — In demselben Gedicht wird auch zuerst die Artemis Orthia erwähnt. — Fr. 48 nennt unser Dichter die Erse eine Tochter des Zeus und der Selene; ebenso Fr. 62 die Tyche eine Schwester der Eunomia und Peitho, eine Tochter der Prometheia. — In Fr. 58 werden die Rhipäen als στέρνον νυκτὸς μελαίνας bezeichnet, was spätere Dichter nachahmten, vgl. Preller I. l. I S. 387. Anm. 1. — Die gleiche Selbständigkeit zeigen Fr. 102. 103. 104. 105. 109 und 113.

Schillers Besuch in Schwaben 1793—94

und

das Gedicht: „Die Ideale".

Von Prof. *E. Keller*
am Gymnasium zu Freiburg.

I. Die Jahre des Kummers.

Am 22. September 1782 verliess Friedrich Schiller seine schwäbische Heimat. Jetzt war er selbst, wie sein Karl Moor, ein »verlorener Sohn«, der sich nicht einmal zum Troste sagen konnte: »wozu ich mich machen will, das ist nun meine Sache«, sondern »der in einem unbekannten Land, alles Schutzes beraubt, Glück und Unglück von den Diensten seiner Freunde erwartet!«[1])

Götz der Raubritter, Karl Moor der Räuberhauptmann: mit dröhnenden Donnerschlägen kündigten die grossen Führer von Sturm und Drang der verfaulten Gegenwart das Kommen anderer Zeiten an.

Wie das Wirken der beiden Dioskuren, so zeigt auch ihr Lebensgang in manchen Dingen eine wunderbare Verwandtschaft: »Er wollte leben; das einzige Mittel, nicht zu verkommen, war, dass er einer Umgebung entrann, deren Gesinnung für ihn bald eine erstickende Fessel geworden wäre«: so begründet H. Grimm[2]) Göthes Übersiedelung nach Weimar; und Schiller richtete am 4. Juni 1782 an Dalberg den Notschrei: »In diesem Norden des Geschmacks werde ich ewig niemals gedeihen.«

Seine Flucht endete den ersten Akt, die Exposition seines weltgeschichtlichen Lebenskampfes zwischen Denken und Sein. »Er wusste jetzt, was er musste«[3]), und »jede Pflicht,« sagt der Dichter des Goldenen Spiegels, gleichfalls ein Schwabe, der seinem Stamme sich entfremdet hatte, »schliesst ein Recht an alles dasjenige, ohne welches sie nicht ausgeübt werden kann, in sich.«

Jahre sollten vergehen, bis auch die Angehörigen des Flüchtlings einsahen, dass er nicht anders handeln konnte. Vorerst empfanden sie nur den Schmerz um das Verlorene und die Sorge

[1]) Brief an den Intendanten v. Seeger bei Ad. v. Keller, Beiträge zur Schillerlitteratur S. 37 f.
[2]) H. Grimm, im Morgenblatt 1858 S. 390, abgedruckt in den »Essays«.
[3]) Karl Grün, Friedrich Schiller als Mensch, Geschichtschreiber, Denker und Dichter. S. 51.

um die Folgen der Entweichung. Denn gar schön war im Sohn und Bruder die Hoffnung ihnen aufgegangen. Schon nannte der Ruhm seinen Namen, und alle hellen Köpfe unter der schwäbischen Jugend gehörten »zu seiner Sekte«[1]; noch im Jahr 1799 erinnerte sich seine Schwester Christophine, wie sie oft hinter ihm her das bewundernde Wort habe lispeln hören: »Seht, da kommt Schiller«[2]; und wenn die »herzigen« jungen Damen des damaligen Stuttgart mehr literarische Bildung besessen hätten, als der treffliche J. Klaiber[3]) ihnen zugestehen will, so würden sie nicht ohne Erröten nachmals die Schilderung Fieskos gelesen haben: »... unsere Augen schlichen diebisch ihm nach und zuckten zurück, wie auf dem Kirchenraub ergriffen, wenn sein wetterleuchtender Blick sie traf.«

Wohl fehlte es dem glanzvollen Bilde des Dichters der Räuber nicht an Schattenseiten. Seine Thätigkeit als Arzt erweckte manches Bedenken; allerhand nicht gar feine Gedichte waren im Umlauf und schufen ihm — er wusste es[4] — einen Namen wie desjenigen, der den Tempel zu Ephesus verbrannte. Auch sein Leben war nicht ohne Tadel. Der »Liebesmystik dieser jugendlichen, erst ausfliegenden Feuerseele«, wie Scharffenstein sich ausdrückt[5]), schlug mehr als ein weibliches Herz entgegen, so dass die Forschung bis heute nicht sicher weiss, welcher Laura der Dichter seine Oden sang. Aber mehr als das alles ängstigten den wackern Hauptmann die Schulden, in welche die Galanterien, der langentbehrte Genuss der Freiheit und dann der Selbstverlag der Räuber seinen Sohn verwickelten. Es war des Dichters bittere Selbsterfahrung, was er seinen Karl Moor an einer unterdrückten Stelle von den »Kerls« sagen liess, die ihm das Haus eintrippelten, ein paar elende Schulden einzutreiben, »so warm ich ihnen die Hand drückte«. In das damals in allen Ständen wuchernde Hazardspiel jedoch, von dessen Wirkung auf den Jüngling der Vater später erfuhr, kann er nicht allzutief verstrickt gewesen sein, weil sich in den Jugenddramen nur eine einzige Stelle findet, in der es ausführlicher erwähnt wird (Fiesko IV, 14), und weil er in Bauerbach, als er an »Friedrich Imhof« schrieb, sich Bücher, worin von den unglücklichen Opfern des Spiels Meldung geschieht, erst von Reinwald erbitten musste.

Schlimmer war die Spannung, welche der besorgte Vater zwischen dem Herzog und seinem einstigen Zögling immer bedrohlicher sich gestalten sah. Auch nachdem er der Akademie entlassen war, sollte der junge Titane, dessen Wesen nach Streichers Zeugnis[6] »nicht den mindesten Zwang ertragen konnte«, sich geistig und körperlich in die Schnürbrust pressen lassen und dem ewigen Einerlei seines Amtes, einem peinlichen Gamaschendienste sich fügen. Zudem musste er in Stuttgart die Wahrheit des Wortes an sich empfinden, das er nachmals gegen Körner aussprach: »Auch mittelmässige Menschen wirken.«

Der Vater, der selbst in jungen Jahren der schwäbischen Wanderlust nachgegeben, der seinem Sohne jenen Ehrgeiz eingepflanzt hatte, der so manchen Karlsschüler in die Fremde trieb, mochte ahnen, was in der Seele seines Sohnes vorging. »In meinen Adern siedet etwas«, schrieb der Flüchtling im Januar 1783 an seine mütterliche Freundin, Frau von Wolzogen[7]: »ich möchte gern in dieser holprigen Welt einige Sprünge machen, von denen man erzählen soll.« Der Strom des Genies, der in ihm brauste, konnte die Tulpenbeete und Gartenhäuschen an seinem Ufer nicht schonen. Auch ohne die Graubündner Verwickelung und ohne den Arrest wegen der

[1] Reinwalds Brief an Pfunger 14. Juli 1784 in Schillers Briefwechsel mit seiner Schwester Christophine und seinem Schwager Reinwald. Hrg. von Wend. v. Maltzahn. S. 270.

[2] Brief an Schillers Frau 6. Juni 1799 in Schillers Beziehungen. S. 268.

[3] Julius Klaiber, Stuttgart vor hundert Jahren. S. 40 f.

[4] An v. Hoven 1. Febr. 1781 in Hovens Biographie. S. 376.

[5] Scharffenstein im Morgenblatt 1832. S. 231.

[6] Schillers Flucht von Stuttgart. S. 32.

[7] Karoline von Wolzogen: Schillers Leben. S. 30.

zweiten Mannheimer Reise wäre der Bruch mit dem Herzog unvermeidlich gewesen: auf dem schwäbischen Boden war kein Raum für Brutus und Cäsar — ausser etwa, wenn Cäsar den Brutus auf dem Asberg setzte, den man von der Solitude aus drohend herüberblicken sah.

So folgte Schiller mit genialem Vertrauen dem Walten des ›unbeugsamen Fatums‹. Seine Eltern stürzte er dadurch in schweren Kummer, ja die ganze Existenz der Familie war bedroht.[1] Quälender aber war die Sorge, was aus dem Sohne werden solle. Wie glücklich und brauchbar hätte er werden können, wenn er — so schrieb ihm der Vater noch am 31. Juli 1784 nach Mannheim, — ›mehr in der Mittelstrasse hätte bleiben und nicht Epoche hätte machen wollen‹. Der Hauptmann zürnte sogar vorübergehend mit Frau v. Wolzogen, weil sie die Flucht gebilligt hatte.

Auch dem Sohn war die Trennung nicht leicht; denn sein Herz erwiderte aufs innigste die Liebe der Seinigen. Wo ist ein schöneres Denkmal der unverwüstlichen Vatertreue, als die Worte, die er dem alten Moor in den Mund gelegt: ›Verflucht‹ ihn nicht! — Das hat mein Sohn Franz gethan‹. Besonders aber hat den Flüchtling der Gedanke an die Mutter gedrückt, welche die Erinnerung an diese Tage noch nach fünfzehn Jahren schmerzliche Thränen kostete.[2]

Mit dem Entfernten zu grollen war keine Zeit. Die dunkelsten Stunden seines Lebens zwar — da er, mit dem grossen, dem königlichen Blick freilich, den Amalia an ihrem Karl erwartet, jenen Bettelbrief an Dalberg schreiben musste, oder da er auf der Frankfurter Mainbrücke mit Selbstmordgedanken rang[3] — sind den Eltern vermutlich immer ein Geheimnis geblieben: aber was sie aus seinen Briefen abnahmen, was das Gerücht ihnen zutrug, das war betrübend genug. Seine Gesundheit hatte während des zweiten Mannheimer Aufenthaltes, wie er am Neujahr 1784 an Frau v. Wolzogen schrieb, vielleicht auf zeitlebens einen Stoss erhalten; darüber brachten ihn seine wachsenden Schulden in Verlegenheiten, die einmal ›bis zur Desperation‹ gingen. Da hat ihm der Vater mit Rat und That treulich zur Seite gestanden, ihm sogar Geld geschickt, das er selber ›entlehnen müssen‹, und für die Stuttgarter Verbindlichkeiten Bürgschaft geleistet, ›damit Er nicht angefochten wird und desto ruhiger arbeiten kann‹. Schwer war allerdings zu helfen: ›Meine Bedürfnisse in der grossen Welt sind vielfach und unerschöpflich wie mein Ehrgeiz‹, schrieb Schiller am 5. Mai 1784 an Reinwald, und bald nachher drang die entsetzliche Kunde nach Stuttgart, dass er ›der Korporal Frickin ihre falschen Wechsel geschrieben und dass er deswegen in Mannheim arretiert worden‹. Der Hauptmann zwar konnte nicht glauben, dass sein Fritz sich so weit erniedrigt, ›dieser schändlichen Vettel zu ihren Schelmereien behülflich zu sein ; aber wie war wohl der armen Mutter zumute, als in der Hausschneiderei zu Stuttgart dies Gerede sie erreichte! Und wie tief musste das Elend des Dichters sein, wenn solche Gerüchte — nach einem andern war er rasend geworden[4] — über ihn aufkommen und Glauben finden konnten! Da sind die Eltern auf ein ganz unausführbares Hülfsmittel verfallen: sie wollten den Herzog irgendwie zu der Erlaubnis vermögen, ihren Sohn zu sich nehmen zu dürfen, damit er die Auslagen für ›Kost, Logis und Wäsche‹ sparen, seine Gesundheit verbessern, ›die Gelegenheit zu Extra-Depensen vermeiden‹ und seine Studien vollenden könne.

Näher lagen andere Auswege, und der Vater wurde nicht müde, den Jüngling auf dieselben zu lenken. Im Februar 1784 spricht er die Überzeugung aus, es wäre das beste für den jungen Mann, ›wenn Er eine vernünftige, tugendhafte und häusliche Frau hätte und wenn Er hernach

[1] Oskar Brosin, Schillers Vater. S. 74 f. Vgl. (Urlichs) Charlotte v. Schiller und ihre Freunde I. S. 93 und Morgenblatt 1838. S. 882.

[2] v. Roos in Schillers Album 1837. S. 185.

[3] (Urlichs) Charlotte von Schiller. I. S. 93, 540. Friedrich Förster in Th. Körners Leben ·Hempels Ausgabe I. S. 24).

[4] Brief Zumstegs vom 11. Okt. 1783 bei Speidel und Wittmann, Bilder aus der Schillerzeit. S. 34 f.

derselben in ihren guten Anordnungen folgen würde. In der That trug sich der junge Mann mit ähnlichen Gedanken: erst war eine Schauspielerin, die »Demoiselle Baumann«[1], um die auch Iffland sich erfolglos bewarb, das Ziel seiner Wünsche: noch nach sechs Jahren, im Glück seines Brautstandes, schämte er sich dieser »miserablen Leidenschaft«.[2] Ernsthafter wurden die Beziehungen zu Margareta Schwan, obgleich auch hier sein Herz schwerlich ganz in Anspruch genommen war. Briefe an Reinwald und an Frau v. Wolzogen enthielten Andeutungen; in Bauerbach und Stuttgart ging »die Sage«, dass seine Verheiratung bevorstehe oder schon vollzogen sei, und ein Besuch aus Mannheim, der Wirt zum Pfälzischen Hof, bestätigte auf der Solitude, es werde »von der bekannten Mariage gemurmelt«.

Gerade von der Verbindung mit Margareten erwarteten die Eltern, dass sie den Sohn vor manchem schlimmen Einfluss bewahren würde, welchem seine Unerfahrenheit sich preisgab. »Er lässt sich zu sehr von dem Schein einnehmen,« schreibt der Vater am 30. Juni 1784, »schliesst von Seinem eignen guten Herzen auf andre, ohne sie zu prüfen, und am Ende findet sich nicht selten das Gegenteil oder wenigstens mehr Komplimente als Realitäten« ein Urteil, welches der Sohn in einer seiner edelsten Dichtungen noch zu des Vaters Lebzeiten bestätigt hat: in den »Idealen«.

Die Schauspieler verdarben ihn; Frau v. Kalb trübte sein Urteil, jetzt wie einige Jahre später in Weimar; und der Widerstand gegen den bisher ertragenen Druck steigerte sein Selbstgefühl über alles Mass hinaus: hochmütig vernachlässigte und kränkte er den Amtmann Cramer in Altdorf, der einst in Nördlingen des Vaters Freund und Studiengenosse gewesen war; er verletzte Reinwald durch hartnäckiges Stillschweigen, und selbst gegen den Vater erlaubte er sich ungehörige Redensarten und beantwortete seine ernste und schonende Rüge mit Vorwürfen und Ansprüchen, die um so hässlicher waren, als er schon in Bauerbach mit der Miene souveräner Selbstverständlichkeit von den Eltern Geld verlangt und erhalten hatte.[3]

Gewiss hielt der Vater dem Drang der Umstände und dem im Grunde stets guten Herzen seines Sohnes manches zugut und zog die »aussetzenden Pulse« seiner Empfindung, von denen Körner später so schöne Worte geschrieben, sorgsam in Rechnung, von denen Dennoch glaubte er zur Rettung seines Sohnes noch einen Verbündeten anrufen zu müssen: den liebevollen Gott, zu welchem die Schillersche Familie täglich in gemeinsamer Andacht betete, zu dem man auch den jungen Friedrich schon in zarter Kindheit Augen und Hände erheben gelehrt. Man kann gewiss nicht sagen, dass Schillers Jugenddichtungen sich vom christlichen Boden entfernen: aus der Heiligen Geschichte hatte er den Stoff seiner dramatischen Erstlingsentwürfe genommen; die Räuber, zum Teil auch Fiesko und Luise Millerin zeigen die Sprache der Lutherschen Bibelübersetzung in all ihrer Kraft und Schönheit.[4] Moor und seine Gesellen, sogar der Bösewicht Franz, seinen Lästerungen zum Trotz: sie alle glauben an Gott und Ewigkeit, und Mosers Verteidigung der positiven Religion erhebt sich in dem Satze: »Das Schicksal der Menschen steht unter sich in fürchterlich schönem Gleichgewichte« — bis zu den lichten Höhen einer ethischen Weltanschauung, deren Grunde nachmals die unsterblichsten Blüten der Schillerschen Tragik entsprossen sind.

Allein mit dieser frommen Anlage kam der himmelstürmende Trotz des jungen Helden früh genug in Widerspruch. »Ich meine immer, ich müsse das Schicksal zwingen,« gestand er im Rudolstädter Herbste der stillgeliebten Lotte, als der Abschied nahte[5]; und eben diese Vermessenheit schien den Verlockungen der üppigen Stadt leichtes Spiel zu bieten. Darum erhob der Vater immer wieder seine eindringlich warnende Stimme. »Liebster Sohn!« schrieb er am

---

1) Nach Arnold Schloenbach im »Schillerbuch« Dresden 1860. S. 160. Vgl. Urlichs, Charl. v. Schiller I. S. 97.
2) Brief vom 10. Nov. 1789 im Literarischen Nachlass der Frau Kar. v. Wolzogen. 2. Aufl. I. S. 315.
3) v. Maltzahn. S. 37. 53. Vgl. Ber. S. 56.
4) Rob. Bonberger, die Sprache der Bibel in Schillers »Räubern.« Programm der Realschule I. O. zu Erfurt 1867
5) Fiellitz, Schiller und Lotte I. S. 81.

9. März 1784: »die Verlegenheit, in der Er sich dermalen befindet, kommt nicht von ungefähr. Es ist wahrlich ein Werk der höheren Vorsehung, um Ihn von dem allzugrossen Vertrauen auf eigene Kräfte abzubringen, um Ihn mürbe zu machen, damit er allen Eigensinn ablege...« Dann am 23. September redete er ihm tröstend zu, er solle den Mut nicht sinken lassen, sondern »Vertrauen auf Gott fassen, ihn ernstlich mit Beugung des Herzens um seine Hülfe anflehen, sie nicht sogleich erzwingen wollen, sondern unter anhaltender Demütigung erwarten«. Nicht als wäre er ein Anhänger der bequemen Andächtelei gewesen, die mit phlegmatischer Salbung dem Schicksal stillhält; auch hier ist er ganz der Vater seines Sohnes: »Der Mensch,« heisst es in dem Brief vom 31. Juli 1784, »wird wahrlich nicht immer, was die Umstände wollen, sonst wäre er ganz Maschine. Mein lieber Sohn, Er hat noch nie recht mit Sich selber gerungen...«

Endlich brach das Eis. »Zu Thränen des Dankes gegen Gott« wurden die Eltern gerührt, als sie im März 1785 aus einem Briefe die Überzeugung gewannen, »dass Er, unser lieber Sohn, sich von der besonders unter Gelehrten herrschenden Freigeisterei soweit losgewunden habe, dass Er erkenne, wie alles Gedeihen durch den Segen von oben herab kommen müsse«.

Es ist kein Zufall, dass die Schlussworte dieser Briefstelle in feierlichem Zusammenhang in einer der Dichtungen des Sohnes wiederkehren, die ihn gerade bei seinem Besuch in der Heimat beschäftigten: im »Lied von der Glocke«.

Vatersegen geht niemals verloren,« sagt der Räuber Moor. Auch die Saat der Liebe, die Schillers Eltern ausgestreut, begann während dieser Kämpfe aufzugehen und die köstlichsten Früchte zu tragen. Mit innigem Behagen genoss man die Schriften des Dichters, welche dieser nie unterliess auf die Solitude zu senden. Vorzüglich fand der Vater die in der Thalia veröffentlichten »Bruchstücke von Don Carlos ganz ausserordentlich stark durchgedacht und ausgeteilt als das Beste von all Seinen bisherigen Arbeiten«. Schon vorher, im Frühjahr 1784, waren die Räuber in Stuttgart zweimal zur Aufführung gelangt.

Die Freude darüber war den Eltern allerdings vergällt worden: Iffland, der als Gast mitgewirkt, versäumte die Eltern seines Freundes zu besuchen: »das können wir fast nicht verschmerzen«.

Dagegen hat die Mutter mit Christophinen ihn selbst einmal umarmen dürfen. Die von dem Sohne im November 1782 erbetene Begegnung in Bretten scheint zwar nicht zustande gekommen zu sein; wohl aber hat eine vom Vater im August 1783 vorgeschlagene Zusammenkunft im gleichen Städtchen im Frühjahr 1784 stattgefunden. Das beweist ein neu veröffentlicher Brief Streichers.[1]) Wenige Wochen später kam Christophine mit Reinwald nach Mannheim

Nun öffnete die Freundschaft mit Körner dem Dichter eine grössere, sorgenfreiere Zukunft. Die weite Entfernung Leipzigs machte es den Eltern freilich etwas sauer, in den neuen Plan des Sohnes sich zu finden, zumal dieselbe ihren Wunsch, ihn auf der Durchreise in Heilbronn zu sehen, wegen der Kosten nicht erfüllen konnte. Aber der Hauptmann tröstete sich mit der Förderung, welche in der lebensvollen Stadt durch den Umgang mit Gelehrten und andern »wichtigen Männern« zu erwarten stand, und mit inniger Befriedigung liess er sich von dem jungen Betulius belehren, »dass jede Thür sich dem Namen Schiller mit Vergnügen öffnen werde«.

II. Lotte.

In der winterlichen Abgeschiedenheit zu Bauerbach hatte Schiller sich aufs engste an den 22 Jahre älteren Bibliothekar Reinwald in Meiningen angeschlossen. »Sie sind der edle Mann,« schliesst der schöne Morgenbrief aus der Wolzogenschen Gartenhütte, »der mir so lange gefehlt

[1]) Schillers Leben. S. 72. Speidel-Wittmann. S. 26. Vgl. Schwab, Schillers Leben. S. 181.

hat, der es wert ist, dass er mich mit samt allen meinen Schwächen und zertrümmerten Hoffnungen besitze: denn er wird jene dulden und diese mit einer Thräne ehren.«

In dieser Innigkeit konnte die Verbindung der beiden Männer nicht von Dauer sein, weil sie im Grund ihres Wesens verschieden waren. Reinwald hatte widerwärtige Schicksale hinter sich, vor ihm lag eine Zukunft ohne Aussicht, und in der Gegenwart musste er sich »mit den Verdriesslichkeiten eines armseligen Dienstes herumstreiten« und »von bösen Milz- und Lebergnomen« peinigen lassen. Über all dies Ungeschick Herr zu werden, hat ihm nie gelingen wollen. »Der Geist,« klagt er zehn Jahre später, »hängt allzu sehr von seiner Hülle ab, besonders der meinige; es scheint ihm wie den Polypen zu gehen, die sich an etwas anschliessen müssen, mit dem sie ein Ganzes zu sein scheinen oder wirklich sind.«

Wie ganz anders Schiller! Wohl durfte auch er nicht lange ein »Seliger« sein, wie er ihn einmal schildert, »dem es gegeben ward, der Mechanik seiner Natur nach Gefallen mitzuspielen und das Uhrwerk empfinden zu lassen, dass ein freier Geist seine Räder treibt.«[1]) Aber den Standpunkt seines Wallenstein hat er immer behauptet: »Es ist der Geist, der sich den Körper baut.« Als sein Leib unheilbarem Siechtum verfiel, da hat er, wie seine Witwe sagte, »lange nur noch durch seinen Geist gelebt«[2]) und, selber die Parze bezwingend, seine unsterblichsten Werke geschaffen.

Dieser Gegensatz kam zum Ausdruck, als Reinwald um Schillers Schwester Christophine warb. Reinwald erschien am 26. Juni 1781 auf der Solitude und gewann durch seine »ausgedehnte Kenntnis der Menschen« das Herz des Hauptmanns. Diesmal war der Dichter weniger optimistisch als sein Vater: er erhob nachdrücklichen Widerspruch gegen die beabsichtigte Heirat. Allein der Erfolg der unverblümten Warnungen, welche er und Frau v. Kalb, die Reinwald gleichfalls von Thüringen her kannte, nach der Solitude sendeten, wurde durch einen zweiten Besuch des letztern vereitelt, der zur Verlobung führte. Nun blieb dem Bruder nichts mehr übrig, als dem künftigen Schwager die Rücksicht gegen seine Lebensgefährtin aufs eindringlichste ans Herz zu legen. Er bat daher die Schwester, ihrem Bräutigam seine und Charlottens Briefe zu zeigen: »sie werden ihn an die Pflicht erinnern, die er gegen Dich hat, und er wird sich Mühe geben, unsere Besorgnisse zu widerlegen . . . »Er wird das Opfer schätzen, was Du ihm gebracht hast.«

So wurde Christophine Reinwalds Frau. »Da zieht sie hin, Seine Schwester,« schreibt der Vater am 27. Juli 1786, »von unser aller Herzen losgerissen, vielleicht auf ewig unserem Wiedersehen entzogen! Ihr Verlust geht uns sehr, sehr nahe. . . . Nun ist uns alten Eltern die zweite Stütze niedergesunken, und unsrer Freuden werden immer weniger.«

Auch der jungen Frau warteten wenig Genüsse in Meiningen. Gerade unter ihrer nachsichtsvollen Pflege steigerte sich Reinwalds widerwärtige Hypochondrie, und die Leute in Thüringen erschienen ihr kälter als in der unvergessenen Heimat. Da schloss sie sich aufs neue, und jetzt für immer, eng an den Bruder an, der nach Vollendung seines Don Carlos nach Weimar übergesiedelt war. Auch ihn zog das Herz zur Schwester, und im November 1787 hat er sie besucht. Er wollte neue kostbare Empfindungen, Gefühle seiner Kindheit und frühen Jugend am Herzen seiner alten Vertrauten und gewiss auch Genesung von den Folgen der Gemütserschütterung, in welche seine Liebe zu Henriette v. Arnim und dann in Weimar seine neu aufflammende Leidenschaft für Charlotte v. Kalb ihn gestürzt hatte.[3])

Umgekehrt hat Schillers Anwesenheit auch das Verhältnis der beiden Gatten gebessert. Im Jahre 1789 verstand sich Reinwald sogar dazu, mit seiner Frau nach Schwaben zu reisen.

---

[1]) Brief an Körner vom 7. Mai 1785. Briefwechsel I. S. 21.

[2]) Brief an ihre Schwägerin Luise: Urlichs, Charl. v. Schiller I. S. 354.

[3]) Brief an Huber vom 14. Sept. 1787, mitgeteilt von Alb. Cohn in der Deutschen Rundschau XIV. S. 467.

Christophine sehnte sich vor allem nach ihrer Mutter; denn sie als die älteste Tochter hatte von jeher die Sorgen und Leiden gekannt und geteilt, welche auf dem schönen, von Frau v. Simanowiz gemalten Bilde der guten Frau aus der Falte unter den kühn gewölbten Brauen, aus den dunklen Halbringen um die unteren Lider und aus den zuckenden Mundwinkeln herauszulesen sind. Schiller hatte gut reden, wenn er am Neujahrstag 1781 der Schwester schrieb: »Unsere liebe Mutter nährt sich gleichsam von beständiger Sorge. Wenn sie auf einer Seite keine mehr findet, so sucht sie sie mühsam auf einer anderen auf.« Gerade durch seine Flucht, um deren Plan sie allein wusste, wie Königin Elisabeth um die Entwürfe des Don Carlos, war ihre Gesundheit auf viele Jahre erschüttert worden. Nur von Zeit zu Zeit, zumal bei freudigen Eindrücken, liess ihr Leiden etwas nach; ein »schöner Brief des Sohnes konnte ihr Ruhe und Linderung bringen. So hat auch der Besuch des Reinwaldschen Paares vorteilhaft gewirkt: Christophine wusste, wie sie später erzählt, den sorgenden Eltern die Überzeugung beizubringen, dass sie mit ihrem Los zufrieden sei.

Auch ihr Bruder, der eben damals Professor in Jena geworden war, freute sich auf die Zeit, wo er mit dem Beweis seines Glückes die Solitude wieder betreten werde. In wenigen Jahren, bedeutete er der Schwester am 18. August 1789, hoffe er in die Heimat reisen zu können — »und vielleicht geschieht es alsdann in Gesellschaft einer neuen Schwester für Dich und einer guten Tochter, die unsern Eltern Freude machen wird.« Vorläufig sollte der seligmachende Einfluss seiner Lotte sich unbewusst bis nach Stuttgart verbreiten. Sobald aber Frau v. Lengefeld ihre Einwilligung gegeben, flog die Botschaft von seiner bevorstehenden Vermählung zu den Eltern.

Da erhielten Reinwalds von der Solitude einen Brief vom 22. Dezember, worin die liebe Mutter, ihrer äussersten Schwachheit ohngeachtet, selbst noch einige Zeilen beigelegt hatte, in denen sie förmlich von uns Abschied nimmt. Mit tiefer Betrübnis meldet dies der Dichter seiner Braut am 3. Januar 1790. »Meine Mutter ist wahrscheinlich tot . . . Deinen Brief, liebe Lotte, sieht sie nicht mehr; aber einen Brief von mir, worin ich von unser Verbindung schreibe, hat sie wahrscheinlich noch erlebt . . . Sie liebte mich sehr und hat viel um mich gelitten.«

Als am folgenden Tag eine Wendung zum Besseren gemeldet wurde, schrieb er dem Vater die schönen Worte: »Dank sei der gütigen Vorsicht, die uns die liebe teure Mutter unserer Jugend rettet und erhält. Meine Seele ist von Rührung und Dank bewegt.«[1] Auch Lotte schrieb teilnehmend an die Eltern auf der Solitude und bat um ihre Liebe. Der Vater antwortete alsbald, und Schiller berichtete: Lotte ist voll Vergnügen, dass sie Hoffnung hat, ihrem neuen Papa lieb zu werden.« Scherzend schreibt er an die Braut, sie müsse den Wunsch der Eltern, »alle Monate oder alle zwei zu schreiben«, erfüllen: »Du brauchst nichts als über die Wirtschaft und über die Vorsehung zu schreiben; die Vorsehung ist auch dort ganz erstaunlich am Brett -- nämlich wie bei der *chère mère*, über deren Vorsehung das übermütige Paar auch wohl sich lustig macht.«

Nicht ohne zart fürbittenden Tadel geht Lotte in den Scherz ein. »Der Brief des Papas hat mir rechten Spass gemacht; dass er mich lieb gewinnen wird, hoffe ich. Er ist doch gar artig und galant und sagt mir die schönsten Sachen, dass er immer an mich gedacht hätte und dass ich ihm gefallen habe.« Denn der Hauptmann erinnerte sich so gut wie seine Tochter Christophine Lotten schon einmal gesehen zu haben: als Frau v. Lengefeld mit ihren Töchtern und Herrn v. Beulwitz in die Schweiz reiste, hatte Frau v. Wolzogen sie am 5. Mai 1783 auf die Solitude geführt und mit dem Intendanten und seiner Familie bekannt gemacht, wie denn die Gesellschaft auf der Rückreise in Mannheim auch Schiller kurz besuchen hat. — Mit erhobenem Finger neckt sie fortfahrend den künftigen Eheherrn, der bis jetzt ein so schlechter Wirtschafter gewesen war: »Deine Gehülfin (so hatte der Vater sie bezeichnet) wird durch ihre Talente sich schon

---

[1] Boas, Nachträge zu Schillers sämtl. Werken II. S. 440.

kennen lernen lassen.« Ja sie hat, wie ein Blick in Schillers Kalender beweist[1]), auch das in Schiller selbst schlummernde ökonomische Talent zu wecken verstanden.

Die Grundlage zu gedeihlichem Haushalt und zu angenehmer Stellung durften die Liebenden noch vor der Hochzeit als gesichert betrachten. Frau v. Lengefeld, die um Schillers willen auf eine äusserlich glänzendere Versorgung ihres Lieblings verzichten musste, sorgte trotz ihrer nicht allzu günstigen Vermögensverhältnisse für eine unerwartet reiche Aussteuer; der Herzog von Meiningen verlieh Schiller ein der *chère mère* und dem Hauptmann besonders erfreuliches Hochzeitsgeschenk: den Hofratscharakter, »so dass ich meiner Frau doch wenigstens einen anständigen Rang zu bieten habe und das, was sie verliert, weniger fühlbar wird«; und der Herzog von Weimar überwies ihm eine Zulage von 200 Thalern in einer Weise, welche den Wert der Gabe erhöhte und den jungen Professor aufs neue an Jena fesselte. Wenn aber dieser den Gedanken, einige Jahre in Rudolstadt den neuen Angehörigen und der Vollendung des »Abfalls der Niederlande« zu leben, stillschweigend aufgab, so geschah es nicht bloss aus Dankbarkeit gegen Karl August, sondern vor allem um des Vaters willen, dessen Herz daran hing, den Sohn in fester und sicherer Stellung zu wissen; denn die Wünsche des inniggeliebten alten Herrn suchte er stets nach Kräften zu erfüllen.[2])

Überhaupt sind Eltern und Schwestern dem Herzen Schillers immer nahe gestanden. Er bittet den Vater am 7. Januar 1790, ihm die Nanette zu schicken, um, wie er Christophinen schreibt, etwas für ihre Bildung zu thun und seiner künftigen Frau und Schwägerin durch sie Freude zu machen. Dass die Eltern an seiner Vermählung nicht teilnehmen konnten, beklagte er wiederholt; doch beruhigte ihn die Zuversicht, dass die Nachrichten von seinem Glück die Genesung der Mutter beschleunigen würden.

Gerade um diese Zeit war die Kranke in grösserer Gefahr als je. Man befürchtete ihre baldige Auflösung oder eine Auszehrung. Lange Zeit musste Schiller, weil kein Brief kam, den schlimmsten Befürchtungen Raum geben, bis endlich am 6. März der Vater in trostloser Stimmung schrieb: Sie ist sehr krank . . . Gott stehe ihr und uns allen bei! Noch gegen Ende April hörte man von keiner entschiedenen Besserung; nur leise wagte Christophine noch zu hoffen.

Dennoch geschah »das Wunder«. Am 1. Mai 1790 konnte der Vater »zum Lobe Gottes melden«, dass sie um ein Beträchtliches besser sei — eine für die Geschwister und für Lotte »unaussprechlich freudige Nachricht«. Sofort fasste Schiller den Vorsatz, die Mutter wieder zu sehen. »Auch Lolo und Dich« schrieb er an Karoline, muss sie noch sehen, und mein Vater muss Euch seine Artigkeit ins Gesicht sagen.« — Es lässt sich denken, mit welcher Freude auf der Solitude und besonders im Herzen der armen Dulderin diese Ankündigung aufgenommen ward.

Jetzt erst wurde Schiller seines jungen Eheglückes froh. Was er zwei Jahre zuvor, als eben die Hoffnung auf Lottens Besitz in ihm aufdämmerte[3], an Körner geschrieben: Ich muss ein Geschöpf um mich haben, das mir gehört, das ich glücklich machen kann und muss, an dessen Dasein mein eigenes sich erfrischen kann«: das war zur Wahrheit geworden; er war gelandet auf der »glücklichen Insel«, gefunden war der treue Spiegel, »der meine Seele ganz empfängt und ganz sie wiedergiebt.«[4])

Ihr, seiner Lotte, zum »Rätsel seines Lebens« den Schlüssel in die Hand zu geben, bot ihm die Vorbereitung der Gesamtausgabe seiner Werke, die ihn damals beschäftigte, die schönste Gelegenheit: die Geschichte seines Geistes, für welche er Bausteine und Belege sammelte, wie das Graff-Müllersche Bild und Körners Kompositionen zu den Räubern und zum »Lied an

[1]) Vgl. auch Kuno Fischer, Fr. Schiller. Akad. Festrede. S. 31.
[2]) Göritz im Morgenblatt 1838. S. 887.
[3]) Fulda, Leben Charlottens v. Schiller. S. 20.
[4]) Aus einer unterdrückten Scene des Don Carlos bei Fichte I. S. 119.

die Freude«, war gewiss nicht für die Öffentlichkeit bestimmt[1]: sie sollte eine Morgengabe sein, die sein junges Weib zunächst mit dem Boden, dem er entwachsen, bekannt machen sollte.

Das ungetrübte Glück der nächsten Monate ergoss auch über Rudolstadt und Meiningen und besonders über die Solitude seinen Schimmer. Mit welchem Wohlbehagen mögen Lottens Schwiegereltern und Schwägerinnen ihre herrlichen Briefe gelesen haben![2] Wie selig-dankbar mag Schiller gewesen sein, wenn er diese Scenen sich ausmalte! Wie verstand sie nicht den vergrämten Reinwald zu fassen, so dass es ihn immer wie ritterliche Galanterie überflog beim Gedanken an die ›liebe sanfte Frau‹; denn so wie sie hatte wohl noch niemand mit dem freudelosen Manne gesprochen.

Im Sommer 1790 besuchten Reinwalds das junge Paar in Jena. Doppelt lebhaft regte sich nun der Wunsch, auch die Familie auf der Solitude zu sehen. Von dem beispiellosen Erfolge seines Damenkalenders mit dem Dreissigjährigen Krieg erwartete Schiller eine Umstimmung des Herzogs von Württemberg: »Auch vor seine Ohren muss es endlich kommen,« schrieb er am 29. Dezember 1790 an den Vater, »dass ich ihm im Auslande keine Schande mache.« Fortan tauchten Entwürfe einer ›Reise ins Reich‹ immer wieder auf und fanden in Schwaben um so mächtigeren Widerhall, als die Hoffnung, dass Schiller einen Ruf nach Tübingen erhalten werde, bald wieder schwand.

Aber die schöne Aussicht, von welcher der Vater schon einzelnen Bekannten sprach, wurde plötzlich getrübt. Im Januar 1791 erkrankte Schiller schwer; als er sich erholte, blieben Beklemmungen und Seitenstechen zurück, und er ahnte, was diese Übel bedeuteten: »Ich mag es hier niemand sagen,« schrieb er von Rudolstadt aus am 10. April seinem verschwiegenen Körner, »was ich von diesem Umstande denke; aber mir ist, als ob ich diese Beschwerden behalten müsste . . . Mein Gemüt ist heiter, und es soll mir nicht an Mut fehlen, wenn auch das Schlimmste über mich kommen wird. Das ist schon jene feierlich-schwermütige Stimmung, in der er drei Jahre später Göthes Freundeshand mit dem düstern Wort ergriff, dass ›die letzten Gefährten auf einer langen Reise sich immer am meisten zu sagen haben«.

Im Mai erneuerte sich der Anfall mit furchtbarer Gewalt: der Kranke nahm schon Abschied von den Seinen.[3] Lottens rührend treue Pflege, in welcher die Schüler ihres Gatten ihr aufopfernd zur Seite standen, rettete im Bund mit der Kunst der Ärzte das teure Leben. Trost und Belohnung schöpfte die wackre Frau aus der allgemeinen, ungeheuchelten Teilnahme, aus der herzlichen Dankbarkeit Schillers, von welcher Grass einen so ergreifenden Zug erzählt[4]), und aus den warmen Dankbriefen Körners, Christophinens und des fernen Vaters. Trotz einer Kur in Karlsbad erneute sich der Anfall im Januar 1792, und Schiller begann eine regelmässige Wiederkehr des Leidens in dieser Jahreszeit zu fürchten; sobald jedoch die Krankheit sich legte, trat der Vorsatz einer Reise in die Heimat immer wieder in den Vordergrund.

Eine vom Vater angeregte Begegnung in Nürnberg genügte beiden Teilen nicht. Dafür baten Schiller und Lotte in einem Brief vom 10. August 1792, dass die Mutter, welche sich jetzt gesunder fühlte als je zuvor, zu ihnen nach Thüringen kommen solle: Schiller wollte einen Teil der Kosten tragen. Je schwerer die guten Leute die Sorge um Schillers Befinden gedrückt hatte — Nanettens erstes ›Briefgen‹ giebt uns ein Bild davon —, um so grösser war die Freude über die Einladung, und trotz mancher Bedenken wurde die Reise beschlossen. Nanette sollte die Mutter begleiten, Luise daheim die Haushaltung führen. Sie und der Vater fanden sich freilich mühsam in ihre Rollen; letzterer schrieb am 25. August: »Mir schneidet es hart ein, dass ich nicht auch

---

[1] Wie der Vater (Bez. 79) und nach ihm z. B. Joachim Meyer (Neue Beiträge. S. 42) annahm.

[2] Boas II. S. 459. Url. I. S. 342 f. Die meisten sind leider verloren.

[3] Rundschau XIV. S. 472. Url. I. S. 335.

[4] Url. III. S. 156. Schillers nachmalige Wettschlagung: Url. II. S. 15.

die Freude haben soll, nach einer Zeit von zehn Jahren meinen einzigen lieben Sohn und seine vortreffliche Gattin zu sehen und zu umarmen; denn bei meinem Alter von bald 69 Jahren ist es sehr zweifelhaft, ob wir uns auf der Welt je wiedersehen.«

Nanette war noch ein Kind gewesen, als ihr Bruder der Heimat den Rücken kehrte. Mit besonderer Spannung mag darum gerade sie gelauscht haben, wenn Briefe vorgelesen wurden oder Fremde kamen mit Grüssen und Nachrichten vom »Professor Fritz« und seiner schönen guten Frau. So war schon im Frühjahr 1789 Magister Seyffer von Jena eingetroffen; bald nachher brachte Herr v. Beulwitz, der mit den Prinzen von Rudolstadt in die Schweiz reiste, einen dicken Brief von Jena mit. Ein Jahr später kam Professor Paulus, der gleichzeitig mit Schiller nach Jena berufen und mit ihm ebenso befreundet war, wie seine Frau mit Lotte, in die schwäbische Heimat nach Leonberg und besuchte mit seiner Gattin unzweifelhaft auch die Solitude. Dann erschien im Sommer 1791 ein alter Bekannter des Hauses, Wilhelm v. Wolzogen, und seitdem er mit der Gräfin Franziska »wegen Fritzen gesprochen«, glaubte der Hauptmann seinen Herzog weit gnädiger zu finden, als seit acht Jahren. Noch ging Wolzogen unstät ab und zu, als der Livländer Gustav v. Adlerskron in Stuttgart sich niederliess, um seine in Jena begonnenen Studien auf der Karlsschule fortzusetzen. Er war während Schillers Krankheit seinen Damen »ein wahrer Trost« gewesen; er wurde es auch den Leuten auf der Solitude, welche er, getreu dem Versprechen, das er Lotten gegeben, öfters besuchte: als einmal die Schreckenskunde von Schillers Tode sich verbreitete, suchte er gegen seine eigene Befürchtung sie zu beruhigen und im schlimmsten Fall vorzubereiten und zu trösten, bis endlich die ersehnte Freudenpost einlief von der überstandenen Gefahr.[1] Dafür hat Mutter Schiller sich, so gut es ging, um seine Wirtschaft angenommen und über ihn auch wohl nach Jena Bericht erstattet.

So hatte man all die Jahre her mit dem lieben Professorenhaus zu Jena Fühlung behalten. Und nun sollten diese Räume sich selbst aufthun: Mutter und Schwester sollten die Teuern, deren Medaillons man vor einem Vierteljahr empfangen und trotz ihrer mangelhaften Ausführung mit stolzer Freude den Gästen gezeigt hatte — sie sollte man sehen von Angesicht zu Angesicht!

Unter Zurüstungen zur Reise verging Nanettens fünfzehnter Geburtstag. Am 9. September fuhren Mutter und Tochter auf der Diligence ab. Am 11. waren sie in Nürnberg, wo sie den Wagen des Sohnes und Briefe von ihm vermuteten. Statt dessen flog seine Sehnsucht und sein glänzender Name ihnen entgegen. Noch nach neun Jahren erzählte die Mutter: »Wo ich meinen Namen angab, wurde ich gefragt, ob Hofrat Schiller ein Verwandter von mir wäre, und ich wurde deswegen mehr geehrt.«

Sie war eine Mutterfreude redlicher verdient. Durch ein siebenjähriges Siechtum und dann durch eine Krankheit, welche sie wiederholt an den Rand des Grabes brachte, hatte sie die Grösse ihres Sohnes bezahlt. Und wer wollte ihre stillen Thränen um den verlorenen Sohn nachrechnen, wer all die qualvollen Stunden, welche ihr der Gatte bereitete, wenn er in rastlosem Eifer des Berufes und in seinem tiefen Kummer gegen seine Angehörigen und besonders gegen sein Weib ungerecht wurde? »Sie musste manches ertragen, was niemand wusste,« berichten Christophinens Erinnerungen.

Jetzt war ihr Erntetag gekommen. Sie sah ihren Liebling wieder; sie sah ihn im Besitz seiner Lotte glücklicher als er selbst je zu werden gehofft. Auch er empfand eine unbegrenzte Befriedigung. »Die grosse Reise, schlechte Witterung und Wege haben ihr nichts angehabt,« schrieb er am 21. September an Körner: . . . »nach so viel ausgestandenen Krankheiten und Schmerzen sieht sie sehr gesund aus. Es freut mich sehr, dass es sich so gefügt hat, dass ich sie bei mir habe und ihr Freude machen kann.«

[1] Bd. III. S. 78 f.

Wohl mochte Schiller und noch mehr Lotte über manche nicht ganz weltmännische Ansicht der guten alten Dame lächeln; über manche Arglosigkeit, zu der sie in ihrem »hohen Mutterstolz und Schwiegermuttergefühl« sich verirrte, musste man hinwegsehen, ohne dass man je ein Wort darüber verloren hätte[1]; die gute treue Meinung lag ja am Tage, und Lottens edles Herz urteilte nicht nach dem äussern Schein. »Dies ist Liebe,« hatte sie einst ihrem Bräutigam geschrieben, »die Menschen so zu lieben, wie wir sie finden, und haben sie Schwachheiten, sie aufzunehmen mit einem Herzen voll Liebe.«[2]

Die wenigen Wochen wurden ganz dem Genusse der Vergangenheit und Gegenwart gewidmet. Man führte die Gäste zu befreundeten Familien und reiste mit ihnen auch auf zehn Tage nach Rudolstadt. Dort wurde die Bekanntschaft mit Frau v. Lengefeld und mit dem Beulwitzschen Paare aufs neue geschlossen. Die Mutter erzählte von alten und neuen Freunden, von Adlerskron und Hoven, und Nanette gewann sich alle Herzen durch ihre idealische Schönheit und ihr kindliches Wesen, sowie durch die hübsche Art, wie sie Stellen aus ihres Bruders Gedichten deklamierte. »Wir alle sind vergnügt,« schrieb Schiller nach der Rückkehr von Rudolstadt am 4. Oktober an Körner, »und die dauerhafte Gesundheit meiner Mutter macht mir die Trennung von ihr leichter.« Auch Lotte schrieb in freudiger Ausführlichkeit ihren Freundinnen Dora Stock und Frau v. Stein von ihrem Besuch, und letztere lud die Damen zu sich nach Kochberg ein, eine Freundlichkeit, die nicht ganz ohne Bedeutung war: Schillers Mutter war in die grosse Welt, sie war in die Geschichte eingeführt.

In Meiningen, wohin die beiden Frauen dem Reiseplan gemäss am 10. Oktober[3]) sich begaben, erwarteten sie minder ungestörte Eindrücke. Christophine war natürlich die liebevollste Wirtin; sie brachte ihre Mutter sogar zur Herzogin, welche die alte Frau persönlich durch mehrere Zimmer im Schlosse führte. Die Marbacher Bäckerstochter war eine wichtige Erscheinung geworden in der Welt. Auch Reinwald that, »was er konnte«, obwohl er — so meinte die Hauptmännin in ihrem Reisebericht an Lotte — nicht der Mann sei, »der einen viel zu unterhalten weiss«. Auch erstattete er dem Schillerschen Paare Mitteilung über das Befinden seiner Gäste und liess es sich angelegen sein, den Champagner, welchen Schiller ihm durch die Mutter geschickt, mit Rücksicht auf die Gesundheit seiner »lieben Frauen« allein auszutrinken.

Ohne Unfall kamen die Reisenden heim. »Wir weinten alle miteinander vor Freuden bei der glücklichen Ankunft und bei Erzählung Deines so liebevollen Empfanges in Jena,« meldete Luise dem Bruder, der besonders für sie der Mutter reiche Geschenke mitgegeben: Stoff zu einem Seidenkleid und Reisegeld, damit auch sie ihn und die Schwägerin besuchen könne.

Mit inniger Zufriedenheit blickten auch Schiller und Lotte auf die frohen Herbsttage zurück. Letztere erkannte in der glücklich bestandenen Reise ein neues merkwürdiges Beispiel, was die weibliche Zärtlichkeit zu thun vermag. Und Schiller schrieb gleichzeitig an Christophine: »Dass unsre gute Mutter eine so höchst beschwerliche Reise unternommen und sie so heldenmässig überstanden hat, ist mir ein unbeschreiblicher Trost. Es ist mir jetzt ordentlich, als ob wir (einander) noch einmal so nahe wären, weil doch nun das Beispiel gegeben ist, dass man zusammenkommen kann.«

Das war echt Schillersche Auffassung, und die ganze Familie zeigte sich von diesem Geiste beseelt. Der briefliche Verkehr nimmt ein rascheres Tempo an. Mutter Schiller schickt Lotten, weil sie so gerne »Päckle« aufmache, zu Weihnachten einen warmen Leibrock, den Luise für ihren Bruder gefertigt; Reinwalds stellten für den nächsten Sommer ihren Besuch in Aussicht, und

[1]) Görlitz im Morgenbl. 1838. S. 899: gewiss noch hier übertreibend.
[2]) Url. I. S. 187.
[3]) Das Datum nach v. Hoven. S. 378 f. Urlichs, Briefe an Schiller. S. 151.

Schiller gedachte, wenn Luise nach Jena komme, sie ganz zu behalten[1]), wie er es früher mit Nane vorgehabt. Denn für die Pflege Schillers, der sich im Frühjahr abermals leidend fühlte, bedurfte Lotte eines Beistandes, da auch ihre Gesundheit manchfache Schwankungen zu zeigen begann. »So bringe ich also in diesem glücklichen Sommer meine zwei lieben Schwestern zusammen,« schrieb er in heller Freude nach Meiningen; Lotte sorgte, ihre Gäste in der Nachbarschaft gut unterzubringen und organisierte mit strategischer Umsicht das grosse Treffen so, dass Luise über Meiningen gehen und Reinwalds mitbringen sollte.

Aber Reinwalds kamen allein: eine Unpässlichkeit der Mutter hatte Luisens Reise vereitelt. Ein anderes Projekt trat an die Stelle des gescheiterten.

III. Die Reise ins Reich.

1. Hellbronn.

»Zwischen Weimar und Palermo hab' ich manche Veränderung gehabt,« sagte Göthe im Empfangssaal des Vizekönigs von Sicilien einem Malteser, der sich verwunderte, in ihm den Dichter des Werther zu sehen. Auch in Schiller hatte sich seit jener unfreundlichen Herbstnacht, in welcher er unter fremdem Namen seine »Entschwäbung« vollzog, gar manches verändert. Damals waren ihm, wie er am 4. Juni 1782 an Dalberg schrieb, »Stuttgart und alle schwäbischen Scenen unerträglich und ekelhaft - - und schon am 23. März 1788 nahm er sich gegen Wilhelm v. Wolzogen, dem es in Stuttgart nicht behagen wollte, seiner Heimat und »der gutartigen und kraftvollen Rasse der Schwaben« lebhaft an. Als Schwan mit seiner Tochter nach Stuttgart reiste, schrieb er ihm am 2. Mai desselben Jahres: »Die Schwaben sind ein liebes Volk, das erfahr' Ich jemehr und jemehr, seitdem ich andre Provinzen Deutschlands kennen lernte.«[2])

In Jena nährte er im stillen den Wunsch, im Vaterlande angestellt zu werden[3], und es umgab ihn und Lotte ein ziemlich ausschliesslicher »Klub von Schwaben«, auf die er viel hielt: Professor Paulus aus Jena, dann Niethammer, Rapp, Göritz und Gros, in welchem er für seinen geliebten Fischenich einen Ersatz zu finden hoffte. Und als im Jahre 1810 sein Sohn nach Stuttgart reiste, sagte sich die verwitwete Mutter zum Troste, ihr entschlafener Gatte selber würde es gewollt haben, »dass Karls erster Ausflug aus seiner Familie in das Vaterland sein sollte, welches er so liebte.«[4])

Diese Anhänglichkeit fand warme Erwiderung. Nicht nur in der Heimat machte Schillers Jenaer Antrittsrede »Sensation« und wurden seine Werke mit »Enthusiasmus« gelesen: fern im Kapland verschlangen die heimwehkranken schwäbischen Offiziere und Soldaten die »Schriften vom lieben Fritzen«.

Die thüringische Reise der Mutter verbreiterte die Brücke zwischen der Heimat und ihrem grossen Sohn. Er gab ihr Briefe mit an Hoven und Elwert, und beide stellten dem Jugendfreunde das dringende Bedürfnis einer Kur im Heimatlande vor: der eine in Teinach, der andere in seinem Wohnort Cannstatt.[5])

Mit gewohnter Thatkraft erfasste der ganze Schillersche Kreis diesen Plan. Gegen die Mitte des Juni 1793 reiste Karoline v. Beulwitz nach Cannstatt in Elwerts Pflege, und Schiller

---

[1] Hennes, Andenken an Fischenich. S. 28 bezw. Fischenich u. Charl. v. Schiller. S. 234 Körner III. S. 77. Gödeke z. d. St. nennt irrtümlich Nanette.
[2] Blatt 4 des bei Götz, Geliebte Schatten nachgebildeten Briefes; vgl. Döring. Schiller-Briefe I. S. 222 f.
[3] Göritz im Morgenblatt 1838. S. 899.
[4] Urlichs, Charl. v. Schiller I. S. 363.
[5] v. Hovens Biographie. S. 378, Urlichs, Briefe an Schiller. S. 149—153.

und Lotte kündigten schon am 5. Juni den Eltern die Absicht an, ebenfalls ein schwäbisches Bad zu besuchen; zehn Tage später antwortete der Vater mit all der Rührung, »deren Eltern bei so vielen Beweisen zärtlicher Liebe ihrer guten Kinder fähig sind«: er fühlte, dass sein Sohn weniger nach dem Bad als nach der Freude des Wiedersehens verlangte, von welcher er wie Körner und Fischenich und wie Frau v. Stein und Frau v. Kalb einen gesegneten Einfluss auf das Befinden des jungen Paares erwartete.

Am 1. Juli machte Schiller gegenüber dem Freunde, auf dessen Umarmung er der schwäbischen Reise zu lieb verzichten musste, die berechtigten Ansprüche seines Vaters geltend: »Ich bin ihm diese Liebe schuldig. Er ist im Oktober 70 Jahre alt, und also lässt sich mit ihm nichts aufschieben.«

Viele Jahre später erzählte Lotte, wie er »mit heisser Sehnsucht« stets seiner Familie gedacht. »Er wiederholte sich in der Phantasie die häuslichen Freuden, dachte sich gern die Mutter, wie sie allen Verrichtungen des Hauswesens sich unterzog.« — »Er hing,« berichtet sie weiter, »mehr an der Mutter als am Vater, weil sie ihm gleicher war in ihrem Streben und Wirken und Neigungen.«

Und seitdem man wusste, dass Lottens erste Niederkunft in wenig Monaten zu erwarten stand, winkte doppelt verlockend das in der Heimat lachende Glück. »Ich werde,« schrieb Schiller am 17. Juli nach Dresden, »zugleich die Freuden des Sohnes und des Vaters geniessen, und es wird mir zwischen diesen beiden Empfindungen der Natur innig wohl sein.«

Die ahnungsreiche Aussicht mussten die Freunde teilen: am 23. Juli schrieb Herzog Karl August aus dem Feldlager vor dem eben zurückeroberten Mainz, um Lotten mit liebenswürdiger Anzüglichkeit »Glück zu ihrer bevorstehenden Campagne zu wünschen.«[1]

Schon um die Jahreswende hatte Schiller zweimal an den Herzog von Württemberg geschrieben, um die Erlaubnis zur Heimkehr zu erwirken; als keine Antwort erfolgte, legte der Vater seinem Brief vom 15. Juni den Entwurf eines Bittschreibens an den Herzog bei, der, wie beide wussten, demütig gebeten sein wollte; aber der Dichter sträubte sich gegen eine weitere Selbstverleugnung: er zog vor, seinen Wohnsitz zunächst in der Reichsstadt Heilbronn aufzuschlagen, wo er an dem vielgenannten Dr. Gmelin für seine Frau den besten ärztlichen Ratgeber zu finden dachte.

Längst gewohnt, seine Wünsche den Gründen seines Sohnes bescheiden unterzuordnen, fand der Hauptmann diese Wahl »sehr überlegt«. Er zog in Heilbronn und Stuttgart Erkundigungen ein, namentlich über Dinge seines Gebietes, wie Wohnungspreise und Frachtsätze; zur Führung des Haushaltes sollte Luise nach Heilbronn kommen.

Die Ungeduld der Kindesliebe und Lottens Zustand litt keinen Aufschub: alles, selbst das Zusammentreffen mit Körner und die Gesamtausgabe der Gedichte[2]), wurde hintangesetzt; am 2. August ungefähr begann die Reise.

In Nürnberg, wo man am Abend des 4. August anlangte, fand man Baggesen, der mit seiner Familie und mit Wielands Tochter Lotte auf dem Weg in die Schweiz war. Schiller hatte der Gesellschaft Briefe von Reinhold und eine kleine Büste Wielands für Lavater nachgebracht. »Der Schiller war allerliebst,« schrieb Baggesen von Bern aus an Reinhold.[3]) »Er ist mir immer lieber und lieber geworden. Wir machten die Reise von Nürnberg nach Ausbach, von da nach Feuchtwang zusammen — unmöglich kann man simpler, freundschaftlicher, humaner sein als er während der Zeit war.« Kein Wunder: Schiller war in der seligsten Stimmung, und in dem dänischen Empfindungsschwelg begrüsste er zudem den glühendsten Vertreter jenes Augustenburg-Schimmelmannschen Kreises, der vor zwei Jahren seinen wankenden Glauben an Menschheit und Glück durch eine der seltensten und segensreichsten Thaten wieder befestigt hatte.

[1] (Emilie v. Gleichen-Russwurm) Karl Augusts erstes Anknüpfen mit Schiller No. 6.
[2] Joachim Meyer, Neue Beiträge. S. 37.
[3] Jens Baggesens Briefwechsel mit Reinhold und Jacobi I. S. 281.

Am 8. kam Schiller mit seiner »Lotte« wohlbehalten in Heilbronn an, und am folgenden Tag, auf die erste Nachricht, eilte der Hauptmann mit Luisen seinen seit elf Jahren entbehrten Sohn und »unsre teure Lotte« zu umarmen.

Auf die Schilderung dieses Wiedersehens dürfen wir verzichten; Brosin hat es, wie alle Beziehungen des Dichters zum Elternhause, mit liebevoller Hand gezeichnet.

Luise blieb in Heilbronn; der Vater war am Abend des 10., sehr ermüdet, wieder auf der Solitude. »Der guten Mama habe ich mit meiner Erzählung eine unbeschreibliche Freude gemacht,« schrieb er am andern Morgen und machte gleichzeitig eine Eingabe an den Herzog, in welcher er demselben die Erlaubnis zur Heimkehr des Sohnes abzulisten suchte. Aber Karl Eugen übersah, freilich ohne Übelwollen, den Wink des Hauptmanns.

Jetzt erst, am 16. August, richtete Schiller, da ihn der Vater auf die Etikette der Reichsstadt aufmerksam gemacht, das von Schwab in den »Urkunden« mitgeteilte Schreiben an den Amtsbürgermeister, um sich und die Seinigen »dem landesherrlichen Schutz eines hochachtbaren Magistrats zu empfehlen«. Der letztere entsandte in freundlichem Entgegenkommen den Senator Schübler, »dem Herrn Hofrat« vergnügten Aufenthalt zu wünschen.

Schübler scheint, neben Gmelin, einem »fidelen Patron«, mit welchem Schiller gern über dessen Steckenpferd, den Magnetismus, stritt, der einzige Mensch in der Reichsstadt gewesen zu sein, mit welchem Schiller und Lotte in ein engeres Verhältnis traten. Der feingebildete Mann besass beträchtliche Kenntnisse der Astronomie und Astrognosie. »Ihm war der gestirnte Himmel eine prachtvolle, durch reiche Mannigfaltigkeit gehobene Landschaft.« Bezüglich der Planeten sprach er sogar »der herrschenden Ansicht entgegen die Vermutung aus, es können diese Konstellationen auf Zustände der Erde, besonders auf die Witterung, von Einfluss sein und die Astrologie könnte ungeachtet vieler Verirrungen und Träumereien dennoch einen Kern von Wahrheit haben. In seinem Studierzimmer sah man ein Planetensystem auf einem Brett gezeichnet, an welchem die Konstellationen der Planeten durch bewegliche Stifte angegeben waren und nach den astronomischen Ephemeriden von Zeit zu Zeit, oft jede Woche, neu geordnet wurden, um die Witterung damit zu vergleichen.«[1]

Man mag diese Ideen als eine Schrulle ansehen: poetisch waren sie gewiss, und Schiller hat wie Lotte sie mit einer Teilnahme in sich aufgenommen, welche um den Namen des Heilbronner Senators selbst den Sternenglanz der Unsterblichkeit gewoben hat. Für die astrologische Seite des Wallenstein ist Schiller das psychologische Verständnis in Heilbronn aufgegangen.

Die Einwirkungen des Aufenthaltes in der altehrwürdigen Neckarstadt lassen sich noch weiter verfolgen. Zum erstenmal gewann der Dichter einen tieferen Einblick in die Selbstregierung einer deutschen Reichsstadt. In den Regierenden lernte er seine Aristokratie der Kenntnisse, der Bildung, des Verdienstes« kennen; das Stadtvermögen war so beträchtlich und wohlverwaltet, dass man eben damals an die Aufhebung der ohnehin mässigen Steuern dachte, der Stand der Sitten so günstig, dass das Zucht- und Arbeitshaus wegen geringer Bevölkerung in andere Räume verlegt werden konnte. In der Strasse, in der Schiller wohnte, verkehrte ein freier und freisinniger Grundadel, für welchen die alte Reichsverfassung noch kein leerer Schall war. Auf dem Hintergrunde dieser geschichtlichen Erscheinungen aber ist der Wallenstein aufgebaut und nicht minder der Tell, der eben darum so vielfach missverstanden worden ist, weil, wie der Verfasser der trefflichen Abhandlung im Morgenblatt 1843[2] sagt, »beinahe der ganzen Generation seit Schillers Tod diese Gedanken an ein Reich und einen Kaiser ganz abhanden gekommen sind und eine Anschauung davon fast gänzlich fehlt. Denn »nicht die Herstellung einer Republik, noch die Vertreibung

[1] Morgenblatt 1856. S. 762 f.
[2] Schiller in der Reichsstadt Heilbronn. Morgenblatt 1843. S. 1057—1092.

fürstlicher Herrschaft, sondern nur die Wiedererringung der alten Freiheiten eines deutschen Reichslandes gegen die Anmassungen eines Fürsten« sollte zu einer Darstellung gelangen, welche des einhelligen Zusammenhandelns aller Stände ebenso wenig entraten konnte, wie der Parricida-scene« mit der Ehrfurcht vor dem Kaisernamen, die sie durchzieht.

Ganz wohl mag die Lobpreisung der Stadt im »Lied von der Glocke«: »Heil'ge Ordnung, segensreiche Himmelstochter!« ein Nachklang des harmonischen Eindruckes sein, welchen das ver-trauensvolle Verhältnis zwischen den Ständen in Heilbronn hervorrief, wie denn auch gerade dort »die besten Modelle von Meistern« zu finden waren, »welche die muntere Arbeit mit guten Worten zu begleiten gewohnt und geübt waren«.

Bald nachher hat auch Heilbronn die Drangsale des Krieges schwer empfinden müssen: »diese schöne Blüte einer freien Stadt fiel ab, unmittelbar nachdem der grosse Dichter sie betrachtet hatte«.

In den Mauern Heilbronns sollte auch ein Jugendtraum des Dichters seine schmerzliche Lösung finden. Er begegnete sich mit Margareta Schwan. Sie war vor kurzem, weil sie sich mit einem Schreiber und Winkelkonsulenten Treffz in Heilbronn gegen den Willen ihres Vaters ver-heiratet, von diesem verstossen worden. Der einstige Glanz in Mannheim und die jetzige kümmer-liche Lage bildeten einen Gegensatz, der beide mit Wehmut erfüllte. Margareta starb am 7. Januar 1796.[1] Die Erkenntnis, wie ganz anders alles hätte werden können, wenn er Schillers Werbung im Jahre 1785 nicht abgelehnt hätte, mag Schwan späterhin veranlasst haben, an den Rand des Schillerschen Briefes in den »Geliebten Schatten« die schnöde Unwahrheit zu schreiben, es sei ihm ein Rätsel, warum die Verbindung nicht zustande gekommen.

Der Schmerz dieses Wiedersehens dürfte zum guten Teil das Unbehagen erklären, das Schiller plötzlich in Heilbronn empfand. Trotz Schübler und Gmelin, trotz der feinen Gesellschaft und der schönen Konzerte fasste er unerwartet den Entschluss einer Übersiedelung nach Lud-wigsburg; auch Lotte wollte Unterhaltung und Ton in der schwäbischen Reichsstadt jetzt nicht mehr gefallen.[2]

Zugleich zog der Wunsch, den Eltern näher zu sein, welchen die wiederholten Reisen nach Heilbronn Beschwerden und empfindliche Kosten verursachten, nach Ludwigsburg. Noch im August war Schiller selbst, ohne bei dem »Schwabenkönig« anzufragen, in Ludwigsburg und auf der Solitude: Heinrich Hartmann in Stuttgart, welcher ihn auf die Solitude begleitete, »konnte nicht genug erzählen, wie unvergesslich angenehm dieser Spaziergang und wie wonnevoll das Wiedersehen von Sohn und Eltern, Bruder und Schwestern gewesen.«[3]

Schiller wusste jetzt, dass der Herzog ihn zu ignorieren gedenke. Er begnügte sich daher, ihm den Vorsatz seines Wohnungswechsels anzuzeigen, und Karl Eugen gestattete sogar dem Hauptmann, so dringend er ihn brauchte, ohne zeitliche Beschränkung den Besuch eines Bades bei Ludwigsburg.

2. Ludwigsburg.

Schiller erwartete in allernächster Zeit von seiner »kleinen Maus« das »grosse. grosse Geschenk«, von dem er am 25. Juli an Fischenich geschrieben. Nun galt es rasch zu handeln. Und kaum war man »mit den notwendigsten häuslichen Einrichtungen fertig«, als am 14. September Lotte ihren ersten Sohn gebar. In voller Herzensfreude schrieb Schiller an Schütz, den bekannten

---

[1] Andeutungen bei Urlichs, Briefe an Schiller. S. 37 u. 40. Genaueres gibt H. Düntzer, in Schillers Leben S. 109., welcher laut gütiger brieflicher Mitteilung aus den Erzählungen des Herrn Anton Pichler in Mannheim geschöpft hat. Vgl. auch Hepp, Schillers Leben und Dichten. S. 409.

[2] Hennes, Andenken an Barth. Fischenich. S. 38. Neue Bearbeitung. S. 33.

[3] Ad. v. Keller, Beiträge. S. 48.

Herausgeber der Litteraturzeitung: »Ich zeige Ihnen mein neuestes Produkt an, liebster Freund — nicht damit Sie es im Intelligenzblatt bekannt machen, sondern dass Sie sich mit mir freuen sollen. Ich bin seit fünf Tagen Vater zu einem gesunden und muntern Sohn, der mir als der Erstling meiner Autorschaft in diesem Fache unendlich willkommen ist. So viel an mir liegt, wird er ein Federheld werden, damit er den zweiten Teil zu den Werken schreiben kann, die sein Vater anfing und, wenn Gott will, noch anfangen wird.«[1])

Auch der Herzog von Weimar wurde im Feldlager von dem Ereignis in Kenntnis gesetzt, und Lotte meldete es voll mütterlichen Stolzes ihren Freundinnen und ihrem »grossen Sohn« Fischenich, der ihr »auch recht folgen und nun dem kleinen mit gutem Beispiel vorgehen« solle.

Die Taufe geschah neun Tage nach der Geburt — etwas spät für den kirchlichen Sinn des Grossvaters. Wie stolz mag aber der alte Herr gewesen sein, als er im Verzeichnis der Paten des kleinen Karl seinen Namen unter dem der regierenden Herzogin von Weimar prangen sah![2])

Nach dem Tode beider Eltern erinnerte sich Lotte noch der Feier: Der gute Vater und die liebe Mutter sahen so ehrwürdig an jenem Tage aus, wie sie ihrem ersten Enkel ihren Segen gaben, dass mir ihr Bild stets im Herzen bleiben wird!«[3])

Nun war Schillers schwerste Sorge vorüber: die wehmutige Hoffnung, mit der er nach Schwaben gereist war, »als wenn ich die auslöschende Fackel meines Lebens in einem andern wieder angezündet sähe«, hatte sich aufs schönste erfüllt. Erst jetzt gab er ganz sich jenem Heimatsgefühl hin, das, wie ein jüngerer Landsmann gesagt hat, »für sich selbst schon eine Quelle der Dichtung ist«. Wie wohl that ihm und Lotte der fast ununterbrochene Verkehr mit den Eltern, welche beide einer vollen Gesundheit und einer immer noch jugendlichen Arbeitskraft sich erfreuten, und mit den Schwestern, die in Lottens und des kleinen Neffen Pflege sich teilten: der häuslichen Luise und der sechzehnjährigen Nane, welche nach dem strengen Urteil der Mutter zwar noch oft »schlaudrig und unbedachtsam«, aber an Körper und Geist lieblich und hoffnungsreich erblüht war!

Diese Tage wolkenlosen Glückes machten den Dichter selbst wieder zum Kinde.

Als Hoven am Weihnachtsabend seinen Freund besuchte, fand er »einen mächtig grossen, von einer Menge kleiner Wachskerzen beleuchteten und mit vergoldeten Nüssen, Pfefferküchlein und allerlei kleinem Zuckerwerk aufgeputzten Weihnachtsbaum. Vor ihm sass Schiller ganz allein, den Baum mit heiter lächelnder Miene anschauend und von seinen Früchten herunter naschend.« Er erinnerte sich seiner Kindheit und genoss im voraus die künftigen Freuden seines Sohnes. In der gleichen Stimmung hat er nach G. Schwabs gewichtigem Zeugnis für den alten Praeceptor Jahn damals einige Unterrichtsstunden erteilt.

Auch im Umgang mit den Jugendfreunden belebten sich die stillen Vergnügungen und die ausgelassene Lust versunkener Tage. So tauchte im Gespräch mit Elwert die Hymne auf die Milch von Harteneck und Neckarwaihingen wieder auf[4]), und bei einem der Kneipgelage, mit denen die Ausflüge nach Stuttgart mitunter endeten, kam der einstige Regimentsmedikus auf den Einfall, den etwas süffisanten und verbummelten Petersen betrunken zu machen. »Wer aber betrunken wurde, war nicht Petersen, sondern Schiller, der zwar glücklicherweise frei von seinen Brustkrämpfen blieb, aber so ausgelassen lustig wurde, dass er sich auf den Tisch legte und sich darauf herumwälzte.« Auch Lotte klagte noch zehn Jahre später gegen Göschen[5]), dass ihr Mann auf Kosten seiner Gesundheit »im gesellschaftlichen Leben manches zu leicht nimmt, wenn es ihm gerade wohl ist«, und Minna Körner, welche jahrelang den Dichter gepflegt hatte, wie es jetzt

[1]) Christ. Gottfr. Schütz II. S. 418.
[2]) v. Schlossberger, Neuaufgefundene Urkunden über Schiller und seine Familie. S. 50.
[3]) Urlichs, Charl. v. Schiller I. S. 348.
[4]) (Petersen) im Morgenblatt 1807. S. 631.
[5]) Rundschau XIV. S. 479 f.

Lotte that, vergisst nicht, dieser bei Gelegenheit einzuschärfen: ›Sorge ja, mein Lottchen, dass er mehr folgt und strengere Diät hält im Essen und Trinken.‹ Ein Zecher freilich, wie Ömler dummdreist behauptet hat[1], ist Schiller nie gewesen, unbeschadet der praktischen Illostudie, welche wir nach Hoven erzählt haben.

Neben Haug und Conz, die häufig von Stuttgart und Vaihingen herüber kamen, waren es besonders zwei von Kindheit auf geliebte Menschen, an deren Umgang damals der Dichter sich erfreute.

Wie Elwert hatte die früh verwaiste Ludovika Reichenbach an den Kinderausflügen in Ludwigsburg teilgenommen.

Sie besass, wie Christophine — und wie Amalie in den ›Räubern‹ —, Talent und Neigung zum Malen und machte in Paris[2] während der Revolution jahrelange Studien im Porträtieren. Im Sommer 1793 heiratete sie den Lieutenant v. Simanowiz, der, wie ihr Bruder, ein Karlsschüler aus Schillers Zeit war[3] und, nachdem er als württembergischer Offizier am Kap und in Indien gewesen, am 1. Mai 1791 quittirt hatte.[4] Noch vor ihrer Verheiratung hatte sie Schillers Mutter gemalt, und der Hauptmann beschenkte seinen Sohn zum Geburtstag mit seinem eigenen von ihr gearbeiteten Bilde. Schiller und Lotte, welche die Künstlerin schon auf der Solitude begrüsst hatten, luden sie nun samt ihrem Gemahl dankbar nach Ludwigsburg zum Geburtstag ein.[5]

Noch mehr als diesen beiden Gemälden[6] verdankt Ludovika ihren Ruhm den Bildern Schillers und Lottens, von welchen das erstere im Januar vollendet, das zweite im April begonnen scheint. ›Es sind dies unstreitig die besten Porträts, welche von beiden existieren,‹ urteilen die Herausgeber der ›Beziehungen‹, und Lotte wie Reinwald und die anderen Verwandten stellten ›das brave Bild‹ Schillers fast über das von Graff. — Auch Christophine und Nane hat sie gemalt und ist mit Schillers Mutter und Schwestern immer befreundet geblieben.

Noch inniger war der Verkehr mit Hoven. ›Mit ihm habe ich von meinem dreizehnten Jahre — streng genommen noch viel länger[7] — bis fast zum einundzwanzigsten alle Epochen des Geistes gemeinschaftlich durchwandert,‹ heisst es im ersten Ludwigsburger Brief an Körner: ›zusammen dichteten wir, trieben wir Medizin und Philosophie. Ich bestimmte gewöhnlich seine Neigungen.‹ Ein Briefwechsel zwar scheint seit Schillers Flucht nicht stattgefunden zu haben; aber Hoven bewährte sich in der Krankheit der Hauptmännin recht als Freund des Hauses, und als Schiller, der mit Vergnügen des Freundes 1789 erschienenen ›Versuch über die Wechselfieber‹ gelesen hatte, im Oktober 1792 durch den kurzen, aber herzgewinnenden Brief, den er der Mutter mitgab, das alte Verhältnis wieder anknüpfte, freute sich Hoven wie ein Kind auf das Wiedersehen des geliebten und bewunderten Freundes. Nun flogen im wechselseitigen Erzählen von den ›goldenen Maienjahren der Knabenzeit‹, im Austausch seitheriger Erlebnisse und Erfahrungen die schönen Stunden dahin. Wenn Schiller in dem erwähnten Brief an Körner fortfährt: ›Jetzt haben wir so verschiedene Bahnen genommen, dass wir einander kaum mehr finden würden, wenn ich nicht noch medizinische Reminiscenzen hätte‹, so ist dies Urteil, wie so manches, das Schiller gefällt, ein Kind vorübergehender Laune. Etwas Philisterhaftes klebt Hoven unleugbar an; aber eine geistige Verwandtschaft mit seinem grossen Freunde war ihm geblieben, wie jedem, der in

---

[1] Urlichs, Charl. v. Schiller I. S. 113.

[2] Reinwald bei v. Maltzahn, Schillers Briefe u. s. w. S. 336.

[3] Wagner, Geschichte der Hohen Karlsschule I. S. 358.

[4] v. Stadlinger, Geschichte des württ. Kriegswesens. S. 663.

[5] G. Schwab, Urkunden. S. 53.

[6] Mitgeteilt in den ›Beziehungen‹, bei Düntzer, Hepp und Paul Lang, Schiller und Schwaben (Württ. Neujahrsblätter II.).

[7] R. Weltrich, Friedrich Schiller I. S. 74.

die Zauberkreise des wunderbaren Mannes trat; auch er war eine ideale, schöpferisch angelegte Natur; auch er suchte, ein Denker, den ruhenden Pol in der Erscheinungen Flucht«, und auch ihm hat, wie Goethe, das Schicksal seinen schönsten Lohn, die unverwelkliche Jugend gewährt.

So schaute in jenem Winter in Schwaben der grosse Dichter, ehe er auf die Höhe des Lebens stieg, in stillem Behagen, auch wohl in lärmender Freude, hinüber nach den »heitern Sonnen«, die seiner Jugend Pfad erhellt. Zu diesen gehörten auch die früheren Lehrer: Consbruch, Nast[1]) und namentlich der »engelgleiche« Professor Abel.

In Hovens Begleitung machte ihm Schiller an seinem damaligen Wohnort, der »Bursch« in Tübingen, einen mehrtägigen Besuch. Abels Erzählung von den Umständen seiner Berufung nach Tübingen[2]) mag das Charakterbild des alten Herzogs mit all seinen Licht- und Schattenseiten in voller Lebendigkeit vor Schillers Seele gerufen haben.

Auch mit diesem seinem fürstlichen Erzieher sollte Schiller jetzt die Rechnung abschliessen. Am 24. Oktober 1793 starb Herzog Karl Eugen in Hohenheim in den Armen seiner treuen Franziska. Der einzige Mensch in Schwaben, welcher dem grössten Sohne des Landes gegrollt hatte, sank in die Gruft, wenig Wochen, nachdem in Ludwigsburg Schillers erster Sohn geboren wurde, der ebenfalls den Namen Karl erhielt, und wenig Monate ehe sich für den Dichter in Goethes Freundschaft »der Glanz der neuen Sonne heraufhob«. Drei Menschengeschlechter, drei Epochen der Weltgeschichte berühren sich in diesen drei Begebenheiten; und Schiller, der Dramatiker mit dem tiefen Verständnis für den grossen Gang der Geschichte, hat die Bedeutung der Lebenstragödie, über welche eben der schwarze Vorhang niederrollte, vollkommen gewürdigt.

Allerdings lautet sein erstes zuverlässiges Urteil über den toten Herzog scharf absprechend. »Der Tod des alten Herodes hat weder auf mich noch auf meine Familie Einfluss, ausser dass es allen Menschen, die unmittelbar mit dem Herrn zu thun hatten, wie mein Vater, sehr wohl ist, jetzt einen Menschen vor sich zu haben.« Aber diese Worte stehen in einem Briefe, dessen missmutige Einseitigkeit uns noch beschäftigen wird, und sagen nicht das, was man darin hat finden wollen. Die Deutung des trefflichen Palleske: »Herodes hiess bekanntlich der Grosse, und Schiller liebte die Charaktere, welche Anlagen zu grossen Fehlern und Tugenden zeigten, mehr als die Menschen, ist freilich zu witzig, um wahr sein zu können. Vielmehr hat dem Dichter bei dem Namen des Herodes ohne Frage der bethlehemitische Kindermord vorgeschwebt, welchen der Herzog Karl dadurch in die Sprache seines »aufgeklärten Absolutismus« übertrug, dass er ohne weiteres den Eltern ihre Kinder wegnahm, um sie nach seiner Façon erziehen zu lassen, und sie den Angehörigen nicht einmal zum letzten Abschied auf dem Sterbebett zurückgab.[3])

Schillers Vorwurf, dass Karl Eugen kein Mensch gewesen, deckt sich mit dem Worte des Don Carlos, der im Entsetzen über die Pädagogik seines Vaters ausruft:

»Durch welchen Missverstand hat dieser Fremdling
Zu Menschen sich verirrt?«

und erinnert an die Stelle in derselben Scene:

» - einen Menschen, . . . und das ist
Das Einzige, was Alba nie gewesen.«

Philipp aber und Alba sind so gut wie Moor und der Präsident v. Walter — Menschen, schwäbische Menschen des vorigen Jahrhunderts, die Träger jener Staatsraison, welche den Menschen zum Guten, wie sie es verstand, zwingen wollte, nur die Wahrheit ihm gönnend, die sie dulden konnte. Wenn nun gegen diese die Ferdinand, die Carlos und Posa[4]) im Namen der unver-

1) Briefwechsel zwischen Schiller und Cotta. S. 2—4.
2) Württemb. Jahrbücher 1885 II. S. 227—29.
3) v. Breitschwert in den Württ. Jahrb. 1885. S. 222. Wagner I. S. 187. 193 ff.
4) Schiller-Posa: Lotte bei Urlichs I. S. 98.

fälschten Menschlichkeit ankämpften, so geschah es nicht ohne die schonende Anerkennung des guten Willens, welchen der Alltagsmensch übersieht:

>Zu einem Nero und Busiris wirft
Er Ihren Namen, und das schmerzt mich; denn
Sie waren gut.<

Diese Empfindung bewegte Schiller, als er im Angesichte der fürstlichen Gruft zu Hoven sagte: >Wenn Du jetzt noch nachteilig von ihm sprechen hörst, traue diesem Menschen nicht, er ist kein guter, wenigstens kein edler Mensch.<

Im Grunde waren auch die Ideale des >Sultans Karl<, wie ihn der Kunstkenner Meyer in einem bekannten Brief an Karoline v. Wolzogen grimmig genannt hat[1], von denen Schillers nur dem Grade nach verschieden und in der Methode, wie sie ins Leben traten: jene konfessionelle Duldung, welche der katholische Herrscher seinen Unterthanen und seiner >liebsten Gehülfin< allezeit bewies[2]; die dämonische Schaffenskraft, mit der er nach Schillers Ausspruch >nicht in seinen Gärten allein Wasserwerke von der Natur zu erzwingen wusste, wo sich kaum eine Quelle fand<[3], und welche Sein und Wirken so wenig unterschied als Schillers Wallenstein:

>Wenn ich nicht wirke mehr, bin ich vernichtet<;

endlich das Streben nach Wahrheit, welche der Herzog nicht lange nach Schillers Flucht als den Weihrauch bezeichnete, >der denen Regenten auf den Altären ihrer eingebildeten Grösse gestreuet werden sollte<.[4]

Und wenn auch die Grundsätze Herzog Karls vielfach in eigentlichem und uneigentlichem Sinn nur akademische waren: gegen seinen einstigen Zögling war er nie unedel, nie unväterlich. Das unfürstliche Wort: >ich habe geirrt<, kam nicht über seine Lippen; aber er handelte gegen ihn stets gemäss den Worten König Philipps in der mehrerwähnten Scene, deren Unverwüstlichkeit eben in ihrer Anlehnung an Schillers persönliches Verhältnis zum >König in Schwaben< ihren Grund hat:

>Ich will
Nicht Nero sein. Ich will es nicht sein, will
Es gegen Euch nicht sein.<

Mit dem Scharfblick ungeheuchelter Zuneigung hatte der herzogliche Erzieher erkannt, dass der eben zwanzigjährige Eleve Schiller >gewiss ein recht grosses Subjectum< werden könne[5]; er hatte den Flüchtling nicht verfolgen und den Vater die That seines Sohnes nicht entgelten lassen.[6] Wenige Monate nachher, als ihm der Verlagsbuchhändler Weigand, den er in Leipzig >zu etlichenmalen< besuchte, den jungen Schiller in aller Arglosigkeit >als den Verfasser der Räuber und einen berühmten Unterthan von ihm< pries[7], nahm er dies vermutlich ebenso auf, wie seine Schwaben die Nachricht von ihren Niederlagen durch Friedrich den Grossen. Nachher hatte er zweimal die Aufführung der Räuber gestattet, und um Neujahr 1793 war auch >Kabale und Liebe< unter grossem Zudrang des Publikums, aber auch zu grossem Ärgernis des Adels in Scene gegangen, und die Intendanz hatte sogar die Aufmerksamkeit, die beiden Schwestern Schillers unentgeltlich >auf den ersten und besten Platz< aufzunehmen.

[1] K. v. Wolzogens Nachlass II. S. 285.
[2] Henle, Württ. Lustschlösser II. S. 42.
[3] Allg. Litteraturzeitung 1794. IV. S. 104 (Anzeige des Cottaschen Gartenkalenders 1795, auch in die Werke übergegangen).
[4] E. Vely, Herzog Karl von Württemberg und Franziska von Hohenheim. S. 151.
[5] v. Schlossberger, Archival. Nachlese zur Schillerlitteratur. S. 17.
[6] A. v. Keller, Beiträge. S. 41.
[7] v. Maltz, S. 29.

Ohne die Gewissheit dieser versöhnlichen Stimmung des Herzogs würde sich Schillers Stolz nicht zu den zwei Bittschreiben, seine Klugheit nicht zu einem Aufenthalt in Ludwigsburg verstanden haben. Dass dabei der Herzog »grob genug es ihm als eine Gnade anrechnete, ihn ungehudelt zu lassen und keine weitere Notiz von ihm zu nehmen«, wie Meyer meinte, das konnte Schiller nur höchst erwünscht sein. Nicht wegen des Herzogs war er nach Schwaben gekommen; -- und wie hätten die beiden Männer sich denn wohl gegenübertreten sollen? General v. Nicolai in Ludwigsburg erhielt auf seine Meldung vom 14. September, dass »seit einigen Tagen der Professor Schiller sich hier eingefunden«, keinen Bescheid[1]): fünf Wochen später starb der Herzog.

»Der Tod hat eine reinigende Kraft.« Schiller betrauerte den Fürsten, wie Körner erzählt, »mit einem innigen Gefühl der Dankbarkeit und Verehrung« und ehrte ihn, das sagt Lotte, die auch Körner zu seinen »Nachrichten von Schillers Leben« Anhaltspunkte geliefert hat, ausdrücklich, »als seinen wohlthuenden Freund, der ihn zu der Ausbildung seines Geistes angeregt hatte«.

Die Leiche des Herzogs wurde in der dritten Nacht von Hohenheim nach Stuttgart überführt und dort im Schlosse ausgestellt. In der Nacht des 30. Oktobers zwischen 1 und 2 Uhr wurde sie in der Fürstengruft zu Ludwigsburg beigesetzt. Obgleich nächtliche Begräbnisse in jener Zeit ganz üblich waren[2]), so hat doch diese Feier sich den Augen- und Ohrenzeugen mächtig eingeprägt, und wie die ganze bei all ihren Gebrechen imposante Persönlichkeit des »Karl Herzog« umsomehr zur Sage sich ausgestaltet, als eine ganze Epoche mit ihm zu Grabe ging. Auch Schiller wurde von dem Ereignisse ergriffen. Als er zehn Jahre später die Braut von Messina schrieb, da haben ihm, vielleicht unbewusst, aber unter dem erschütternden Eindruck des kurz zuvor eingetretenen Todes seiner Mutter[3]), welcher das Gedächtnis an die in der Heimat verlebten Tage erneuerte, bei der Schilderung der Exequien des alten Fürsten (II. 5) die »offiziellen Hofberichte« über die Ausstellung und Beisetzung des Herzogs vor Augen geschwebt.

Diese Hofberichte, die nach gütiger Mitteilung des Herrn Geh. Legationsrates von Schlossberger in Stuttgart in der »Schwäbischen Chronik« des »Schwäbischen Merkurs« vom 1.—3. Nov. 1793 erschienen und von Schiller jedenfalls gelesen wurden, schildern (nach E. Vely) die Ausstellung der Leiche folgendermassen:

»Das Paradebett stand drei Stufen hoch unter einem Baldachin . . . Bei dem Haupt erblickte man den mit Brillanten besetzten Herzogshut und um die Seiten des Sarges den brillantreichen Kommandostab und -Degen. . . .«

Don Cesar erzählt:

»— zwanzig Genien umstanden
Mit Fackeln in den Händen den Altar,
Vor dem der Totensarg erhaben ruhte,
Mit weissbekreuztem Grabestuch bedeckt.
Und auf dem Grabtuch sahe man den Stab
Der Herrschaft liegen und die Fürstenkrone,
Den ritterlichen Schmuck der goldnen Sporen,
Das Schwert mit diamantenem Gehäng.

Die in dieser Stelle erwähnten Fackeln begegnen uns bei den Feierlichkeiten in Ludwigsburg, wo die Dienerschaft »Kreuzfackeln hielt«. Über die Beisetzung selbst heisst es:

---

[1]) v. Schlossberger, Neuaufgef. Urkunden. S. 50 f.
[2]) Lang, Schiller und Schwaben. S. 40. Urlichs, Charl. v. Schiller II. S. 254. Palleske am Ende des Werkes, nach J Schwab. Vgl. auch Bürgers »Lenore«.
[3]) Palleske II. S. 528 f. Urlichs, Charl. v. Schiller I. S. 347. Könnefahrt, Schillers »Braut«. S. 20.

»Als der Leichenkondukt in der Kirche ankam, nahm die Trauermusik den Anfang, der Sarg wurde darauf unter das aufgeführte *Castrum doloris*, welches mit Wachskerzen beleuchtet war, aufgestellt, wo sodann solcher während des Gottesdienstes durch eine angebrachte Maschine unvermerkt in die unter der Kapelle befindliche Gruft eingesenkt wurde.«

Was hat Schillers Künstlerhand aus dieser trockenen Beschreibung gemacht!

›Und alles lag in stiller Andacht knieend,
Als ungesehen jetzt vom hohen Chor
Herab die Orgel anfing sich zu regen
Und hundertstimmig der Gesang begann – –
Und als der Chor noch fortklung, stieg der Sarg
Mitsamt dem Boden, der ihn trug, allmählich
Versinkend in die Unterwelt hinab.

Trotz Lottens Ausspruch: ›Schiller fühlte die Gewalt der Gegenwart auch heftig (nämlich wie Göthe) — ein Ausspruch, dessen Wahrheit der feinsinnige Rönnefahrt gerade bezüglich der »Braut« nachgewiesen hat —, hält sich die deutsche Kathederphrase immer noch an ihr ebenso altes als falsches Verdikt über Schiller, welches Scherer neuerdings so formuliert: ›Das eigene Erlebnis scheint nicht auf seine Poesie zu wirken. Er arbeitet daran sich selbst zu vergessen über den Dingen.«

Sonderbar, dass eben dieser Wolkenkukuksheimer auf seine Gegenwart und sein Volk tiefer und nachhaltiger eingewirkt hat als irgend ein einzelner der deutschen Zeitgenossen! Diese Seite der Bedeutung des grossen Dichters lenkt unseren Blick noch einmal zurück auf »den Fürsten, den er Vater nennen durfte«.

Schon Herzog Karl hatte in der Organisation seiner Karlsschule, die Schranken des Partikularismus sprengend, fremden Jünglingen den Eintritt gestattet und allen seinen Söhnen« eine Bildung beigebracht, welche sie befähigte, überall in der Welt, so weit der deutsche Wandertrieb sie führte, klärend und anregend zu wirken. Auf dieser Bahn ist keiner seiner ehemaligen Zöglinge kräftiger in seine Fusstapfen getreten als Schiller. Es ist bedeutsam, dass bei der Totenfeier des Herzogs in der Akademie, der letzten Festlichkeit in den ruhmbedeckten Räumen, Abels Nachfolger, Professor Bardili, den Zusammenhang Schillers mit seinem Erzieher scharf hervorhob. ›Dass Deutschlands litterarischer Ruhm,« so ruft der Redner dem Geiste des toten Schulherrn zu, ›die Grenzen des Reichs, ja Europas Grenzen überflog, dazu hast auch Du beigetragen. Einer seiner grössten Schriftsteller, der Liebling der Nation, unter dessen Händen ihre Geschichte, wie Griechenlands und Roms Geschichte, anmutsvolles Gemälde wurde, wäre ohne diese Akademie, ohne diese Deine Anstalt zur Entwicklung seiner höheren Talente gar nicht bestimmt worden.«

Unter den Wetterstürmen der Revolution war Herzog Karl aus dem Leben gegangen; über Schillers Gruft sank das alte Reich zusammen. Aber durch den sofort beginnenden Aufbau des neuen Reiches weht sein Dichtergeist. Schillers Schwager, Ludwig v. Wolzogen, der am Morgen vor der Schlacht bei Grossgörschen in Schillers Schilderung der Lützner Schlacht sich vertiefte, hat nachmals, gleichsam an Schillers Stelle, der im Jahre 1804 die ihm angebotene Aufgabe nicht annehmen konnte[1], die Söhne Friedrich Wilhelms III. — auch den Kaiser Wilhelm! — in der Kriegskunst unterrichtet und in den Jahren 1816 bis 1818 durch den Abschluss der Etappenkonventionen mit den meisten mitteldeutschen Staaten die militärische Einheit Deutschlands vorbereiten helfen.[2] Als im Jahre 1813 die Kosaken Tettenborns in Rostock einrückten, zogen die

[1] Minna Körner an F. B. Weber. Rundschau XV. S. 402. Vgl. Schiller an Körner IV. S. 362. Karl Augusts erstes Anknüpfen. Nr. 11, f.

[2] L. v. Wolzogens Memoiren. S. 169, 289 f.

Schiffer unter den Klängen des Wallensteinschen Reiterliedes durch die Stadt, und die fremden Offiziere, die nach der Schlacht bei Leipzig durch Weimar zogen, Preussen, Livländer, Österreicher, erwiesen Schillers Witwe die rührendste Ehrerbietung.[1] Auch in den Jahren der Enttäuschung hat der Zauber seiner Poesie weiter gewirkt; »er hat laut für uns gerufen nach Gedankenfreiheit« sagte eine im Jahre 1842 gehaltene Schillerrede[2], ... »er hat die Mächtigen der Erde gemahnt mit Donnerworten an die Heiligkeit des Eides und an die ewigen Rechte, die oben in den Sternen hangen unveräusserlich«.

Was von Karl Eugen nur als Schlagwort ausgegeben wurde, das bildete den Kern der Thätigkeit Schillers. Die Freiheitsgedanken, die er ausgesät, sind aufgegangen und erwachsen zu einem unverlierbaren Besitztum unseres Volkes. Er selbst hat es nicht mehr erlebt; aber die Seinen zeigen uns, wie er gehandelt haben würde. Lotte war, obgleich unbeirrt durch die gesinnungstüchtige Phrase, eine treue Tochter ihres Vaterlandes. Lang ehe die Freiheit zum Feldgeschrei wurde, rief sie aus: »Ach die heiligen Bilder der Freiheit werden einem immer schmerzlicher«; und wie sie wünschte: »Wenn ich nur allen Preussen, die mir begegnen, etwas Gutes erzeigen könnte!« so verkannte sie nicht, dass ihre Söhne »dem Ganzen ihre Kräfte weihen sollen«, und war, wie die Tante Christophine Reinwald, über die kriegerische Erregung derselben erfreut.

Zieh, verdiene Deinen Vater!« mag sie ihrem Karl, dem in Schwaben geborenen »Goldsohn«, nachgerufen haben, als er auf Kosten seiner Aussichten in den Befreiungskrieg zog wie sein Vetter Adolf v. Wolzogen und wie Theodor Körner, an den seine Gestalt so viel erinnerte.

Gott bewahrte sie vor dem neuen Schmerz »über einen Sohn zu weinen«; und die Lebensstellung, welche Karl in Weimar opferte, hat nachmals Württemberg ihm gewährt. —

Für Schiller selbst schien der Tod des Herzogs eine dauernde Stellung in der Heimat zu eröffnen. Christophine hoffte, der Herzog Karl August und die Weimarer Gesellschaft fürchtete, er werde nicht wiederkommen. Aber der Nachfolger Karl Eugens widerlegte sehr bald die gute Meinung, die man von seinem Mäcenatentum gehegt. Die Akademie wurde aufgehoben und von der Umwandlung in einen Marstall angeblich nur durch den Witz des jungen Haug: *olim musis nunc mulis* bewahrt. Schiller beklagte die engherzige Massregel; mit einem Gefühl doppelter Wehmut mag er in jenen Tagen seine Lotte durch die einst so vertrauten Säle geführt haben.[4]

Auch Ludwigsburg wurde leer und gespensterhaft still, die Gebäude um die Solitude kamen zum Abbruch, und »jetzt ist alles verödet«, schrieb Christophine im Jahr 1845. Die Baumschule auf der Solitude entging gleichem Schicksal vielleicht weniger wegen der Rücksicht, die man ihrem treuen Wärter schuldete, als wegen des Nutzens, den sie bot. Aber monatelang schwebte der greise Intendant in peinlicher Ungewissheit; auf alle seine *Rapports* kam keine Antwort; Gerüchte liefen um von einer Verlegung oder Verzettelung seiner schönen Schöpfung. »Was mit mir werden soll, das kann ich noch nicht erraten« schrieb er am 16. Februar 1794 an den Sohn; »aber fürchten will ich nichts; denn ich bin unter Gott wie Philipp der Zweite, da ihm sein Admiral sagte, die ganze Armada sei zu Grunde gegangen. Aber die gute Mama ist ganz launisch darüber.«

Schwer lastete diese bedenkliche Lage seiner Angehörigen auf der Seele des Dichters und seiner treuen Lolo. Auch sonst war dafür gesorgt, dass sie ihres jungen Elternglückes sich nicht überhoben.

Karoline v. Beulwitz, »die Frau«, wohnte mit ihnen zusammen, um das Canstatter Bad zu gebrauchen und zugleich die Scheidung ihrer Ehe zu betreiben. »Ich wollte in diesem Zeitpunkte

[1] Urlichs, Charl. v. Schiller I. S. 658. 667.
[2] R. Blum im Gedenkbuch an F. Schiller. Leipz. 1855. S. 48.
[3] Briefe von Schillers Gattin an einen vertrauten Freund (Knebel) Her. v. H. Düntzer. S. 156.
[4] Körner III. S. 165. Lotte an Fischenich 7. November 93.

allein stehen und handeln und keinen meiner Freunde in die Unannehmlichkeiten verflechten, die bei der Auflösung eines solchen Verhältnisses nicht ausbleiben« — so erzählt die seltsame Frau später in »Schillers Leben«, ohne zu bedenken, wie tief sie gerade die Schwester und Schiller in die Leiden ihrer Lage verstrickt hatte. Wir müssen uns den Kummer über diese Angelegenheit, der beide beunruhigte, etwas genauer vergegenwärtigen.

In dem erwähnten Zusammenhang sagt Karoline selbst, sie sei mit »einem von vielen Seiten achtungswürdigen Manne« vermählt gewesen. Beulwitz war aus hochangesehener Familie und in den höchsten Kreisen wohl gelitten, wie er denn im Jahr 1789 den Rudolstädter Prinzen als Reisebegleiter beigegeben worden war. Frau von Stein wünschte freilich bei dieser Gelegenheit, dass er »alle seine Humors in fremden Ländern lassen möge«; Schiller fand sein Betragen manchmal unfein; »die Frau« und Lotte deuten an, dass er durch lustige Brüder sich gern abziehen lasse. Das alles aber rechtfertigt nicht den Ton hochmütiger Verachtung, mit dem Karoline, nicht ohne Einwirkung auf Schillers Urteil, von dem »Ours« spricht.

Denn sie selbst war nicht über allen Tadel erhaben. Im Jahr 1788 war ihr Verhältnis zu Schiller nicht frei von Leidenschaft, während des folgenden Brautstandes nicht ohne Rücksichtslosigkeit gegen Lotte. Als Schillers Herz zwischen den beiden Schwestern unsicher hin und her schwankte, liess die erfahrene, verheiratete Karoline, statt ihn, wie Lotte Buff den Werther-Göthe, auf den rechten Weg zu leiten, die wackere Braut monatelang unter der Befürchtung leiden, Schiller liebe sie »nur Linen wegen«.[1] Ihr Verdienst war es nicht, wenn das kaum geknüpfte Band nicht zerriss; Karoline von Dacheröden, die in rührenden Briefen ihre still trauernde, zum Opfer ihres Lebensglückes sich rüstende Freundin tröstete und zu einer offenen Erklärung mit Schiller drängte; Lotte mit ihrem Vertrauen, welches die bräutliche Verzagtheit überwand, und Schiller selbst, dessen edle Antwort seine Seelenunschuld klar bewies, waren die Schutzengel dieses Bundes, der nach Lottens eigener Angabe[2] nur durch »die Disharmonie in der Frau ihren Verhältnissen« in den ersten Jahren getrübt wurde.

Gerade ihr Benehmen nach dem Verluste Schillers zeigt die Fähigkeit Karolinens in erschreckend raschem Fortschreiten: sie wirft sich dem Koadjutor v. Dalberg an den Hals, so dass im März 1761 dieselbe Karoline v. Dacheröden meint: nur das kann wohlthätig auf Lili wirken, wenn sie ihr ganzes Wesen, ihr innerstes Leben und Weben von dem Goldschatz (Dalberg) verstanden und gefasst fühlt.«

Und noch viele Jahre nach dem Tode des Mannes ihrer Wahl hegt und pflegt sie wie ein mondsüchtiger Backfisch ihre Neigung zu dem »Priester der Nation und Menschheit«, zu der »heiligen Seele«, dem zauberisch fesselnden Herzen, »an dessen Schlägen das meinige hing«.

Wie hoch steht doch Schillers Gattin über allen Frauen ihrer Zeit! — Wie sehr verdiente aber auch Frau v. Lengefeld das Glück, Lottens Mutter zu sein!

Chère mère, die an sich selbst erfahren, dass auch ungleiche Gatten bei gewissenhafter Pflichterfüllung und liebevoller Hingebung einander glücklich machen mögen, missbilligte das Verhalten ihrer Tochter und suchte unermüdet das Äusserste zu hintertreiben, zu grossem Verdruss Karolinens, die über sie schalt, sie könne sich »das Zurechtlegen und Alles-zum-Bestenkehrenwollen« einmal nicht abgewöhnen. Mit Seelenangst wartete die treue Frau auf Nachrichten aus Schwaben, immer noch hoffend, ihre Tochter werde ihr Unrecht selbst einsehen. Wenn Schiller ihr bemerklich machte, dass er denn doch in vielen Stücken anders handeln würde als Beulwitz, so entgegnete sie: »Meine Lollo wird und ist auch eine andere Frau für Sie als Karoline war. Wäre es möglich, dass sie so gegen Sie sein könnte, so würden Sie mir ebenso nahe gehen wie jetzt Beulwitz, und

[1] Speidel-Wittmann. S. 279.
[2] Urlichs, Charl. v. Schiller I. S. 690.

11*

ich könnte nach meinen Grundsätzen von Moralität und Pflicht ebenso wenig ihr als Karoline recht geben.«

In dem nämlichen Brief widerlegt sie gleich treffend Schillers Meinung, dass die von Beulwitz seiner Frau bewilligte Pension zu niedrig sei: »es macht doch wohl noch einen grossen Unterschied, was ein Mann für seine Frau, die mit ihm lebt, ihn liebt und glücklich macht, thun kann, als für eine solche, wie leider Karoline für Beulwitz auf die Letzte ward.«

Auch Lotte war mit ihrer Schwester keineswegs zufrieden. Schon im Sommer 1792 schrieb sie an Wolzogen, er würde Karolinen jetzt noch eigensinniger finden als voriges Jahr«; und Jahrzehnte später (18. Juli 1811) giebt sie in einem Brief an die geliebte Erbprinzessin von Mecklenburg über die bereits verwitwete und trotz ihrer nahezu fünfzig Jahre abermals verliebte Verfasserin der »Agnes von Lilien« ein Urteil ab, das sie nicht gemacht, sondern unter bitteren Schmerzen mit Schiller erlebt hat und das in seiner an Göthes Prosa erinnernden Färbung für beide Schwestern höchst bezeichnend ist: »Es ist eine eigene, ganz eigene Natur, die Frau, so höchst liebenswürdig und interessant; man möchte sein ganzes Glück für sie geben können . . . So äusserst verständig und doch so phantastisch. Wenn einmal die Phantasie ins Spiel kommt, so muss die Vernunft die Gesetze von ihr empfangen. Sie liebte so oft und doch nie recht; denn wahre Liebe ist ewig, wie das Wesen, aus dem sie entspringt. Und eben weil sie nicht liebte, sucht immer das Herz noch einmal die Sehnsucht zu stillen.«

Besonders musste Schiller, in dessen Seele die Kindesliebe so lauter und hingebend wohnte, der leichtfertige Ton missfallen, mit welchem die einst angebetene Schwägerin von den Bedenken der guten Mutter redete, wo nichts zu bedenken sei, als wie man ihr die Pille am schönsten vergolde, »die sie doch verschlucken muss«; wenn sie von den Mitteln schwatzte, der Mutter die Sache in möglichst mildem Lichte zu zeigen; »denn wie alle schwachen Menschen mag sie den scharfen Umriss einer Sache nicht tragen«. Wie musste es ihn, der einst am 14. September 1789 als Bräutigam so schöne Worte über die Eltern- und Kindesliebe an die Schwestern geschrieben hatte, peinlich berühren, wenn sie die Mutter nach Schwaben mitnehmen wollte, um sie auf andere Gedanken zu führen und ihr »den teuren Ours aus den Augen zu bringen: »Sie ist wie ein Kind, und wenn sie in Schwaben etwas Neues sieht, was ihr gefällt, so wird ihr alles leicht gehen.«

Und wenn es Schiller auch unbekannt bleiben oder begreiflich erscheinen konnte, dass sie eben damals die Liebesschwüre des unglücklichen Adlerskron sich gefallen liess[1]; das wusste er sicher, dass sie schon im Januar 1792 für Wolzogen eine Teilnahme zeigte, die über das Mass der Freundschaft weit hinausging. Was würde er erst gesagt haben, wenn er hätte lesen müssen, was sie, nachdem sie fast noch vor Wolzogens Tode sich noch einmal regelrecht verliebt hatte[2]), mit der Salbung ihrer alten Tage in ihren Aufzeichnungen niedergeschrieben: »Aus angebornem Rechts- und Zartsinn war es mir unmöglich, das Glück eines andern Wesens dem meinigen aufzuopfern: aber ich sah klar in das Innere der Menschen, immer den rein umschriebenen Kreis ihres geistigen und sittlichen Könnens und Vermögens. In diesem Sinne handelte ich auch bei der Scheidung meiner Ehe; und dass mein erster Gatte glücklich dadurch wurde, gehörte zu meinem innern Frieden.«

Der tägliche Verkehr mit diesem unberechenbaren Weibe brachte dem Dichter manche schmerzliche Enttäuschung und drückte auf seine Seele. Dazu kam das Unglück Adlerskrons, der eben damals, weil er trotz aller Bemühungen des Schillerschen Kreises nirgends ein Unterkommen fand, sich zur abenteuerlichen und allem Anschein nach verhängnisvollen Heimkehr nach dem gehassten Russland anschickte.[3])

[1] Urlichs III. S. 90. Speidel-Wittmann. S. 303.
[2] Urlichs II. S. 92. I. S. 589.
[3] Urlichs II. S. 90 ff. Speidel-Wittmann. S. 300 ff.

Auch sonst fehlte es nicht an Dingen, welche das Gleichgewicht seiner Seele stören mussten; das schmerzlichste war ein Misston in der wertvollsten Freundschaft, die er je geschlossen: er war mit Körner unzufrieden.

»Körner wollte nicht viel sagen«, meint einmal H. Grimm, dem ein absprechendes Wort gar leicht von statten geht, wenn es gilt, einen seiner vier Sterne Michelangelo oder Alfieri, Göthe oder Byron zu erheben. Gegenüber diesem unbegreiflich flachen Urteil erfreut die Wärme, mit welcher in dem schönen Speidel-Wittmannschen Buche die Bedeutung Körners gewürdigt wird, wie es vor zehn Jahren schon der jetzt verstorbene Julian Schmidt in Rodenbergs Rundschau[1] gethan.

Die durch Körner veranlasste Beschäftigung mit Kant hatte in Schillers Geist jene Fülle von Ideen in Bewegung gesetzt, welcher wir seine unsterblichen ästhetischen Abhandlungen verdanken. Mitten in den Prozess der Gährung seines Innern hatte er dem Freunde Einblick gewährt durch eine Reihe geistsprühender Briefe, in welchen er, wie er am 11. Februar 1793 an Fischenich schrieb, Kants Behauptung, dass kein objektives Prinzip des Geschmackes möglich sei, dadurch angriff, dass er ein solches aufstellte.[2] Körner aber nahm diese Gedanken kühler auf, als sie nach Schillers Meinung verdienten: »Ich brauchte aber wahrhaftig eher Ermunterung als Niederschlagung; denn zu grosses Vertrauen auf mich selbst ist nie mein Fehler gewesen.« Darin lag eben der Kernpunkt dieser Freundschaft: der Dichter und Denker bedurfte, wie sein Don Carlos, einer Teilnahme voll Liebe und Verständnis, und diese war er gewohnt bei Körner, wie nachmals in etwas anderem Sinn bei Göthe und Wilhelm v. Humboldt zu finden. Wenn ich nachdenke,« schrieb Körners Frau nach dem Tode des grossen Mannes[3], »wie wohlthätig unsre Schwärmerei auf sein Leben gewirkt hat, so preis' ich uns glücklich und selig! und mit süsser Wehmut denk' ich des unendlichen Geistes, der nun den ewigen Schlaf schläft.«

Deutlicher lässt sich der feste Pulsschlag dieser Lebensverbindung nicht darstellen, als es eben durch Schillers Brief vom 10. Dezember 1793 und Körners Antwort geschieht. Ganz dramatisch ringt sich das Geständnis gekränkten Gefühls aus Schillers Feder. Er ist krank und widerwillig gegen das Schreiben; auch der kleine Karl ist leidend gewesen; die Mainzer Aspekten haben sich verfinstert; dass er die Aussicht, Instruktor des zehnjährigen Erbprinzen von Weimar zu werden, wegen seiner Gesundheit nicht ergreifen konnte, hatte er schon früher geschrieben; die Menschen seiner Umgebung sind ihm heterogen, er selber ist durch sein Nervenleiden »für alle Schiefheiten, Härten, Unfeinheiten und Geschmacklosigkeiten empfindlicher geworden«.

Da soll denn der Freund ihm nicht zürnen, dass er gegen seine Gewohnheit jetzt der weniger Thätige ist. Und nun — mit einem Sprunge, den wir durch den Gedanken ergänzen: auch du hast nichts gethan, meinen Mut zu beleben — bricht es unwillkürlich heraus: »Ich will es nicht leugnen, dass ich eine Zeit lang empfindlich auf Dich war.« Aber er war es auch nur: durch das ausgesprochene Wort ist der Bann gelöst.

Und Körner? Man würde erwarten, dass er, bestürzt wie der Reiter am Bodensee, sich angelegentlich zu rechtfertigen suchte. Einige Tage nach Empfang des Schillerschen Briefes antwortet er ruhig wie immer, und nachdem er den Freund wegen seines Übelbefindens und des mangelnden Umganges zu trösten gesucht, fährt er fort: »Dass Du meine Äusserungen über Deine neueren Arbeiten missverstanden hast, ist eine Folge Deiner jetzigen Stimmung.« Schiller sei ja gewohnt, dass mit jeder seiner Leistungen Körners Anforderungen höher stiegen. Seine kernige Natur stützte sich fest auf die Grundlage, auf welcher einst der Herzensbund geschlossen worden

[1] Band IV. S. 387 ff. Der sonstige Inhalt des Aufsatzes will damit nicht gebilligt sein.
[2] Vgl. A. Kuhn, Schillers Geistesgang. S. 213.
[3] Brief vom 4. Oktober 1805 an F. B. Weber. Rundschau XV. S. 463.

war: »Wenigstens muss Schiller nicht zu sehr über mich emporragen, wenn uns ganz wohl bei einander sein soll.« —

Diese Häufung von Sorgen und Aufregungen trübten den Winter in Ludwigsburg. Mittlerweile war Schiller öfters in Stuttgart gewesen, und der frische Zug geistigen Schaffens und belebenden Austausches, wie er dort ihn fand, that ihm wohl; denn der Gedanke war, nach der schönen Äusserung Humboldts in der prächtigen Vorerinnerung zu seinem Briefwechsel mit Schiller, »in einem höheren und prägnanteren Sinn, als vielleicht je bei einem andern, das Element seines Lebens«, und in einem noch volleren Verstande als Lotte, die er ja zu seinem »Geschöpf« hatte bilden wollen, war die Poesie in weitestem Sinne doch eigentlich das Glück seines Lebens[1], wie er denn eben in jener Zeit, am 8. Nov. 1793, an die Eltern schrieb: »Es ist mir immer himmlisch wohl, wenn ich beschäftigt bin und meine Arbeit mir gedeiht.«

Gerade im Vergleich mit Stuttgart konnte die Ludwigsburger Gesellschaft ihn auf die Dauer nicht befriedigen, zumal mancher alte Freund, der auf dem Boden der Räuberperiode stehen geblieben war, den Dichter in Anspruch nahm, welcher Minna Körners Ansicht teilte, »dass das Leben zu kurz ist, um seine schönen Stunden an gleichgiltige Menschen zu geben«. Der eine Hoven konnte bei all seiner Gediegenheit und Treue die Geistesdürre, über welche Schiller klagte, so wenig beleben, wie es Schübler in Heilbronn gelungen war.

Ausserdem kamen die Kriegsstürme in immer bedrohlichere Nähe. Es verlautete, dass ein kaiserliches Feldlazarett, in welchem auch »ansteckende Kranke« seien, nach Ludwigsburg verlegt werden solle.

In Stuttgart war er auch den Eltern näher und konnte hoffen, dem Vater in seinen Angelegenheiten nützlich zu sein. So wurde die Übersiedelung beschlossen und gegen die Mitte des März ausgeführt.

Der Abschied mag ihm doch nicht leicht geworden sein von dem Schauplatz holder Jugenderinnerungen, welche ihm und Christophinen so teuer waren.

Auch Lotte bewahrte dem stillen Ludwigsburg ein freundliches Gedächtnis. Als viele Jahre später, im Herbst 1810, ihr Reisewagen vor dem Hause hielt, »wo wir wohnten, wo Karl geboren wurde, wo die guten lieben Eltern, wo Nanette mit uns war«, da dachte sie mit Wehmut an die hier verlebten Stunden und an all die Entschlafenen, mit welchen sie damals ihr Glück geteilt.

3. Stuttgart.

Mit einem günstigen Vorzeichen begann der neue Aufenthalt: durch herzogliches Handschreiben vom 26. März wurde der Vater zum Obristwachtmeister, d. h. Major befördert.

Was aber den Wechsel lohnte, das war die grosse Anzahl von »guten Köpfen aller Art«, über welche drei Jahre später selbst Göthe erstaunte. Es waren fast lauter Jugendfreunde, mit welchen die alten Beziehungen herzlich aufgefrischt wurden.

Da war zunächst Zumsteeg, einst der erste, welcher mit dem geächteten Flüchtling wieder anknüpfte. Im November 1785 hatte er sich verheiratet »an eine Andräin, . . . du kennst sie schon, Bruder!« — Sie war eine Nichte oder Schwester von Schillers Laura.[2] Seither hatte Zumsteeg durch etliche Kompositionen, auch von Schiller'schen Gedichten, sich Anerkennung errungen. Schiller nennt ihn den geschicktesten unter den Stuttgarter Tonkünstlern, »der aber mehr Genie als Ausbildung besitze; und mit dieser Ansicht des Freundes und Musikliebhabers deckt sich vollkommen das Urteil Körners, des Kenners, der an Zumsteeg nicht gemeines Talent, Geist und

[1] Urlichs I. S. 645.
[2] Speidel-Wittmann. S. 36. 40.

poetisches Gefühl sowie eine gewisse Kraft und Originalität rühmt und ihm eine grosse Zukunft verheisst. Ein früher Tod raffte den redlichen und strebsamen Künstler schon im Anfang des Jahres 1802 hinweg.[1])

Zwei andere, ein Dichter und ein Maler, hatten Schiller schon in Jena besucht: der dicke, kindliche Magister Conz und Professor Hetsch. Beide waren auch in Körners Kreise aufgetaucht, in welchem besonders der letztere, ebenso wie nachmals bei Göthe, durch seine Talente, seine feine Beobachtungsgabe und sein reifes Nachdenken sich rasch beliebt machte.

Hetsch aber, wie der Maler Heideloff und die Bildhauer Scheffauer und Isopi verdunkelte ein anderer Künstler, der, wie sie von der Karlsschule her mit Schiller befreundet[1]), unverkennbar der Angelpunkt seines geistigen und geselligen Lebens in Stuttgart wurde. Das war Dannecker.

Der Schule entwachsen, war er mit Scheffauer nach Paris gegangen und hatte seine unter Pajou begonnenen Studien in vierjährigem Aufenthalt zu Rom unter Canovas Beistand fortgesetzt.

Dannecker war ein Mensch von ganz seltener Empfänglichkeit und Frische der Empfindung und des Ausdrucks. Für Schiller atmet sein ganzes Wesen eine unbegrenzte Begeisterung, die sein Leben lang nicht erkaltete, wie denn auch Schiller von keinem seiner Jugendfreunde mit so rückhaltloser Anerkennung spricht wie von ihm. »Sein Umgang thut mir gar wohl und ich lerne viel von ihm.« Das war nicht überflüssig; verrät sich doch in seinen Jugendwerken eine erstaunliche Unkenntnis der einfachsten Grundbegriffe auf dem Gebiete der Kunst. In jenen Frühlingstagen, da der Dichter und Denker mit dem genialen, vielerfahrenen Künstler seine Erinnerungen und Ideen austauschte, gewann Schiller die solide Unterlage für seine eben entstehenden »Briefe über die ästhetische Erziehung des Menschen«[2]) und die Reife für den Umgang mit Göthe.

Im Stuttgarter Freundeskreise ist Dannecker der einzige, der nicht Schiller, sondern sich selbst seine Unsterblichkeit verdankte. Wohl hat Schiller auch ihn mächtig gefördert: wer wäre nicht besser, grösser geworden durch seinen Umgang? Aber der Künstler und die Seinen haben ihm dagegen auch für Claude Lorrains Landschaften das Auge geöffnet und dadurch nach Gustav Schwabs Zeugnis für die Beurteilung der Matthissonschen Landschaftsdichtung den richtigen Standpunkt erringen helfen; im Verkehr mit ihnen hat er bei einem Besuch des im vollen Frühlingsschmucke prangenden Hohenheimer Parkes sein Ideal einer Gartenanlage sich gebildet, welches er in sein »Glaubensbekenntnis«, die Besprechung der Rappschen Ausführungen im 1795er Gartenkalender und nachmals in seinen »Spaziergang« hineingetragen hat.[4])

Nicht minder Unvergängliches schuf Dannecker bei diesen Unterhaltungen. Er begann Schillers Büste zu modellieren. Nie ist ein Kunstwerk mit grösserer Liebe und Sorgfalt ausgeführt worden: A. v. Keller erzählt davon eine rührende Geschichte.[5]) An dem Ergebnis hatte der Künstler nach anfänglichem Missbehagen eine solche Freude, dass er zeitlebens von dem ersten Ausguss sich nicht trennen mochte.

Die Büste sollte gegen Anfang Juli fertig werden. Im August mahnte Mutter Schiller, und in den ersten Oktobertagen traf zur grössten Freude des Dichters der für ihn bestimmte Abguss in Jena ein. Ein weiterer wurde für die Familie auf der Solitude im folgenden Winter unter den Augen W. v. Wolzogens vollendet, und der Vater wollte für den Preis keine Entschädigung annehmen: wenn die Büste »2—3 Louisd'or gekostet hätte, würde ich sie gern bezahlt haben; denn unsere Freude daran ist nicht zu taxiren. Sie ist ganz unvergleichlich«. Eine dritte

[1]) Schiller an Hang: A. v. Keller, Beiträge. S. 62. Dannecker an Wolzogen in K. v. Wolzogens Nachlass I. S. 471.
[2]) Wagner, Karlsschule I. S. 349. 354. 359. 365.
[3]) Speidel-Wittmann. S. 55.
[4]) Schütz II. S. 620.
[5]) Ad. v. Keller, Nachlese zur Schillerlitteratur. S. 23. Düntzer, Schillers Leben. S. 396.

88

Kopie wurde auf Schillers Wunsch für Körner hergestellt, der seiner Bewunderung für das treue und geistvolle Werk noch in seiner Schillerbiographie warm anerkennt.

Erst bei einer Umarbeitung des Bildes in Marmor gedachte Dannecker sein ganzes Können zu entfalten. Für eine solche wartete er jahrelang auf einen Besteller und auf den Block von Carrara. Einstweilen aber wurden zwischen den Freunden seltene, aber herzliche Briefe gewechselt. Auch an Lotten hängt des braven Künstlers ganzes Herz, und den kleinen Karl glaubt der kinderlose Mann immer noch »zu lächlen sehen, seine Augen glänzten so schön!« Immer wieder möchte er die ganze Familie in Stuttgart haben. »Komm nach Schwabin, schreibt er einmal, »in Schwabin seyn brave Leut und viele seyn deine Freunde.« Oder er wünscht sich, wenn er verstimmt ist, zu Schiller: »du warmer Mann würdest mich gewiss wieder aufgeführen.«[1]

Die Familie Wolzogen verkehrte viel und gern mit ihm, und als Göthe Ende August 1797 mit Empfehlungen Schillers nach Stuttgart kam, war er am meisten in der Gesellschaft Danneckers und seines »grossen Schwagers« Rapp, welcher den liebenswürdigen und kunstverständigen Führer machte. Namentlich bewunderte er den Originalabguss der Büste, dessen Wert der Ausguss in Schillers Besitz nicht ahnen lasse. Ganz stolz machte er den bescheidenen Künstler durch das Wort des Abschieds: nun habe ich Tage hier verlebt wie ich sie in Rom lebte, und Dannecker pries sich glücklich »einige schöne Meinungen, die mir nun Gesetze bleiben, von ihm gelernt zu haben; ja was er mir sagte, war in mir zwar wie ein Nebel schon ehe er zu mir kam, aber dass ichs nicht ausdrücken konnte; nun wüsste ichs gleich zu Tausenden anzuwenden.«[2] Göthe selbst schrieb an Schiller, der Umgang mit Dannecker (und seinem Schwager) sei für beide Teile fruchtbar gewesen, und wie Schiller dem Künstler einen Homer schenkte, der ihn zu neuem Schaffen anregte, so las ihm Göthe Hermann und Dorothea vor, und Dannecker verstand dies Werk ebenso zu würdigen, wie er die Bedeutung des Wallenstein erkannte, von dem er bei Schillers Besuch, ebenso wie Hoven, einige Scenen im ersten Entwurf gelesen hatte.[3]

Aus blutendem Herzen sollte endlich auch Schillers Marmorbüste geboren werden. Die Nachricht vom Tode des Freundes, zermalmend im ersten Augenblicke, rief in dem kraftvollen Manne den Entschluss hervor: »ich will Schiller lebig machen, aber der kann nicht anders lebig sein als kolossal. Schiller muss kolossal in der Bildhauerei leben, ich will eine Apotheose!«[4]

So entstand das gewaltige Werk, vor welchem Lotte im Jahre 1810 erschüttert ausrief: »So kann nur ein Freund seinen Freund bilden«[5] — ein Denkmal der Freundschaft und zugleich der hingebenden Künstlertreue, welche von Schiller und Göthe gelernt hatte, nichts mehr auszuführen, das nicht sozusagen in sich eine Welt ausmachte.

Nicht immer ist es dem Genius der Kunst gelungen, in den Stürmen der Weltgeschichte das Ideal auf eine selige Insel zu retten, an deren heiligem Ufer die tosenden Wetterschläge abprallen. Ein Aufhören aller Kultur, eine Zeit wilder Verwirrung und Verödung bezeichnete mehr als einmal die Stätte, wo blühende Nationen für die Menschheit gewirkt hatten.

Auch damals standen die leuchtendsten Sterne unseres Volkes in Gefahr, in dem trübgährenden Strudel nationaler Zersetzung zu versinken. Da umhüllte sie schützend der Zauberschleier kosmopolitischer Humanität, bis für die Aussaat der nationalen ein fruchtbares Feld bereitet war.

Schiller war längere Zeit von dem Zuge der Revolution erfasst, welcher er durch seine Jugenddramen die Stätte hatte bereiten helfen. Noch im November 1792 hatte er davon geträumt,

[1] Speidel-Wittmann, S. 61, 57 f. 62.
[2] K. v. Wolzogens Nachlass I. S. 461.
[3] Ebenda S. 466, v. Hoven, S. 125 f.
[4] K. v. Wolzogens Nachlass I. S. 472.
[5] Speidel-Wittmann, S. 242, Urlichs I. S. 546.
[6] Körner II. S. 350 f. Urlichs II. S. 57.

im Notfall seine Zukunft an die Frankreichs zu ketten, im Kampfe selbst seine Stimme zu erheben. Immer noch glühte das flammende *In Tyrannos* in seiner Seele; Freiheit und Gleichheit waren ihm nie ein leerer Wahn. In der schönen Paramythie, mit welcher er Körners Hochzeit feierte, spricht er das Wort aus: ›Es gilt nur ein Adel auf dem Olympus —: der ist der Erste, der die glücklichsten Menschen macht‹. Daher war es bis vor kurzem nicht ratsam gewesen, in seiner Gegenwart den Nationalkonvent zu schelten.[1]

Auch Lotte, die wacker verleumdete ›Aristokratin‹, stand in den ersten Jahren ganz auf der Seite der französischen Republik, und es ist köstlich, wie sie in einem Brief an Fischenich den Magister Gros schildert: ›er hat ganz den Hofton; aber Verstand hat er sehr viel‹. Die Erhebung in den Adelstand war ihr, wie ihrer Mutter und Minna Stock, hauptsächlich als ein Beweis öffentlicher Anerkennung erfreulich und weil die Kinder davon Nutzen haben konnten.[2]

Diese Grundsätze hielten beide auch dann noch fest, als die Hinrichtung Ludwigs XVI. und andere Untaten den Beweis erbracht hatten, dass es ›elende Schindersknechte‹ seien, welche dieselben verfochten. Nie ist Schiller an der Sache irre geworden, deren weltgeschichtliche Bedeutung er durchschaute und seiner Nation verständlich machte. Wohl wendete er sich in Ludwigsburg wieder dem Wallenstein zu, in welchem er gegenüber der Verblendung persönlichen Ehrgeizes die Unverbrüchlichkeit der sittlichen Gesetze predigt, und warnte im ›Lied von der Glocke‹ wie im ›Spaziergang‹ vor dem heulenden Aufruhr; aber er feiert auch in der ›Jungfrau‹ die machtvolle Erhebung eines Volkes, und im ›Tell‹ führt er mit hinreissender Beredsamkeit die Sache der Auflehnung gegen einen Drang, der unerträglich geworden.

Während er im Lauf der Jahre auch seine politischen Ideen läuterte und aus den kosmopolitischen Formen allmählich den Blick zurücklenken durfte auf die Heiligtümer des Vaterlandes, war sein unermüdeter Geist in voller Arbeit, um für eine menschenwürdigere Entwickelung seines Volkes und der Menschheit unzerstörbare Grundmauern und Marksteine zu schaffen. In Stuttgart schrieb er die sechs ersten ästhetischen Briefe und den Aufsatz: ›Über die notwendigen Grenzen im Gebrauch schöner Formen‹.

Selbst in den praktischen Aufbau der Nation einzugreifen und nach Scharffensteins Ausspruch mit Aufopferung des Dichters ›ein grosser Mensch im aktiven öffentlichen Leben zu werden‹, dazu trat die Versuchung verlockend genug an ihn heran.

Der Tübinger Buchhändler Cotta, welcher mit den namhaftesten Schriftstellern Fühlung suchte, wandte sich durch die Vermittlung des Geheimen Sekretärs Haug auch an Schiller, und dieser zeigte sich einer Geschäftsverbindung nicht abgeneigt, wenn dadurch seine freundschaftlichen Beziehungen zu Göschen nicht gestört würden.[3] Als der Dichter mit Hoven den erwähnten Ausflug nach Tübingen machte, mögen die Grundlagen des künftigen Verhältnisses eingehender besprochen worden sein. Anfang Mai kam Cotta nach Stuttgart, und nun erst gewann das Projekt eine bestimmtere, eine nationale Gestalt.

Bei einem längeren Aufenthalt in Paris war Cotta die Fruchtbarkeit der Tagespresse klar geworden, und der geistvolle Sonderling Schlabrendorf hatte ihn zu dem Entschluss angefeuert, ›eine planvoll geformte, tüchtig redigierte Nationalzeitung‹[4] zu gründen. Zur Teilnahme an der Leitung dieses grossen patriotischen Unternehmens sollte Schiller gewonnen werden. Cotta dachte sogar an eine Übersiedelung nach Jena, um seine Zeitung unter den Schutz der freisinnigen Regierung Karl Augusts zu stellen.

So unberechenbar segensreiche Wirkungen eine grosse von Schiller geleitete Zeitung als

---

[1] Urlichs II. S. 293.
[2] Urlichs I. S. 340. 350; II. S. 16; III. S. 40 f.
[3] A. v. Keller, Beitr. S. 49.
[4] Neuer Nekrolog 1834. S. 854.

Führerin des politischen Lebens der Nation hätte haben können, so war er doch bestimmt, auf einem andern, einem höheren Gebiete, wenn auch scheinbar nur vorübergehend, der Sprecher seines Volkes zu werden.

Am 4. Mai 1794 machte Schiller mit Cotta einen Ausflug nach Untertürkheim. ›Der in einer der lieblichsten Gegenden Schwabens im Herzen des Landes gelegene weitausschauende Hügel, auf dem jetzt das Lustschloss Rosenstein steht, ist die Geburtsstätte der Allgemeinen Zeitung und der Horen.‹[1]

Die Leitung der Allgemeinen Zeitung musste Schiller wegen seiner schwankenden Gesundheit ablehnen; die Horen aber sind mit seinem Namen um so enger verwachsen, als ihr Erscheinen zum Freundschaftsbund mit Göthe den Anlass gab.

Der unvergleichlich schöne Frühling war ganz angethan, zu umfassenden Unternehmungen reiche Hoffnung zu erwecken. Wenn nur die Gegenwart sich nicht immer trüber gestaltet hätte! Die andauernde Kriegsnot verteuerte alle Bedürfnisse: schon im Januar hatte Frau v. Lengefeld Geld geschickt, und Schillers geschäftlichen Verkehr mit Cotta eröffnete die Bitte um einen Vorschuss, der bereitwillig gewährt wurde. Auch die eigentlichen Gefahren kamen näher, und die Freunde im Sachsenland drängten zur Heimreise; nur die treue Fürsorge der *chère mère* warnte vor einer übereilten Rückkehr, welche in der rauhen Jahreszeit für Schillers Gesundheit Nachteile bringen konnte.

Denn das Befinden des Dichters entsprach nicht den Erwartungen, welche Angehörige und Freunde von der heimatlichen Luft gehegt hatten. Schon in Ludwigsburg, als er einen schönen Herbsttag benutzte, um mit Hoven einen Spaziergang nach Heutingsheim zu machen, überfiel ihn auf dem Rückweg ein beängstigend heftiger Brustkrampf; die Lücke, welche der Briefwechsel mit Körner zwischen dem 10. Dezember und dem 3. Februar aufweist, hatte der ominöse Januar zu verantworten.

Darum hatte Schiller schon im März an die Abreise gedacht, und der Vater konnte ihm, bei allem Erschrecken über den plötzlich aufgetauchten Plan, nicht unrecht geben. ›Von allen Orten,‹ schrieb er am 7. März, ›besonders daher, wo die Kranken von der Armee liegen und immer näher kommen, hört man gar nichts Gutes, und ich gestehe aufrichtig, dass ich selbst wünschte, diese Luft wechseln zu können. Ihr Liebsten meines Herzens, ach! wie hab' ich Gott gedankt, Euch alle von Angesicht zu sehen, und da ich Euch nun gesehen habe, vielleicht das letztemal gesehen habe, was soll ich gegen die Vorsehung murren, dass wir uns schon wieder trennen müssen.‹ ›Der einzige Gedanke,‹ fährt er fort, ›dass Ihn, bester Sohn, hier im Land eine neue Krankheit anwandeln könnte, hat mich ganz bestimmt, Seinem Entschluss beizutreten.‹

Wie gross mag die Freude gewesen sein auf der Solitude, als an die Stelle des Aufbruchs der Umzug nach Stuttgart trat! Wie rasch mögen aber auch in engerem Verkehr die Tage hingegangen sein! Wie Schiller schon im November seine Gattin durch die Säle der Akademie geführt hatte, in denen er, nach Lottens Aufzeichnungen, wie ein in des Jägers Netz verstrickter Waldvogel nach dem reinen Blau des Himmels sich gesehnt, so sehen wir ihn jetzt mit ihr in den heimischen Räumen weilen, wo die Mutter dereinst für ›das Wundertier von Sohn‹ alles aufgeboten, was ihre Kochkunst vermochte; wir sehen, während die Männer die politische Lage besprechen und die Schwestern mit dem ›Goldsohn‹ spielen, den liebevollen Blick der jungen Frau, die jetzt auch wusste, was in einem Mutterherzen sich regt, auf dem häuslichen Walten der alten Majorin ruhen, über welche sie später die schönen Worte niederschrieben hat: ›Die Mutter, ganz in dem engen Kreise erzogen, für den sie geboren war, hatte ein jugendliches, heiteres, liebenswürdiges Wesen; sie war schön und fesselte den im rauhen Krieg gebildeten Mann durch ein sanftes kindliches Gemüt.‹

Aber in die harmonischen Klänge dieses Idylls dröhnten immer beunruhigender die wüsten

---

[1] Vollmer, Einleitung zu Schillers Briefwechsel mit Cotta. S. XI.

Töne des Hexensabbats, der mehr und mehr auch über Deutschland heraufzog. Schon bei Lebzeiten des Herzogs Karl hatten die Akademisten, Dannecker und Koch, der nachmalige Schöpfer der klassischen Landschaft, mit an der Spitze, die in Stuttgart wohnenden Emigranten, vorab die Prinzen verhöhnt; einige waren sogar heimlich nach Strassburg gereist, um sich das revolutionäre Treiben auf französischem Boden anzusehen.[1] Wenige Wochen nach Schillers Abreise brach in Stuttgart, wie im selben Jahr Ähnliches auch anderwärts geschah[2], eine Empörung der Schustergesellen aus, zu deren Bewältigung Truppen und Kanonen von Ludwigsburg aufgeboten werden mussten; der Obristwachtmeister vermutete jakobinische Einflüsse. Die Bauern gingen, wie die Mutter im Sommer schrieb, auf die Jagd und wollten sich nichts sagen lassen; überall wurde gestohlen; die Bürger wollten »französisch handeln«; fliegende Kommandos hielten mühsam die Ordnung aufrecht, und die Beamten mussten sich durch Hunde vor Insulten schützen.

Schon damals gährte dies alles im Schwabenland, und gerne eilten Wünsche und Hoffnungen über die nächste Zukunft hinweg. Im kommenden Jahr, wenn es wieder ruhiger geworden, wollte der Vater seine Kinder in Jena und Meiningen besuchen, und Schiller hoffte, als er sich »herzlich schwer« zur Abreise entschloss, alle wieder zu sehen.

Trügerische Hoffnung! Von allen, die weinend dem Reisewagen nachschauten, hat keines den teuern Sohn und Bruder wieder umarmt. Auch mit Lotte sind sie nie wieder in persönliche Berührung gekommen; Schwaben aber »oder vielmehr Württemberg«[3] hatte ihr wohlgefallen, und noch nach sechzehn Jahren waren es neben anderen Gründen auch »die schönen Bilder der Vergangenheit«, welche sie nach Stuttgart zogen.[4]

Dagegen trat Karl später in die Dienste seines Geburtslandes, in welchem man noch lange nachher mit Liebe und Freude, ja mit Enthusiasmus des Schillerschen Besuches sich erinnerte.[5]

IV. Die Ideale.

Nicht umsonst bemerkte Wilhelm v. Humboldt eine Veränderung an dem Freunde, der am 15. Mai wieder in Jena eintraf. »Alles Beste von sonst fand ich wieder und erhöht; aber ausserdem eine so gleichmässige aus Ihrem ganzen Selbst entsprungene Ruhe und Milde, dass beide, abgerechnet dass sie Ihre innere Zufriedenheit notwendig erhöhen, einen unbeschreiblich wohlthätigen Einfluss auf den Umgang mit Ihnen verbreiten.«[6]

Abgeschlossen lagen jetzt hinter ihm, wie Julian Schmidt sagt, jene »zehn Jahre eines rastlosen, angestrengten Suchens und Orientierens, eines Strebens nach innerem Glauben und nach äusserer Anerkennung«.[7] — Er hatte einen Rückblick gethan, wie der Wanderer, wenn er vor dem letzten, steilsten Abschnitt seiner Bergfahrt noch eine Rast sich gönnt. Noch einmal hatte er den Boden berührt, dem er entsprossen war; der Odem der Kindheit, die Umarmung seiner Lieben hatte seine Lebenssäfte noch einmal erneut. Im Umgang mit den Jugendfreunden, an der Gruft seines fürstlichen Erziehers, an der Stätte vormaliger despotischer Orgien und so nahe dem Schauplatz der fränkischen Staatsumwälzung hatte er Anlass gehabt, manche seiner Anschauungen nach strenger Prüfung zu reinigen und zu vertiefen, die in philosophischen Untersuchungen zersplitterten und zugleich erstarkten Kräfte seines Geistes harmonisch wieder zu sammeln, den

---

[1] E. Vely. S. 195 f.
[2] L. v. Wolzogens Memoiren. S. 9 ff.
[3] Urlichs I. 340.
[4] Urlichs I. S. 541.
[5] Göthe an Schiller 31. August 1797.
[6] Briefwechsel mit Humboldt. S. 174.
[7] Rundschau IV. S. 390.

ganzen Menschen, den Dichter in sich wieder herzustellen: ein Bedürfnis, das ihn schon vor Jahren beseelte, als er über Bürgers Dichten sein Urteil aussprach.

Jetzt erst konnte Göthe ihm die Freundeshand reichen und über die ersten Gedichte, welche aus dem in der Heimat neueröffneten Born der Poesie emporströmten, das Lob abgeben: »sie sind nun, wie ich sie vormals von Ihnen hoffte.«[1]

Wir begreifen, warum der Dichter in gesteigertem Selbstvertrauen gerade jetzt von Körner ein Glaubensbekenntnis begehrte über die Richtung, auf welche sein Talent ihn am meisten hinweise: und ganz ähnlich wie vor einem Jahrzehnt Wieland[2]), so rügte der Freund (27. September 1795) in den früheren Arbeiten »ungebildete Kraft, ein Streben nach Grösse, Gedankengehalt, erschütternder Wirkung, kurz nach dem, was man als das Charakteristische dem Schönen entgegensetzt«; aber in den neuesten Werken nähere er sich, »ohne den Reichtum des Einzelnen aufzuopfern, jener Harmonie, an welcher man den Geist der Antike erkenne.« Jetzt erst konnte seine Umgebung und er selbst seiner Vielseitigkeit inne werden, welche nach Humboldts Urteil genügte, »ein ganzes Leben mit schöner Mannigfaltigkeit auszustatten«.

Jetzt erst, wo seine Persönlichkeit fertig, seine Geistesform »auf ewig bestimmt« war, wagte er das Gebiet der reinen Lyrik zu betreten; denn jetzt erst hielt er seine Individualität für wert, »vor Welt und Nachwelt ausgestellt zu werden«.[3]

Die rührende Dankbarkeit, mit welcher er die Freuden seiner Häuslichkeit an Lottens Seite genossen hat, durchdrang ihn gerade in jenen Monaten mit doppelter und dreifacher Wärme: er sah Lotte als junge Mutter um sich walten, hörte den kleinen »Goldsohn« um sich lärmen, und nach langen Jahren wieder durfte er selbst täglich als liebevoller Sohn sich fühlen und geben, während Lotte, bei aller Eigenart ihrer Sitten und Anschauungen, durch ihre Herzensgüte und edle Feinheit, wie alle, die mit ihr in Berührung kamen, auch ihre Schwiegereltern zu beseligen und durch ihre tiefreligiöse Anlage zu trösten wusste[4]), welche ihr mit Schiller gemeinsam war.[5]

Seine rührige Mutter mag ihm beim Lied von der Glocke vor Augen geschwebt haben; die dankbare Liebe zu Lotten gelangt in der »Würde der Frauen« zum Ausdruck: das hat Frau v. Stein ganz richtig herausgefühlt.[6]

Gewissermassen das männliche Gegenstück dazu bilden »die Ideale«, diese eminent lyrische Dichtung, in welcher der grosse Denker und Kämpfer sein vergangenes Leben wehmütig überblickt, um dann mit stolzer Bescheidung der Zukunft entgegen zu gehen.

Wilhelm v. Humboldt war es, der in seinem Brief vom 31. August 1795 das Gedicht zuerst mit dem Aufenthalt in Schwaben andeutend in Zusammenhang brachte. »Es hat einen so nahen Bezug auf Sie, die Empfindung ist so schön und natürlich, der Ausdruck so wahr, dass meinem Herzen kein anderes Stück Ihrer Hand eigentlich so wert ist.« Schiller entgegnet, das Gedicht sei »mehr als ein Naturlaut (wie Herder es nennen würde) und als eine Stimme des Schmerzens, der kunstlos und vergleichungsweise auch formlos ist, zu betrachten. Es ist zu subjektiv (individuell) wahr, um als eigentliche Poesie beurteilt werden zu können, denn das Individuum befriedigt dabei ein Bedürfnis, es erleichtert sich von einer Last, anstatt dass es in Gesängen von anderer Art, vom inneren Überfluss getrieben, dem Schöpfungsdrange nachgiebt.«

Hier darf Schillers Kritik auch einmal durch eine treffende Ansicht Hermann Grimms

---

[1] Göthe an Schiller. Nr. 110.
[2] J. G. Gruber, Wieland II. S. 111 und 571 ff. Wielands Werke (Hempel) 38. S. 454 ff.
[3] »Über Bürgers Gedichte.« »Vorbericht zu der Sammlung der kleineren prosaischen Schriften« (Hempel XV. S. 122).
[4] Urlichs I. 542. Der schöne Brief an Wolzogen in Karolinens Nachlass II. S. 177 .
[5] Schillers Leben. S. 68. 74. 76. u. s. w.
[6] Urlichs II. S. 393.

berichtigt werden: »Dem freien Blick ist jede Schöpfung eines Künstlers nur das Symbol seiner Seele, ein Teil seines Lebens. Ihn selbst verlangen wir in seinen Werken.«[1]

Und wie unverhüllt finden wir Schiller in dieser seiner Dichtung, welche, »aus der sanftern und fernenden Erinnerung« ganz in Göthescher Art das Facit seines Lebens und Strebens zieht! In verwandter Seelenstimmung hatte er neun Jahre früher, als eben die Übersiedelung nach Dresden vollzogen war, an Huber geschrieben: »Das Knabenjahr unseres Geistes wird jetzo aus sein, wie ich mir einbilde, so auch die Flitterwoche unserer Freundschaft.« Darauf der elegische Ausruf: »Enthusiasmus und Ideale, mein Teuerster, sind unglaublich tief in meinen Augen gesunken.« Er bekennt, er sei dem gewöhnlichen Fehler verfallen, »die Zukunft nach einem augenblicklich höhern Kraftgefühl zu berechnen und den Dingen um uns her die Farbe unsrer Schäferstunde zu geben.«

Dieser Ernüchterung waren Tage vorangegangen, die sein Innerstes aufregten. In Kahnsdorf hatte er Körner zum erstenmal leibhaft ins Auge geblickt, und als er auf dem Rückweg nach Leipzig mit Huber auf des Freundes Wohl trank, da musste er an die Einsetzung des Abendmahls denken: »Ich hörte die Orgel gehen und stand vor dem Altare.« Es war der Hauch der Kinderunschuld, der ihn umwehte und ihm von Tagen erzählte, da er nicht schlafen konnte, wenn er sein Nachtgebet vergessen hatte. Bald nachher auf der Reise nach Dresden schrie er laut auf, als er die Elbe zwischen zwei Bergen heraustreten sah: »eine schwesterliche Ähnlichkeit dieser Gegend mit dem Tummelplatz meiner frühen dichterischen Kindheit macht mir sie dreifach teuer.«[2]

In dieses reine, ideale Gefühl musste der Sturm des Lebens bald genug Staub und Steine werfen. So wird der auffallend kleinlaute Ton jenes Briefes uns wenigstens zum Teil verständlich.

Jetzt hatte er in Wirklichkeit die heiligen Stätten aufgesucht, hatte, wie Göthes Orest und Pylades, mit voller Seele in die stillen Stunden sich versenkt, wo einst die Welt so weit, so offen vor ihm lag; und in Anschaun der engen Heimat war ihm, wie der junge Werther es in dem Briefe vom 9. Mai so unübertrefflich schildert, die ganze Zauberkraft kindlicher Wahrheit und natürlicher Simplizität gegenwärtig geworden — Eigenschaften, welche gerade in den »Idealen« ein hervorstechendes Merkmal bilden.

Wen müsste nicht die tiefe und wohlbegründete Wehmut ergreifen, welche das ganze Gedicht durchzieht! Mehr als ein Jahrzehnt hatte der Dichter mit wechselnden, lange Zeit mit niederdrückenden, ja bedrohlichen Schicksalen in der Ferne gerungen. Nun trug Christophine seit Jahren infolge seines Lebensganges, wenn auch sehr gegen seinen Willen, die Fessel einer freudenleeren Ehe; Luise schien einsam verblühen zu sollen; und den Anlagen der reizenden Nanette fehlte Luft und Licht zu voller Entfaltung. Die Eltern, die er in rüstiger Gesundheit verlassen, begannen alt und hinfällig zu werden; seine Flucht und die schweren Anfechtungen seines Mannheimer Aufenthaltes hatten ein jahrelanges Gebrechen der Mutter verursacht, das wiederholt ihren Tod befürchten liess, und in dem wackern Vater manche Härte zutage gefördert, unter welcher die Frauen um so schlimmer zu leiden hatten, als seine unermüdliche Pflichttreue des Taues der Anerkennung entbehrte. Er selbst, damals mit seinen Plänen die Welt umspannend, ein sturmeskuhner Jüngling, der sich, ähnlich wie sein Karl Moor, vermass:

»Stünd' im All der Schopfung ich alleine,
Seelen träumt' ich in die Felsensteine,
Und umarmend küsst' ich sie«

war ein vielgeprüfter, körperlich unheilbar siecher Mann geworden; wie lange konnte es noch

---

[1] Morgenblatt 1836. S. 416.
[2] An Huber im Briefw. mit Körner. Ausgabe von Gödeke I. S. 38. 24. 36.

währen, bis er selbst »ins Meer der Ewigkeit« hinabsank wie die Ideale, mit denen er dereinst »aus der herzoglichen Akademie in die Welt gegangen«[1], und wie der Herzog Karl, der Felsen, an welchem damals sein Lebensschifflein gescheitert war! Mit dem Aufgeben seiner Stellung in der Heimat hatte er geglaubt alles zu gewinnen: dem Liebling des Glückes, dem Sohn des Ruhmes schien nichts unerreichbar.

»Jedoch schon auf des Weges Mitte«, ja sehr viel früher schon hatte die Enttäuschung begonnen. Was er für Frauenliebe hielt, das hatte in Mannheim, in Dresden, in Weimar als Deckmantel der Selbstsucht, der Eitelkeit sich erwiesen, zur Beschämung seines Verstandes, zur Beunruhigung seines Gewissens; und die unerwartete Begegnung in Heilbronn, die in Stuttgart im Zumsteegschen Familienkreise erwachenden Erinnerungen waren nicht geeignet, den Schmerz zu beschwichtigen. Vor Jahren schon hatte er während seiner Fehde mit Bürger unter vielen Selbstbekenntnissen auch die Erfahrung geäussert, wie gerne »die Selbstzufriedenheit des Künstlers den lauten, brausenden Zuruf, der ihn gleich bei seiner ersten Erscheinung umtönt, mit dem Urteil der Welt« verwechsle. Dieser Beifall hatte nicht verhindert, dass man um die Früchte seines Geistes und seines Fleisses ihn betrog; und während die Stücke eines Iffland und Kotzebue die Kassen füllten, war er, wie er am 7. Januar 1788 dem Freunde klagte, für seinen Don Carlos, »das Werk dreijähriger Anstrengungen«, mit Unlust belohnt worden.

Da war er denn mitunter ungerecht geworden gegen sich und andere[2]; kleinmütig war er verzagt an seinem Dichterberuf, und jahrelang hatten über die Natur des Schönen, dessen Priester er sein wollte, finstere Zweifel ihn gepeinigt. Unter all diesen Kämpfen war seine Gesundheit, welche nach Lottens Überzeugung schon in der Karlsschule zu wenig Pflege fand[3], so schwer erschüttert worden, dass Leute, die ihn nie oder lange nicht gesehen hatten, ihn als ein fälliges Opfer des Todes ansahen.[4]

Neben der Hoffnung aber, die sein männliches Herz nie aufgab, blieben zwei Güter ihm unverloren. Es waren dieselben, um deren Erhaltung der Dauphin in der »Jungfrau« den Himmel anfleht.

»Des Freundes Herz« — das Herz seines Körner war ihm in den Tagen vorübergehender Entfremdung doppelt unschätzbar geworden. Bei jenem früheren Rückblick hatte er Huber die schwärmerischen Worte zugerufen, sie beide wollten, ganz wie Don Carlos und Posa, »Arm in Arm bis vor die Fallthüre der Sterblichkeit dringen, wo die Linien zwischen Menschen und Geistern gezogen sind«. Die Jahre und eifrige Studien hatten den Jüngling zum Mann gemacht, der von einem Freunde mehr als das glühende Erz der Bewunderung verlangte, wie man es in Schwaben ihm entgegen brachte; und von neuem fasste er die Hand seines treuen Eckardt, um sie nie wieder loszulassen.

Wo Körners unproduktive Natur ihm nicht zu folgen vermochte, da trat fortan der grössere Freund ein, dessen Herz jetzt ganz von selbst sich zu ihm neigte. Göthe und Schiller waren einander buchstäblich entgegen gewachsen, sie hatten mühsam und widerstrebend einander würdigen lernen. Wie unter den damals entstandenen Gedichten Schillers »die Ideale« am meisten Göthes Wohlgefallen erregten, weil sie der Lyrik Göthescher Konfessionen am nächsten kamen, so konnte Schiller an Wilhelm Meister sich nicht satt lesen, weil der Held so manche Züge seines eigenen Wesens an sich trug.[5] Vor sechs Jahren hatte unser Dichter an die Lengefeldschen Schwestern geschrieben: »Lassen Sie der schönen Hoffnung uns freuen, dass wir etwas für die Ewigkeit

---

[1] Brief des Hauptmanns an Dalberg, Bez. S. 46.
[2] Vgl. die sorgfältig abwägende Ausführung bei Düntzer, Schiller und Göthe, S. 23. ff.
[3] Urlichs I. S. 353. 358.
[4] Göthes Gespräche mit Eckermann 20. Dec. 1829 und 31. März 1831. Düntzer, Schiller und Göthe S. 45.
[5] Vgl. Buch IV., Kap. 16: die Ausführungen Aureliens.

angelegt haben. Diese Vorstellung habe ich mir frühe von unsrer Freundschaft gebildet.«[1] Diese Weissagung ist auch in der Verbindung mit Göthe volle schöne Wahrheit geworden. »Göthe,« sagt Lotte, »verstand ihn allein in den hohen Momenten unter seinen Freunden.«

Sie selbst aber, seine »treue Agnes«, sie hat ihn in seinen hohen, wie in seinen schlimmen und düstern Momenten verstanden. Überholte sie doch alle Frauen, ihre gefeierte Schwester nicht ausgenommen, an Kopf und Herz eben so weit als Schiller seine Jugendgenossen. Hinter keinem Mann tritt sie zurück in dem stolzen Bewusstsein, dass sie Schiller zu erfassen vermocht: »denn mir gab die Liebe Kraft zu ahnen und zu verstehen«. Das war freilich nicht »die Liebe« (oder, was auf Humboldts Rat leider gestrichen worden, »die Minne«) »mit dem süssen Lohne, die »nach kurzem Lenze« entflieht. »Teure, liebe Schwester!« schrieb die hohe Frau zwei Jahre nach des Gatten Tod an ihre Schwägerin Luise, »Du fühlst meinen Schmerz; aber so sehr Du Deinen Bruder liebtest, so gern Du um ihn warest, so hattest Du doch die Gewohnheit nicht mit ihm zu leben.« Und dann erzählt sie von den Zeiten, »da sich mir sein ganzes schönes Wesen enthüllte, da er allen meinen Fähigkeiten des Geistes und Gemütes eine höhere Richtung gab«. Welch schöne Bestätigung findet diese Versicherung in dem Ausruf Minna Körners: »Du geliebteste, treue Freundin und Gattin des edelsten Menschen!«

In demselben aus überströmendem Schmerze geschriebenen Trostbriefe fügt Minna hinzu: »Dass die Welt so viel an ihm hatte, meine teure Freundin, das kannst Du Dir zu Deinem Trost oft sagen, dazu hast Du viel beigetragen. Die völlige Freiheit, das Streben seines Geistes wurde nicht von Dir gehemmt und gedrückt. Keine Weiblichkeit von Deiner Seite zog den Flug seiner Phantasie zur Wirklichkeit nieder. Dies preisen Deine Freunde an Dir . . .«

So steht Lotte völlig ebenbürtig, ja im hellsten Glanze strahlend in dem Dreigestirn der Menschen, welche dem Dichter die liebsten waren. Und auch dies sein beglückendstes Bündnis hat die Freundschaft mit der Beschäftigung gegattet. Durch die aufopferndste Fürsorge für sein leibliches Wohlbefinden hat vor allen Leute es fertig gebracht »der Seele Sturm« in ihm zu beschwören und ihm den göttlichsten Genuss zu ermöglichen und zu erhöhen, welchen, mit Göthe zu sprechen, »das poetische Talent mit seinen Heilkräften« gewährt. Wie wohlthätig er auch zu einer Zeit, wo er mit der Dichtkunst nur mittelbar sich beschäftigte, diese Erleichterung empfand, mag ein Wort in dem Brief an Fischenich vom 11. Februar 1793 bezeugen: »Thätigkeit söhnt mich mit der traurigen Existenz aus, wozu mein kranker Körper mich verurteilt.«

Unlösliche Verschwisterung der Liebe mit hervorbringendem Fleisse war längst ein Glaubenssatz für Schiller und seine Freunde. Schon am 2. Mai 1785 schrieb ihm Körner, es verbittere ihm den Genuss der grössten Seligkeit, wenn er sich bewusst sei, nicht etwas zu thun, wodurch man einen Teil seiner Schulden dem Glücke abträgt. Mit Feuer griff Schiller dies Wort auf: »Glück zu dem lieben Wanderer, der mich auf meiner romantischen Reise zur Wahrheit, zum Ruhme, zur Glückseligkeit so brüderlich und treulich begleiten will. Ich fühl' es jetzt an uns wirklich gemacht, was ich als Dichter nur ahnte: Verbrüderung der Geister ist der unfehlbarste Schlüssel zur Weisheit. Einzeln können wir nichts.«

Die hochherzige Liebesthat des Prinzen von Augustenburg und des Grafen Schimmelmann und die dankbare Verehrung, die ihm von nah und fern, selbst aus Schweden und vom französischen Nationalkonvent, dargebracht wurde, hob mit dem Glauben an die Menschheit sein dichterisches Selbstgefühl und mahnte ihn, den Schüler Kants, an die ernsten Pflichten, welche sein Genius ihm auferlegt. Neben dem Vorbild des Vaters, den er in seinem unverdrossenen Wirken so oft beobachten konnte, rief ihn der Gedanke an sein Kind aufs neue ins Feld der schöpferischen That. Daher begegnet uns schon in der auf schwäbischem Boden entstandenen Abhandlung

---

[1] K. v. Wolzogens Nachlass I. S. 189.

»Über die notwendigen Grenzen beim Gebrauch schöner Formen«, wo er ähnlich wie in unserem Gedichte seine Entwickelung zeichnet und, wohl ohne Absicht, seine innere Verwandtschaft mit Göthe betont, das Bild vom Sandkorn: aber in wie ganz anderem, in wie stolzem Sinne! Dem seine Kraft überschätzenden jungen Dilettanten leuchtet der Kenner »in den tiefen Schacht der Wissenschaft und Erfahrung hinunter, wo, jedem Ungeweihten verborgen, der Quell aller wahren Schönheit entspringt. Gehört nun der fragende Jüngling, wie Göthe, zu den Glücklichen, die

»nie den schützenden Engel verloren,

Nie des frommen Instinkts liebende Warnung verwirkt«,

dann wird er sichs nicht verdriessen lassen, in die unterste Tiefe zu steigen, um auf der Oberfläche wahr zu sein: »ihm ist es wohlbekannt, dass nur aus dem unscheinbar Kleinen das Grosse erwächst, und Sandkorn für Sandkorn trägt er das Wundergebäude zusammen, das uns in einem einzigen Eindruck jetzt schwindelnd fasst.«

In dem eben berührten Gedicht: »Der Genius« (Genius und Schule), das bald nach der Rückkehr nach Jena verfasst ist, fordert er nicht einmal mehr die sorgsame und mühevolle Ergreifung des Einzelnen: nur einer unentweihten Natur bedarf es, welcher noch nicht

»Das Orakel verstummt in der entadelten Brust.«

So kurz erscheint ihm jetzt der Weg zum Olymp: »Die Schritte, welche ich in den letzten vier Jahren zu dem Ziele gethan habe, das vor meiner Seele steht,« schrieb er am 5. Februar 1796 an den Herzog von Augustenburg[1], »sind schneller und wichtiger gewesen, als alle, die ich vorher dazu habe machen können.«

Sein Dichterideal ist Göthe geworden, dem er von nun an in gleicher Höhe zur Seite steht, seine Lehrmeisterin die reine Natur, die er, wie uns der Verlauf seiner ästhetischen Briefe zeigt, an seinem »Goldsohne« schätzen und ergreifen lernte.

Wenn nun auch fortab der Gang seines Lebens stiller, gleichmässiger wird: auch der Rhein beruhigt sich im letzten, reichsten Teile seines Laufes, und mit ihm verglich Schiller sein Schicksal, als er den Schluss seiner Dichtung gegen Körner verteidigte. Es blieb ihm erspart, die Ähnlichkeit zu einer vollkommenen zu machen. Noch floss der Strom seiner Schaffenslust zwischen lachenden Ufern breit dahin im goldenen Sonnenschein, mit sich tragend als »Zeugen seiner Herrlichkeit« die Fracht ewiger Werke, zu denen er auf heimatlichem Boden sich frische Kraft und manche grundlegende Anschauung geholt: da rief ihn der Tod, ihn zu vereinen mit seinen vorangegangenen Lieben, deren letzte Jahre die Erinnerung an seinen Besuch, der Gedanke an seine und seines Weibes treue Liebe mit dem holdesten Abendrot verklärt hatte.

---

[1] Schillers Briefwechsel mit dem Herzog von Augustenburg, her. von M. Müller. S. 83.

Die Orosius-Recension

der

Historia Alexandri Magni de preliis und Babiloths Alexanderchronik.

Von Professor Dr. *Adolf Ausfeld*

am Gymnasium zu Bruchsal.

Unter den grossen Sagenkreisen des Mittelalters ziehen uns zwar die vaterländischen am meisten an. Aber so berechtigt diese Vorliebe für die dichterischen Schöpfungen des eigenen Volkes ist, so sehr verdienen doch auch solche Sagen das höchste Interesse, die sich, nicht beschränkt auf das enge Gebiet eines einzelnen Stammes, von Volk zu Volk, von Land zu Land fortgepflanzt haben, bis endlich die Poesie fast aller gebildeten Nationen das verklärte Bild ihres Helden in endloser Mannigfaltigkeit widerspiegelt. Unter diesen internationalen Sagen gebührt unbestritten der Alexandersage die erste Stelle. Von Ägypten aus nahm sie ihren Weg durch den ganzen Bereich der mittelalterlichen Kultur, von Arabien bis Skandinavien, von Persien bis Irland. Mehr als 80 Bearbeitungen in 24 verschiedenen Sprachen[1] sind ihr bis zum sechszehnten Jahrhundert zuteil geworden. Christen sahen in Alexander einen gottgesandten Bekämpfer der Ungläubigen, Muhammedaner einen Schützling Allah's, dessen Ruhm der Prophet selbst im Koran verkündet[2], Juden einen Verehrer des wahren Gottes und Beschirmer ihres Glaubens. Das ganze Mittelalter hindurch kam neben der Sage die geschichtliche Wahrheit kaum zur Geltung.[3]

Die Grundlage der meisten Bearbeitungen der Alexandersage bildet bekanntlich die griechische Lebensbeschreibung Als, die in der Überlieferung den erborgten Namen des Kallisthenes trägt. Es ist zu bedauern, dass dieses Werk auf das Abendland nur in verkürzter und

---

[1] Nach Gräsee 1842. Jetzt würde sich die Zahl noch grösser herausstellen.

[2] Die Orientalisten sind allerdings nicht darüber einig, ob unter dem »Dulkarnein« der 18. Sure wirklich Alexander zu verstehen sei. Darüber mehrere Aufsätze im 8. und 9. Band der Zeitschr. d. Deutsch. Morgenl. Gesellschaft; Fr. Spiegel, Die Alexandersage bei den Orientalen, S. 57 ff.; L. Donath, Die Alexandersage in Talmud und Midrasch, S. 18—21; H. Vogelstein, Adnotationes ... ad fabulas, quae de Al. Magno circumferuntur S. 29—40 u. a. Mir scheint die Identität hinlänglich erwiesen. Jedenfalls wurde sie bereits von alten arabischen Erklärern des Koran angenommen.

[3] Sehr bezeichnend für das Überwuchern des Sagenhaften ist eine französische Alexander-Geschichte aus dem Ende des Mittelalters, deren Verfasser es für nötig hielt, die wirkliche Existenz Alexanders des Grossen zu beweisen, an der man wegen der unglaubwürdigen Fabeleien schon zweifeln wollte. (Vgl. Jacobs und Ukert, Beitr. z. älteren Litteratur I S. 373.)

entstellter Fassung überging. Um die Mitte des 10. Jahrhunderts fand der neapolitanische Archipresbyter Leo in Konstantinopel zufällig eine Handschrift dieser Alexandergeschichte, die er sich eilig abschrieb. Nach seiner Abschrift fertigte er dann zu Hause, im Auftrage seines Herzogs, ein dürftiges Excerpt in barbarischem Latein, die sogenannte Historia de preliis[1]), und dieser fiel die unverdiente Rolle zu, der Litteratur der westlichen Völker die Alexandersage zu vermitteln. In seiner ursprünglichen Form konnte freilich Leos Buch nur geringe Verbreitung finden, wie uns denn nur eine einzige Handschrift des alten Textes erhalten ist. Dieser erfuhr jedoch etwa im 11. Jahrhundert, gleichfalls in Italien, eine Erweiterung und gründliche Umgestaltung durch einen geschickten und belesenen Bearbeiter, welcher dem Werke zu einem reicheren Inhalt vor allem auch eine entsprechende Form gab. Die Bearbeitung (J[2]) ist in einigen Handschriften unverändert vorhanden, natürlich abgesehen von den gewöhnlichen Entstellungen durch Schreiber (Handschriften-Gruppe J₁). Die wichtige Frage, wie sich dieser Text zu den uns vorliegenden unerweiterten verhält, soll hier nicht weiter berührt werden.[2]) Vielmehr sei diesmal unsere Aufgabe, eine dritte Textgestalt der H. d. p. (J₃) ins Auge zu fassen, die spätestens im 12. Jahrhundert durch nochmalige Erweiterung und Umarbeitung aus J[2] entstanden ist und rücksichtlich ihrer Einwirkung auf die Litteratur vielleicht selbst den Vorrang vor jener älteren Bearbeitung beanspruchen darf. Es ist diejenige, welche ich oben nach der Hauptquelle, die hier zur Ergänzung von J[2] verwendet wurde, als »Orosius-Recension« der H. d. p. bezeichnet habe.

Kinzel war der erste, der auf diese Textform aufmerksam machte (Zwei Recensionen der Vita Al. Magni etc. Berlin 1884; S. 3 f). O. Zingerle hat das Verdienst, in seinem Buch »Die Quellen zum Alexander des Rudolf von Ems« zuerst eine Handschrift dieser Recension zum Abdruck gebracht und die hauptsächlichsten Besonderheiten derselben der Reihe nach kurz verzeichnet zu haben. Er giebt auch zahlreiche Quellennachweise für die Zusätze. Da er indessen eine Untersuchung des Handschriftenverhältnisses der H. d. p. nicht zu seiner Aufgabe gemacht hatte, und überdies die Orosius-Recension nur aus einer Handschrift später Entstehungszeit kannte, so hat er die Komposition der Bearbeitung und die Art ihrer Abhängigkeit von den älteren Fassungen der H. d. p. nicht weiter in den Bereich seiner Erörterung gezogen.

Im folgenden mache ich auf Grund umfänglicheren Materials[3]) den Versuch, die Entstehung und Zusammensetzung dieser wichtigen Quellenschrift etwas eingehender zu prüfen. An Texten von J₃ waren mir dafür zur Verfügung: 1. (Stu) Handschrift der Kgl. Bibliothek in Stuttgart gez. »Hist. fol. No. 411«; 12. Jahrh.; enth. fol. 223—239 die H. d. p.; Abschrift einer defekten Vorlage, welcher der Schluss und zwei grössere Partien in der Mitte fehlten. 2. (M₁) Cod. lat. Monac. 824; 13—14. Jahrh.; enthält nur die H. d. p. In der Mitte fehlen 10 Blätter. 3. (L) Handschrift der Leipziger Ratsbibliothek gez. »Rep. II. 4°. 143«. 13. Jahrh.; enthält die H. d. p. mit vielen Bildern; 2 Doppelblätter sind ausgefallen. — No. 1—3 habe ich selbst abgeschrieben bez. kollationiert. — 4. (P³) Kollation einiger Partien des cod. Par. 11160, welche Herr Dr. H. Anacker die Güte hatte in Paris für mich zu besorgen. — 5. (Ox) Grössere Stücke aus einer Oxforder Handschrift der H. d. p. welche Joh. Gagnier in seiner Ausgabe des Josephus Ben-Gorion (Oxon. 1706) mitteilt. — 6. (Se)

[1]) Mit diesem abgekürzten Titel der Strassburger Incunabeln wird das Buch gewöhnlich bezeichnet. — In der folgenden Darstellung der Textgeschichte und des Handschriftenverhältnisses gebe ich einstweilen die Resultate von Untersuchungen, für welche meine Ausgabe der Historia die genaueren Nachweise bringen wird. Der unerweiterte Text ist inzwischen durch G. Landgraf (Erlangen 1885) herausgegeben worden. Texte der Bearbeitungen, die ich J[2] und J₃ nenne, liess O. Zingerle in seiner Schrift »Die Quellen zum Alexander des Rudolf von Ems« (Breslau 1885) abdrucken. J[2] nels aus einer Innsbrucker, teils aus einer Grazer, J₃ aus einer Seitenstetter Handschrift.
[2]) Zeitschrift f. Deutsch. Phil. XVIII. S. 392 u. 393 habe ich meine Auffassung bereits kurz angegeben.
[3]) Für Gewährung und Beschaffung von Handschriften bin ich den Direktionen und Vorständen des Fürstlich Fürstenbergischen Archivs in Donaueschingen, der Königlichen Bibliotheken in München, Dresden und Stuttgart, der Grossh. Universitätsbibliothek in Giessen und der Leipziger Ratsbibliothek, sowie Herrn Dr. Th. Vetter in Frauenfeld zu grösstem Danke verpflichtet.

Hs XXXI des Stiftes Seitenstetten: 15. Jahrh.; nach Zingerle's Abdruck. — Dies genügt, um die ursprüngliche Form der Bearbeitung im wesentlichen zu rekonstruieren.

Dem Verfasser von J_2 war es nicht um die Besserung von Stil und Sprache zu thun. Er hat den Wortlaut seiner Vorlage im ganzen möglichst unverändert beibehalten. Seine Absicht ging vielmehr dahin, den sachlichen Inhalt von J° zu vervollständigen und wirksamer zu gruppieren. Zur Vervollständigung benützte er hauptsächlich die auf Alexander bezüglichen Abschnitte des Orosius (Lib. III, bes. Kap. 16—20), deren Bericht mit dem von J° zu verbinden und in Einklang zu bringen, seine schwierigste Aufgabe war.

Für die Darstellung von Alexanders Jugendzeit kam Orosius kaum in Betracht. Es werden nur nach Kap. 7 § 4 die Wunderzeichen bei Al.s Geburt genauer, als in J°, angegeben. Dagegen steht in direktem Widerspruch, was beide Quellen über die ersten Kriegsthaten des jungen Herrschers erzählen. Während nämlich Or. gemäss der geschichtlichen Überlieferung (Justin) die Unterdrückung des griechischen Aufstands als den ersten bedeutenden Feldzug erwähnt, lässt die Il. d. p. nach Pseudo-Kallisthenes Al. zuvor Italien, Afrika, Ägypten und Syrien durchziehen, bereits mit den Truppen des Darius feindlich zusammenstossen, dann auf die Nachricht von einer Erkrankung seiner Mutter Olympias über Kleinasien nach Macedonien zurückkehren und nun erst die Unterwerfung der griechischen Städte in Angriff nehmen. Der Bearbeiter hilft sich nicht ungeschickt in der Weise, dass er für diesen Kreislauf im allgemeinen die Komposition von J° zu Grunde legt, der sich auch die entsprechenden Abschnitte aus Orosius fügen müssen, während vom zweiten Auszug aus Macedonien bis zum Schlusse des Perserkriegs die Anordnung durch Orosius bedingt scheint.

In der ersten Abteilung weicht J_2 rücksichtlich der Reihenfolge der Begebenheiten von J° nur in zwei Punkten ab. Das Opfer in Tragachantes, das in J° unmittelbar vor der Unterwerfung Griechenlands seinen Platz hat, wird an die Spitze des ganzen Feldzuges gestellt. Der Bearbeiter wollte vielleicht seinen Helden den Krieg mit einer gottesdienstlichen Handlung eröffnen lassen.[1] Während dann nach der älteren Fassung Al. auf dem Wege nach Italien Chalcedonia erobert, verlegt der Bearbeiter die Einnahme dieser Stadt, die er mit Chalcedon identificiert, folgerichtig in den Feldzug an der Propontis und setzt an deren Stelle die Unterwerfung von Illyricum und Salona. Bei Al.s Ankunft in Syrien wird aus Oros. Kap. 16 § 11 eine Bemerkung über die Behandlung der syrischen Könige, nach der Zerstörung von Tyrus anstatt der Einnahme von Gaza aus § 12 der Zug durch Cilicien und Rhodus eingefügt. In dem ersteren Zusatz ist dem Verfasser ein Missverständnis begegnet. Aus ›regibus cum infulis ultro occurrentibus‹ macht er ›occurrerunt . . . reges cum muneribus‹. Der Fluss, an welchem Al. bei Empfang des zweiten Briefes des Darius lagert, wird in J° Stragana, in J_2 Granicus genannt. Die Korrektur beruht wohl darauf, dass in J° weiter unten Stragana als der persische Name des Granicus erklärt ist. Wo dann J° die Eroberung Ciliciens erzählt (nach Al.s Kampf mit dem persischen Feldherrn Amonta bei dem Rückzug nach Macedonien), wird dieselbe in J_2 natürlich übergangen, desgleichen auch der Inhalt der nächsten Zeilen: die Vermehrung des macedonischen Heeres, die Unterwerfung von Isaurien, die Ersteigung des Taurus und die Ankunft in Persopolis; vermutlich veranlasste letzteres die Tilgung der ganzen Stelle, indem der Verfasser Persopolis (ein Verderbnis aus *Ilupia πόλις*) für gleichbedeutend mit Persepolis hielt, und aus Or. Kap. 17 § 5 ersah, dass die Erwähnung dieser Stadt hier nicht am Platze sein könne. Beim Zuge durch Phrygien findet aus Or. 16 § 5

---

[1] Durch die christlichen Darstellungen der Sage geht eine zweifache Richtung. Den einen ist Al. ein rechter Vertreter der eitlen Weltlichkeit des Heidentums. Die andern wollen ihren Helden zu den übrigen Tugenden auch die wichtigste, die Frömmigkeit, nicht missen lassen. So fordert der Verfasser der Einleitung zu Leos II. d. p. (Bamberger Handschrift fol. 192b) die geistlichen Leser auf, trauernd zu erwägen ›quam sapientes et pios uiros tunc possidebat diabolus excecando mentes illorum, ne suum agnoscerent creatorem‹.

13*

die Notiz Verwendung, dass Al. »Giordion, Phrygiae civitatem, quae nunc Sardis vocitatur« genommen habe. Bei der Scene in Troas endlich ist die überflüssige Angabe der Breite des Skamander gestrichen.

Nach J* unterwirft nun Al., sobald er sich von der Genesung seiner Mutter überzeugt hat, zunächst die Städte in Thracien und Chalcidice, wendet sich dann gegen Griechenland und bricht schliesslich abermals zum Perserkriege auf. Der Bearbeiter weist nach Or. Kap. 16 § 1 dem Zug gegen Griechenland die erste Stelle an, worauf nach § 2 die Eroberung der thracischen Städte folgt samt dem, was J* im Zusammenhang damit erzählt (Unterwerfung von Abdira, Biostia, Olinthus, Chaldeopolis, Hungersnot am Xenis, Erholung in Locrus).[1] Die Angabe von J*, dass Al. von Griechenland ·per partes Cilicie« in das Land der Barbaren gezogen sei, wird dafür beseitigt. Vor Abdira ist aus einer andern Stelle von J* die Eroberung von Chalcedonia eingeschoben, nebst einem besonderen Zusatz, welcher der geographischen Kenntnis des Verfassers seine Entstehung zu verdanken scheint (s. u.). Die Verhandlungen mit den Athenern sind nach Oros. § 1 korrigiert. Or. bemerkt nämlich, dass Demosthenes die Griechen zum Abfall von Al. verleitet habe, während bei Leo und J* Demosthenes im Gegenteil den Athenern zum Frieden rät, und Eschilus (Bamb. Handschr. eschillis statt eschinis = Λισχίνης) das Volk zum Widerstande aufreizt. Der Verf. von J₂ lässt Demosthenes und Eschilus vollständig die Rollen vertauschen. Nach anderer Quelle (s. u.) sind dann noch weitere Änderungen vorgenommen. Die Beratung, die Darius auf die Nachricht vom Herannahen Als mit seinen Satrapen abhält, findet infolge jener Umstellung ihren Platz nach dem thracischen Feldzug anstatt nach der Unterwerfung der Lacedämonier. Die in J* darauf folgende Bemerkung, dass Al. sein Heer auf 200,000 Mann vermehrt habe, wird durch die Mitteilungen ersetzt, die bei Oros. Kap. 16 § 3 über die Stärke des macedonischen Heeres gegeben sind.

Von da an gehen J* und J₂ völlig auseinander. Die Änderungen des Bearbeiters beruhen offenbar einerseits auf Vergleichung des Orosius, anderseits auf dem Streben, die Komposition zu bessern. Nach Oros. traf Al. mit Darius in drei grossen Schlachten zusammen: denn auch die erste (am Granicus, den aber Or. nicht nennt) erscheint bei ihm als :cum Dario rege congressus«. In J* schlägt Al. auch drei Schlachten, darunter jedoch eine, die erste, gegen Satrapen. Dies musste also geändert werden. Ausserdem aber hielt es der Bearbeiter für zweckmässig, Als ersten Kampf mit Darius weiter hinauszuschieben. Denn mehrere der Abschnitte, die in J* zwischen der ersten und zweiten Niederlage des Perserkönigs ihre Stelle haben, nehmen sich besser aus, wenn sie dem ersten Zusammentreffen vorangehen. Satrapen machen den Grosskönig brieflich auf die Ankunft Als aufmerksam und bitten ihn dringend um Hilfe »antequam ingrediatur ad te«. Darius schreibt Al. einen hochmütigen Brief, in dem er schon den blossen Gedanken Als, dass er zu ihm kommen wolle, als frevelhaften Übermut bezeichnet. Al. erwidert drohend: ·Cave .., quia certissime venio ad te, ut loquar tecum«. Später begiebt er sich als Bote verkleidet in das Hoftlager des Darius und fordert ihn auf, sich endlich einmal zum Kampfe zu stellen. Alle diese Momente eignen sich, die Erwartung auf den ersten Zusammenstoss der beiden Gegner zu spannen, während sie in ihrem ursprünglichen Zusammenhang weniger Interesse erregen, da hier Al. bereits durch zwei grosse Siege seine Überlegenheit völlig dargethan hat.

Es werden demnach folgende Umstellungen vorgenommen: Auf die oben erwähnte Angabe der Truppenzahl folgt in J* Als Bad im Oceanus (st. Cydnus), seine Erkrankung und seine Heilung durch Philipp. Der Verfasser von J₂ bringt dies nach Or. Kap. 16 § 5 vor der zweiten Hauptschlacht (bei Issus) unter. Von den nächsten Abschnitten bleibt die Unterwerfung von Gross-

---

[1] Se bringt den thracischen Feldzug zweimal: vor und nach der Unterwerfung Griechenlands. L. und I*b (Stu und M) haben hier Lücke) zeigen, dass er an die letztere Stelle gehört. An der andern ist die entsprechende Partie aus einem Texte der Gruppe J₁ eingeschoben.

armenien (Medien streicht der Bearbeiter) und Als Übergang über den Euphrat stehen, während die Schlacht gegen die Satrapen des Darius am Tigris und die Niederlage des Darius in Cilicien nebst ihren Folgen, der Eroberung von Bactra und der Gefangennehmung der Familie des Darius, hier ausfällt. Das Auslassen des letztgenannten Ereignisses macht im folgenden ein weiteres Ändern der Anordnung nötig. Aus der nächsten Partie sollten nämlich nun die Stücke herausgehoben werden, die, nach unserer Vermutung, zu dieser ganzen Verschiebung Veranlassung gaben: diejenigen, in welchen auf die drohende Annäherung Als und eine bevorstehende Schlacht hingewiesen wird. In zweien derselben, einem Briefe des Darius an Al. und dem Antwortschreiben des Macedoniers, ist ausführlich von der freundlichen Behandlung die Rede, die Al. der Familie des Darius zuteil werden lasse. Um dies beibehalten zu können, ist der Bearbeiter auf das Auskunftsmittel verfallen, den Brief des Satrapen Nostadi, der in J* weiter unten mitgeteilt wird, an die Spitze dieser Abschnitte zu stellen. Nostadi schreibt seinem Herrn: »Plurimi potentissimi atque preclari milites nostri iunxerunt se Alexandro regi honoravitque eos et regales provincias illis concessit.« Es bedarf dann nur einer geringen Streichung im Briefe des Darius[1]), und alles übrige, was ursprünglich von Als Güte gegen die Familie des Darius gesagt ist, lässt sich nun auf sein Verfahren gegen jene Satrapen beziehen. Sogar die Wendung »crucia illos ut filios inimici« ist stehen geblieben, und fügt sich ja auch zur Not dem neuen Sinne. Aber ein vernünftiger Gedankengang kommt freilich bei solcher Künstelei nicht heraus. Denn wenn Darius seinem Gegner versichert, durch die gütige Behandlung der Überläufer werde er seine Freundschaft nicht gewinnen, und Al. erwidert, er habe ihm damit auch nichts zuliebe thun wollen, so kann man dergleichen doch nur thöricht nennen.

Als neue Ordnung der Abschnitte nach der Erzählung vom Übergang über den Euphrat ergiebt sich also: 1. Brief des Nostadi und Erwiderung des Darius; 2. Verrat-Anerbieten eines Persers (ein Stück, das nur wegen seines Platzes neben dem folgenden an der Umstellung teilnahm), Hilfegesuch der Satrapen Stapsi und Sphictir, Brief des Darius an Al. und Antwort Als; 3. Als Abenteuer bei seinem Ritte in die persische Hauptstadt[2]) und die Rede, mit der er nach seiner Rückkehr die Macedonier zum Kampfe ermutigt. Was in J* zwischen der zweiten und dritten Gruppe steht, wird, mit Ausnahme von Nostadis Brief, in J₂ erst später verwendet.

Auf Nr. 3 lässt der Bearbeiter dann endlich die erste Schlacht zwischen Al. und Darius folgen. Der Darstellung derselben ist die Schilderung zu Grunde gelegt, die J* von der Schlacht gegen die Satrapen am Tigris giebt, denn das ist in J* der erste der drei grossen Kämpfe. Indem nun diese Schlacht am Tigris in J₂ unmittelbar nach Als Ritt zu dem persischen Hoflager stattfindet, so wird der Fluss, den Al. bei diesem Abenteuer überschreitet, gleichfalls zum Tigris; Ps. Kallisthenes und Leo nennen ihn Stranga oder Stragan, J* Granicus, qui Persica lingua Stragana nominatur. Derselbe Fluss spielt nun bei Leo und J* auch in dem letzten, entscheidenden Kampfe eine bedeutsame Rolle, indem seine Eisdecke, die damals Al. bei seinem einsamen Ritte den Übergang ermöglichte, unter den fliehenden Persern zusammenbricht. In J₂ wird daher auch die dritte Schlacht an den Tigris verlegt, und so ist der Bearbeiter hier zufällig der historischen Wahrheit ganz nahe gekommen; daneben besteht freilich die arge Verwirrung, dass auch die Schlacht am Granicus bei ihm am Tigris geschlagen wird, wie umgekehrt in J* die Schlacht bei Arbela am Granicus.

In der Erzählung von Als Botenritt gab es noch mancherlei im einzelnen zu ändern. Die Stadt, in welcher Al. den Perserkönig aufsucht, nennt J* Susis, J₁ nach Or. Cap. 17 § 5 Persi-

---

[1]) Der Bearbeiter tilgt die Worte: Tamen non elevatur mens tua in hoc, quod fecisti. Sic spero namque, ut mater mea mortua fuisset et uxorem et filios aliquando non habuissem. Pro certo scias, quia non tacebo inquirendo iniuriam meam.

[2]) Es schliesst sich dies an No. 2 um so besser an, da durch Als Besuch bei Darius die Drohung »verthssime venio ad te ut loquar tecum« erfüllt wird. Toischer (Z. f. D. Alt. Anz. XII, S. 20) macht darauf aufmerksam.

polis[1]), was auch an andern Stellen regelmässig für Susis eingesetzt wird. Die Breite des Flusses ist in J° auf ein Stadium angegeben. Dem Bearbeiter scheint dies für die Katastrophe in der Schlacht zu gering; er fügt hinzu: »Nam in alio loco latitudo eius maxima est.« (So Stu L; in Se fehlt dies.) Nach J° findet Al. seine Gegner in eifriger Thätigkeit ut aliam pugnam cum Al. committeret; »aliam« musste natürlich wegfallen. Endlich heisst es in J°, Al. habe sein Heer damals auf 120 000 Mann gebracht. In J₁ ist stattdessen Als Truppenzahl wiederum nach Or. Kap. 16 § 3 angeführt.

Die Beschreibung des ersten Kampfes am Tigris ist ein bezeichnendes Muster der Mosaik-arbeit solcher Kompilatoren. Sie ist aus sechs verschiedenen Stücken zusammengesetzt. Die Ein-leitung stammt aus der Schlacht in Cilicien, die Schilderung des Gefechtes und das Dankopfer aus der Schlacht am Tigris, die Flucht des Darius aus der Schlacht am Stragana-Granicus, die Versorgung der Gefallenen und Verwundeten aus den Abschnitten, die der Schlacht am Stragana-Granicus folgen; mit allem dem ist der Inhalt von Or. Kap. 16 § 4 (Schlacht am Granicus) ver-bunden und überdies die Zahl der gefallenen Perser nach Or. IV, 1, 13 angegeben.

Aus den oben übergangenen Partien wird dann zunächst nachgetragen: Als Erlass an seine Unterthanen, dass man ihm Kleider und Schuhwerk für die Truppen an den Euphrat sende, und Darius' erstes Hilfegesuch an Porus nebst der Erwiderung des Inders. Den Brief an Porus schreibt Darius in Persipolis. Dorthin lässt ihn der Bearbeiter nach der ersten und zweiten Nieder-lage fliehen, anstatt, wie J°, nach der dritten, deren Folgen in J₁ vielmehr nach Oros. berichtet werden. Daran schliessen sich die Ereignisse in Cilicien, die der zweiten Hauptschlacht voran-gehen: Als Eilmarsch über den Taurus nach Tarsus und sein Bad im Cydnus (J₀; Cignus) nach Or. Kap. 16 § 5 und die Heilung des erkrankten Königs nach dem oben erwähnten Abschnitt von J°. Die Schlacht ist nach Or. § 6–9 erzählt mit Einmischung einzelner Redensarten aus J°. Einige unbedeutende Abweichungen beruhen wohl auf verdorbten Lesarten des Orosius-Textes, der vom Bearbeiter benützt wurde: die Zahl der gefallenen Perser (XXX milia peditum statt LXXX milia) und Macedonier (pedites CL statt pedites CXXX equites CL²) und die Angabe, dass »mater et uxor et sorores due et due filie Darii« gefangen worden seien, statt »mater et uxor eademque soror et filiae duae«. Jene Bezeichnung der Familie des Darius wird auch überall für die in J° gegebene (»mater et uxor et filii«) eingesetzt. Hinzugefügt ist die Entsendung des Parmenio gegen die persische Flotte nach Or. § 11 und die Verwundung Als durch einen verkleideten Perser, die J° in der ersten Schlacht geschehen lässt; der Bearbeiter verlegt sie in die zweite, weil Or. § 8 erwähnt, dass Al. in dieser verwundet worden sei.

Die Darstellung, die in J° von den Folgen dieses Sieges gegeben ist, war neben dem Bericht des Oros. nicht zu gebrauchen. Es heisst dort, Al. habe Darius bis zur Stadt Bactra verfolgt, und bei deren Einnahme sei die Familie des Königs in seine Hände gefallen. Der Bearbeiter ersetzt dies durch die Abschnitte, in welchen J° das Verhalten des geschlagenen Königs nach dem dritten Kampfe schildert: die Flucht des Darius nach der Hauptstadt (Hindeutung auf seine Ver-wundung nach Or. § 8), seine Verzweiflung und seine Bitte an Al., er möge gegen die Hälfte seines Reichs (dies nach Or. § 10) und grosses Lösegeld die Gefangenen zurückgeben. Daran schliesst sich: wie Al. den Antrag zurückweist, wie sich Darius darauf wiederum zum Kriege rüstet und auch den König Porus abermals um Beistand bittet, von allem dem durch Überläufer Kenntnis erhält. In J° ist der Zusammenhang dieser Ereignisse durch ein Stück unter-brochen, welches von den gleichzeitigen Unternehmungen Als handelt. Der Bearbeiter hatte einen Teil davon schon vorher verwendet; das übrige (die Anzündung der Paläste des Xerxes,

---

[1]) Persipolis, nicht Persepolis, haben alle Handschriften von J₁ und die Donaueschinger Orosius-Handschrift (d. 8. Jahrh.); vgl. Zangemeisters Ausgabe.

[2]) Dieselbe Lücke hat die Donaueschinger Orosius-Handschrift; s. Zangem. z. d. St.

Auffindung der persischen Königsgräber und Befreiung verstümmelter Gefangener) bringt er nach der dritten Schlacht, wo es vor der Einnahme von Persipolis wohl am Platze ist. Mit der Nachricht, die bei Al. über die neuen Rüstungen des Darius einläuft, verbindet sich passend der Brief der Rodoguni, die ihren Sohn von weitern Feindseligkeiten gegen Al. abmahnt. Ursprünglich (bei Ps. Kall., Leo und J*) stand der Brief hinter dem ersten Schreiben des Darius an Porus.

Die Entscheidungsschlacht wird nun eingeleitet durch die Äusserung Al.s, er werde sich nicht Kaiser nennen, ehe er nicht das Reich des Darius erobert habe, und durch die Erzählung von dem listigen Verfahren Al.s, der die Perser über die Zahl seiner Truppen zu täuschen weiss, indem er seine Soldaten möglichst viel Staub aufwirbeln lässt. Jener Ausspruch hat in J* nach dieser Schlacht seine Stelle, als dem König von den neuen Unternehmungen des Darius Kunde zukommt; der letztgenannte Zug gehört auch in J* zu den Vorbereitungen der dritten Hauptschlacht.

Die Schilderung des Kampfes ist aus dem zusammengesetzt, was sich in J* und bei Orosius Kap. 17 § 1—3 über die dritte Schlacht vorfindet. Nur verlegt der Bearbeiter aus den bereits erwähnten Gründen den Schauplatz an den Tigris anstatt an den Stragana-Granicus wie J* oder nach Tarsus wie Orosius.[1] Rücksichtlich der Zahl des persischen Fussvolks weicht J₂ von der am besten beglaubigten Lesart des Orosius-Textes ab, stimmt aber mit einzelnen älteren Handschriften überein.[2] Das Resultat der Schlacht und die Zahl der Gefallenen des ganzen Perserkrieges (1500000) ist nach Or. § 1, 5, 3, 8 angegeben. Die Worte set haec quidem ex eo regno illisque populis, unde iam ante per annos non multo plures deciens noviens centena milia profligata referuntur, die sich natürlich auf die Kriege der Perser gegen Hellas beziehen, hat jedoch der Bearbeiter missverstanden; er macht daraus, dass ausser jenen 1500000 Mann noch 1900000 in den Kämpfen Al.s gegen die Satrapen geblieben seien. Die Zahl der getöteten Perser, die J* angiebt (300000), ist dem gegenüber beseitigt.

Nach der Schlacht lässt J₂ Al. den Fluss sofort überschreiten: in J* erfolgt der Übergang erst auf die Nachricht von der Ermordung des Darius. Von den Ereignissen, die in J* die Zeit zwischen dieser Schlacht und der Ermordung des Darius ausfüllen, hatte der Bearbeiter die meisten schon vorweg genommen. Das Übrige trägt er hier nach und fügt aus Or. Kap. 17 § 5 die Einnahme von Persipolis hinzu. Die darauf folgende Notiz, dass Darius zu den Parthern habe fliehen wollen, findet sich jedoch nicht bei Orosius, und ich weiss nicht, auf welche Quelle sie zurückgeht.

Die Erzählung vom Tode des Perserkönigs ist nach Or. Kap. 17 § 6 wesentlich umgestaltet. Nach Leo und J* wird Darius in seinem Palaste ermordet und dort trifft Al. den Sterbenden. Bei Or. geschieht der Mord unterwegs auf der Flucht. Die Mörder, Verwandte des Königs, legen denselben, bevor sie ihn töten, in goldene Fesseln. Darius wird von Al., der mit 6000 Reitern nachjagt, auf dem Wege aufgefunden. Alles dies hat sich der Verfasser von J₂ angeeignet und die Darstellung von J* danach geändert. Ganz beseitigt ist die Angabe über die Aufnahme Al.s in der Hauptstadt, die mit Or. § 5 in Widerspruch zu stehen schien. Von dem Benehmen der Mörder gegen Al. ist erst nach der Bestattung des Darius die Rede. Die Versöhnung Al.s mit seinem sterbenden Gegner findet auf freiem Felde statt. Andere Scenen, deren Schauplatz nicht wohl verlegt werden konnte, nötigten den Bearbeiter, Al. von der Verfolgung nach Persipolis zurück-

[1] Der Irrtum des Or. beruht auf Just. XI. 14, 4, wo in der Schilderung der Schlacht von Arbela ein Fluss Cydnus erwähnt wird. Or. dachte dabei an den cilicischen Cydnus, während ein Zufluss des Tigris gemeint ist.

[2] Zangemeister schreibt nach dem Laurentianus Ct CC milia. Der Palatinus und Rehdigeranus bieten CCCCIIII milia, ebenso die Stuttg. Handschrift der II. d. p., die damit jedenfalls die ursprüngliche Lesart von J₂ darstellt. Doch stimmen andererseits M₁ und L in der Lesart quadraginta quattuor milias mit der Donaueschinger Orosius-Handschrift überein. Se hat triccenti quattuor milias.

kehren zu lassen. Dort bewundert Al. den königlichen Palast (dessen Beschreibung hier viel besser angebracht ist, als in J*), gebietet vom Thron des Cyrus den Landfrieden im Perserreich, bestraft die Mörder des Darius, ordnet die Verwaltung, vermählt sich mit Roxane und giebt seiner Mutter und Aristoteles von seinen Thaten Nachricht.

Dieses Stück von Al.s zweitem Auszug aus Macedonien bis zum Schlusse des Perserkriegs ist der verwickeltste Teil der Bearbeitung. Wie die entsprechenden Kapitel von J* (Lib. I, 30. 43—47; II, 1—22) zerlegt und umgestellt sind, mag folgendes Schema veranschaulichen:[1]
I, 46. 47. II, 1. [2 fehlt bereits Leo] 3. 4. 5. — 6. — I, 30. — 43. 44. 45. — II, 7. — 9ᵃ. — 11ᵇ. — 10. — 13ᵇ. 14. 15. 16ᶜ. — 9ᵇ. — 17ᵇ. — 11ᵃ. — 12ᵃ. — 8. — 9ᶜ. — 16ᵃ. 17ᵃ. — 19. — 12ᵇ. — 13ᵃ. — 16ᵇ. — 17ᶜ. 18. — 20ᵃ. — 20ᶜ. 21ᵃ. — 20ᵇ. — 21ᵇ. 22.

In J* folgt nun Al.s Feldzug gegen Porus. Für den Bearbeiter war statt dessen die Angabe des Orosius massgebend, dass Al. nach dem Tode Darius die Hyrcaner, Mander (Manglos J, aus manclos st. mandos) und Parther besiegt habe (Kap. 18 § 5. 6.). Die Ankunft der Amazonenkönigin (Or. § 5) lässt J, hier weg, im Hinblick auf den entsprechenden Abschnitt von J*, der später seine Stelle erhält. Die Wohnsitze dieser Völkerschaften waren dem Bearbeiter, vielleicht aus Or. Lib. I. Kap. 2 (vgl. bes. § 41. 42. 47—50), im allgemeinen bekannt. Einmal in diese Gegenden geführt bringt er hier unter, was er aus andern Quellen (ausser J*) über Al.s Abenteuer in der Nähe des Kaukasus und kaspischen Meeres wusste: die Einschliessung der unreinen Völker beim promunctorium Boreum und die Unterwerfung der Albaner (s. u.). In demselben Zusammenhang wird die Besiegung der Scythen erwähnt — vielleicht ein Missverständnis oder eine eigenmächtige Umkehrung dessen, was Or. § 4 über die Niederlage des Zopyrion berichtet, oder eine Übertragung des siegreichen Scythenkriegs, den Philipp führte (Or. III, 13. 4 ff.), auf Al. — und das Land bei den kaspischen Thoren nach J* (unter Vergleichung der Epistola ad Aristot. s. u.) beschrieben. Aus dem Gebiete der Albaner lässt der Bearbeiter Al. durch die kaspischen Thore zurückkehren und sich dann gegen Indien wenden.

Von diesem Punkte an bis zum Schluss des ganzen Werkes ist nun wieder die Darstellung von J* die herrschende, welcher der Bericht des Orosius bequem in einzelnen Abteilungen untergeordnet wird. Differenzen werden durchgängig zu Gunsten von J* entschieden; z. B. geht der Krieg gegen Porus den Abenteuern bei der Königin Cleophilis-Candacis voran, trotz Oros. Kap. 19. Überhaupt ist die in J* gegebene Reihenfolge der Abschnitte im allgemeinen beibehalten. Nur zwei Stücke sind umgestellt. In der Partie zwischen der Bestattung des Porus und der Ankunft am Ganges ist der Zug Al.s zu den Oxydrakern vom Anfang an den Schluss gerückt. Vielleicht gab dazu die Epist. ad Arist. Veranlassung, von deren Benutzung sich hier noch sonstige Spuren zeigen. Auch in dieser folgt auf den Krieg mit Porus, der freilich hier anders dargestellt ist, der Zug zu den Säulen des Herkules. Hinter den Abschnitt von den Oxydrakern ist dann das Abenteuer mit den ab- und zunehmenden Bäumen und den feuerspeienden Vögeln eingeschoben, das in J* viel weiter unten, vor der Besteigung des Diamantbergs, seinen Platz hat. Der Zweck dieser Umstellung ist mir nicht ersichtlich.

Ausserdem finden sich in diesem Teil folgende Änderungen des Berichtes von J* und folgende Zusätze aus Orosius: Bei der Meuterei der Macedonier zu Beginn des indischen Feldzugs heisst es statt »subiugavimus nobis Darium« in Rücksicht auf den vorher eingefügte Unterwerfung der nördlichen Völkerschaften: »Subi. nob. Persas ... et subi. nob. alias gentes plurimas, que nobis nostrisque parentibus erant incognite«. Die Erwähnung der »kaspischen Thore und

---

[1] Die Entlehnung einzelner Sätze ist dabei nicht berücksichtigt. Die Kapitel sind nach den entsprechenden des Ps. Kallisthenes (ed. Müller) benannt, deren Reihenfolge bei Leo und J* in diesem Teile durchaus beibehalten ist; nur hat J* ein Stück von I. 30 (f halcedonia) in I, 29 eingeschoben. Zingerles Kapiteleinteilung ist nicht genügend in der Überlieferung begründet.

Beschreibung des dortigen Landes war bereits vorweg genommen und wird daher an der Stelle, wo sie J* bringt, übergangen. Der Bearbeiter lässt infolgedessen Al. den Briefwechsel mit den Amazonen von Indien aus führen und streicht den Schluss der Amazonen-Episode »et pace facta cepit ire«. In der Beschreibung der beiden kostbaren Säulen, die nach J* von Herkules, nach der Ep. von Herkules und Liber errichtet waren, wird der Satz »quas ibi posuerat Hercules« getilgt; vermutlich weil es der Bearbeiter (etwa nach Or. I, 2, 7) für einen Irrtum hielt, dass sich die Säulen des Herkules in Indien befinden sollten.

Nach dem Abschnitt, der von diesen Säulen handelt, ist aus Oros. eingefügt: die Eroberung eines steilen Felsens, den Herkules nicht hatte nehmen können (Kap. 19 § 2) und die Unterwerfung der Chorasmier und Dacher (Kap. 18 § 11), der Adrester (alle Handschriften: »Venit ad restas« statt »ad adrestas«), Catthener (so Or.; die urspr. Lesart von J_2 ist nicht sicher), Präsider, Gangarider und Cophider (Kap. 19 § 4, 5), der Drauken (Handschriften: »ad rancas« statt »ad drancas«), Energeten, Parimer, Parapamener, Adaspier und der übrigen Völker am Fusse des Kaukasus (Kap. 18 § 7).

Ein Kampf mit den Kynokephali wird in J* zweimal nach verschiedener Quelle erzählt. An Stelle des ersteren Abenteuers (von dem nur ein Satz bei der Beschreibung des zweiten verwendet wird) berichtet J_2 von weiblichen Ungeheuern, die Al. in jener Gegend angetroffen habe. Für die Candacis-Episode ist der Inhalt von Or. Kap. 19 § 1 verwertet, indem der Bearbeiter der Königin Candacis den zweiten Namen Cleophilis beilegt und die hohen Berge, zu denen Al. und Candaulus unterwegs gelangen, als »Didalos¹) montes« bezeichnet. Wo dann J* Al. zum Ocean kommen lässt, fügt der Bearbeiter in zwei Stücken ein, was Or. Kap. 19 § 6—11 über Als Kriegsthaten am Ocean mitteilt. Zunächst wird die Unterwerfung der Gesoner und Siber erzählt, dazwischen nach J* das Abenteuer an einer Insel im Ocean, wie die Hinüberschwimmenden von Krebsen getötet werden, und der Weitermarsch an der Küste, dann wieder nach Orosius die Unterwerfung der Marder (alle Handschriften »mardos« statt »madros« Or.) und Subagrer, die Eroberung der Stadt des Königs Ambira und die Heilung der Soldaten, die durch Pfeilschüsse vergiftet sind. Die Stadt des Ambira wird J_2 auf eine Insel, weil Al. bei Or. »conscensis navibus« dahin kommt. Der Traum, der Al. das Heilmittel gegen das Pfeilgift zeigt, wird nach dem Vorbild des Traumes beschrieben, in dem Ammon den König zu dem Ritt in die persische Hauptstadt ermutigt.

Wie Al. bei der Ankunft in Babilonia Gesandtschaften aus allen Weltteilen vorfindet, ist nach Or. Kap. 20 § 2, 3 angegeben. Dazu wird aus Kap. 23 § 6 die Bemerkung gefügt, dass nach Als Tode die Welt 14 Jahre lang von seinen Fürsten zerfleischt worden sei, wie gierige Hunde die Beute des Löwen zerreissen. Besser würde sich dieser Satz am Schlusse ausnehmen, daher er auch von Se dort nochmals wiederholt wird. Endlich ist Orosius noch für die Darstellung von Als Testament benützt. Dasselbe ist zwar, wie in J*, in die Form eines Briefes an Aristoteles gekleidet, und überhaupt sind die Angaben von J* nach Möglichkeit verwertet. Aber die Verteilung der Provinzen und die Anordnung Als, dass alle Verbannten heimkehren dürften, giebt der Bearbeiter in der Hauptsache nach Or. Kap. 23 § 7—14. Viele Namen sind natürlich in den Handschriften entstellt; Stu hat hier leider eine Lücke. Von sachlichen Abweichungen sind zu erwähnen: »Acropatus [Handschriften: Actopater M_1, Archopatus L., Apropatus Se] socer Perdice sit princeps Medie« statt Or. § 8 »Mediae maiori Acropatus [so die meisten Handschriften statt »Atropatus«], minori socer Perdiccae praeponitur« und »Oxiarches sit princeps super Parapemenos . . . . et super Arachos et Sichedros« statt Or. § 12 f. »Parapamenos [Donaueschinger Handschrift: parapemenos] . . . . Oxyarches accepit, Arachossi Chedrosique Sibyrti decernuntur«.

Am Schlusse des Ganzen sind die Daten von Als Geburt und Tod anders ausgedrückt,

¹) Ähnlich wieder die Donaueschinger Orosius-Handschrift: didalus montes statt daedalos.

14

als in J*, und das Verzeichnis der von Al. gegründeten Städte fehlt. Einzelne Handschriften haben noch besondere Zusätze.

Der Verfasser von J₁ hat demnach so ziemlich alles in sein Werk aufgenommen, was Orosius über die Geschichte Alexanders mitteilt. Übergangen sind hauptsächlich nur diejenigen Züge, die das Bild des Helden verdunkeln: die Ermordung der Verwandten (Kap. 16 § 3), der Zug zum Tempel des Juppiter Ammon, den Al. nach Or. nur zu dem Zwecke unternommen haben soll, um die Schande seiner Herkunft zu tilgen (ib. § 12 f.), die Schilderung der schrecklichen Wirkungen des Perserkriegs (Kap. 17 § 9), endlich das grausame Verfahren Als gegen seine eigenen Leute, namentlich die Ermordung des Clitus und Callisthenes (Kap. 18 § 8—11). Orosius, der in Als Thaten nur die Äusserungen blutdürstiger Raserei sieht, behandelt gerade diese Dinge mit ersichtlicher Vorliebe. Was sonst ausgelassen ist, sind nur unbedeutende Notizen, wie die Gründung der Stadt Alexandria am Tanais (Kap. 18 § 7), der Zug nach Nysa (Kap. 19 § 1), die Gründung von Nicia (ib. § 4), die Fahrt auf dem Agesines (ib. § 6), einiges über Tyrus (Kap. 16 § 11).

Von den übrigen Zusätzen, durch die der Bearbeiter den Bericht von J* erweitert hat, gehen mehrere auf die Anekdotensammlung des Valerius Maximus zurück. Dieses Werk ist jedoch schwerlich unmittelbar benützt, denn meistens stimmt J₂ nur in den Hauptsachen damit überein, während der Wortlaut und die Darstellung im einzelnen abweicht. Offenbar lag dem Verfasser einer der mittelalterlichen Auszüge vor. Zu den Stücken dieser Herkunft gehört zunächst die Erzählung von dem günstigen Auspicium bei der Gründung von Alexandria (Val. Max. I, 4 Ext. 1). Der Bericht von J₂ ist hier gegenüber dem Excerpt des Jul. Paris (in unserem Text des Val. Max. fehlt dieses Stück) beträchtlich entstellt. Nach Jul. Paris streute der Baumeister Dinocrates, da er keine Kreide hatte, zur Bezeichnung der Grundlinien der Stadt Gerstengraupen aus, welche alsbald von zahllosen Vögeln aufgezehrt wurden. J₂ giebt statt dessen an, Al. habe in Abwesenheit des Dinocrates Kreide ausgestreut, und diese hätten die Vögel gefressen — wodurch allerdings das Wunderbare der Sache noch einigermassen erhöht wird. — Wo ferner nach J* das Opfer im Tempel des Sol in Phrygien erwähnt ist, schiebt der Bearbeiter die Erzählung von dem standhaften Knaben ein, der bei einem Opfer Als eine glühende Kohle ruhig auf seinem Arme liegen liess (Val. Max. III, 3, Ext. 1). — Eine ganze Anzahl kleiner Geschichten ist sodann für die Darstellung von der Unterwerfung Athens verwertet. Während nach J* Al. freiwillig von einer Züchtigung der Athener absieht, rückt er nach J₂ vor die Stadt, um sie zu zerstören, wird aber in seinem Vorhaben durch die bekannte List des Anaximenes gehemmt, durch welche derselbe nach Val. Max. (VII, 3, Ext. 4) Lampsacus gerettet haben soll. Der Bearbeiter verbindet damit Züge aus der Erzählung von der Rettung Stagiras durch Aristoteles (Val. Max. V, 6, Ext. 5) und dem Gespräche Als mit Diogenes (ib. IV, 3, Ext. 4) nebst einigen eigenen Zuthaten. Dementsprechend ist auch an andern Stellen der Bericht von J* erweitert. Anaximenes wird im Anfang des Werks unter den Lehrern Als aufgezählt, und die Briefe Als an die Athener schliessen jeweils mit Drohungen, wogegen am Ende des letzten natürlich die Zusicherung der Verzeihung beseitigt ist. Zu den Forderungen, die Al. nach J* an die Athener richtet, fügt ferner J₂ die neue, dass sie ihm göttliche Verehrung erweisen sollten, und lässt in der Volksversammlung Demades die Erfüllung dieses Begehrens mit dem Witze anraten, wenn sie Al. nicht den Himmel gäben, möchte er sie leicht der Erde berauben. Dies geht auf Val. Max. VII, 2, Ext. 13 zurück.[1]) In Rücksicht auf diese Stelle ändert auch der Bearbeiter in dem Satze von J*, »non scio, quomodo in carcere habitis Eucliden propter bonum

---

[1]) Zu Jul. Valerius, der gleichfalls Demades bei den Verhandlungen der Athener erwähnt, hat J₂ keinerlei Beziehung.

consilium, quod vobis dedit de salute vestra . . . .?‹ den Namen ›Euclides‹ zu ›Demades‹. Endlich ist hier noch der Inhalt von Lib. VIII, 14, Ext. 2 herangezogen: wie Al. von einem seiner Begleiter den Satz des Democritus hört, dass es viele Welten gebe, und sich darauf beklagt, dass er noch nicht einmal eine gewonnen habe. Der Verfasser von J₂ lässt die Redner und Philosophen Athens nach dem Einzug des Königs eine Disputation über jenen Satz abhalten, worauf Al. mit dieser Äusserung erwidert.

Was bei Val. Max. V, 1, Ext. 1 von der Leutseligkeit Al.s erzählt wird, hat gleichfalls in J₂ Verwendung gefunden. Die Rettung eines von Kälte erstarrten alten Soldaten ist passend bei der Schilderung des Schneesturms untergebracht, von dem nach J° (Ep. ad Ar.) Al.s Heer auf dem Marsche durch Indien überfallen wird. Die Einzelheiten weichen jedoch völlig ab. Bei Val. Max. spielt der Vorgang im Lager, in J₂ auf dem Marsche. Nach Val. Max. heisst Al. den Veteranen mit einem freundlichen Scherze auf seinem königlichen Sitze am Feuer Platz nehmen; in J₂ fehlt dieser Zug, auf den es doch gerade hier ankommt, und es ist stattdessen nur gesagt, dass Al. den Mann zum Lager geführt und dort sich habe erwärmen lassen. — Auf dasselbe Kapitel des Val. Max. geht die Angabe zurück, dass Al. sterbend allen die Hand zum Kusse gereicht habe, womit die entsprechende Stelle von J° verbessert ist. — Dass Al. im Traume Cassander als künftigen Urheber seines Todes erblickte, berichtet J₂ wie Val. Max. I, 7, Ext. 2. Doch ist die Ausführung des Nebensächlichen beiderseits wieder ganz verschieden. Der Verfasser von J₂ lässt nach dem Vorbild ähnlicher Stellen von J° einen Traumdeuter auftreten, da ihm offenbar seine Vorlage die blosse Thatsache des Traumes ohne weitere Ausschmückung überlieferte.

Ebenso findet nur sehr beschränkte Übereinstimmung statt in der Erzählung vom Tode des Indiers Calanus, der vom Scheiterhaufen aus Al.s nahes Ende vorhersagt (Val. Max. I, 8, Ext. 10). Die Auffassung, wie sie J₂ bietet, dass Calanus als besiegter Feind den Scheiterhaufen besteigt, und Al. die Frage, ob er ihm etwas aufzutragen habe, in grausamem Hohn (irridenter?) ausspricht, ist in der Darstellung des Val. Max. nicht begründet. Ganz dasselbe Verderbnis findet sich aber in dem Auszug des Januarius Nepotianus (IX, 22 nach Halms Ausgabe), und es ist offenbar, dass der Text der Vorlage von J₂ hier fast wörtlich so gelautet haben muss, wie der Text dieses Excerpts. Wir kennen das Werk des Nepotianus nur in der lückenhaften und stark entstellten Überlieferung einer vatikanischen Handschrift des 14. Jahrhunderts. Das erhaltene Stück reicht bis Val. Max. III, 2, 7. Von den Abschnitten der Bearbeitung J₂, die auf Val. Max. zurückgehen, beziehen sich ausser dem von Calanus noch zwei auf diesen Teil: der von Al.s Traum über Cassander und der von dem Wunderzeichen bei der Gründung Alexandrias. Ersterem gegenüber enthält das Excerpt des Nepotianus gerade das, was in J, überhaupt mit Val. Max. übereinstimmt. Die Geschichte von der Gründung Alexandrias fehlt in der vatikanischen Handschrift, was jedoch bei der Beschaffenheit dieses Textes nicht allzuviel besagen will. Dafür findet sich eine weitere sehr auffällige Kongruenz. Pausanias, der Mörder Philipps, wird in J₂ als König von Bithynien bezeichnet, eine Angabe, die bis jetzt nicht zu erklären war. Bei Nepotianus IX, 21 (neben der Notiz über Calanus) liest man nun: princeps uel rex Bithyniae Pausanias, qui eum (Philippum) uicit, in uagina gladii, cum quo Philippus occisus est, caelatam quadrigam habuit. Der seltsame Irrtum beruht offenbar auf einer Entstellung des Namens ›Prusias‹ zu ›Pausanias‹ bei Val. Max. I, 8, Ext. 12, und ist weder im Hauptwerk vorhanden, noch im Excerpt des Jul. Paris, das auch aus andern Gründen nicht die Quelle von J₂ gewesen sein kann. Es möchte demnach zu vermuten sein, dass der Auszug aus Val. Max., den der Verfasser von J₂ benützte, die damals noch vollständig erhaltene Epitome des Januarius Nepotianus war.

Ferner hat der Bearbeiter die drei kleinen Werke, die seinerzeit der Verfasser von J° in erster Reihe zur Erweiterung von Leos Historia gebrauchte, das Commonitorium Palladii, den Briefwechsel zwischen Al. und dem Bragmanenkönig Dindimus und den Brief Al.s an Aristoteles über die Wunder Indiens, nochmals herangezogen und daraus einiges nachgetragen und geändert. So stammen aus der Ep. ad Ar. die Angaben, dass die Macedonier bei den kaspischen Thoren von den Bewohnern des Landes vor Schlangen gewarnt worden seien (vgl. Bamberger Handschrift E. III. 14 (Bi fol. 229ᵃ), und dass Al. in Babylonien und Persis zwei goldene Bildsäulen habe errichten und seine Thaten darauf verzeichnen lassen (ib. fol. 235ᵇ); aus dem Commonitorium Palladii die Schilderung, wie Al.s Heer auf dem Marsche nach Indien eine Hitze habe erleiden müssen, welche das Wasser in den Gefässen zum Kochen brachte (B fol. 219ᵈ), und die Notiz, dass der Ganges in der heiligen Schrift Physon genannt werde; aus dem Briefwechsel mit Dindimus die Ergänzung im ersten Briefe desselben: Jovem autem dicitis tenere spiritum aeris. Apollinem pro eo quod inuenit ipse primus medicinam et musicam dicitis illum esse deum manuume[?]. (vgl. B fol. 226ᵇ). In manchen derartigen Fällen mag man indessen zweifeln, ob die Übereinstimmung zwischen J₂ und jenen Quellenschriften nicht vielmehr darauf beruht, dass J₁ die ursprüngliche Lesart von J* rein erhalten hat, während dieselbe in den uns vorliegenden Texten der Gruppe J₁ verderbt ist. Bis jetzt ist nur eine ältere Handschrift der Textklasse J₁ bekannt, die von O. Zingerle zum Abdruck gebrachte Grazer (12. Jahrh.), die aber bereits recht viele Fehler enthält. Dagegen hat der Verfasser von J₂, wie eine Vergleichung mit den Quellen von J* lehrt, seinem Werke eine sehr gute Handschrift zu Grunde gelegt, so dass wir aus den Handschriften von J₂ vielfach besser über den ursprünglichen Wortlaut von J* unterrichtet werden, als aus unsern Texten der Klasse J₁. So könnten Lesarten wie sorices maiores sicut vulpes (= Ep. ad Ar. B 231ᵃ) statt »mures« etc., »si mundus es . . . a commixtione masculi et femine« (»a fornicatione m. e. f.« Ep. B 233ᵈ) statt »a commixt. femine«, in welchen J₂ mit Quellen von J* gegen die Text-Gruppe J₁ übereinstimmt, nicht als Verbesserungen, die aus nochmaliger Vergleichung der Quelle hervorgegangen wären, sondern als die ursprüngliche Schreibung von J* aufzufassen sein. Darüber wird sich dann sicherer urteilen lassen, wenn mehr gute alte Handschriften der Klasse J₁ zur Verfügung stehen. In einem Falle besonderer Übereinstimmung zwischen J₂ und der Ep. ist die Möglichkeit einer Herleitung aus J* jedenfalls ausgeschlossen. Die Säulen (des Hercules), die Al. zur Prüfung durchbohren liess, bezeichnet J₂ beide als golden, wie auch die Ep. a. Ar. (B 231ᵈ) nur von »statue de auro« spricht, während sich die Lesart der Texte J₁ »una aurea et alia argentea« durch ihre Übereinstimmung mit der Bamberger Handschrift von Leos Historia (fol. 217ᵈ) als die echte von J* bewährt. Doch ist freilich bei einer so geringfügigen Abweichung zweifelhaft, ob dieselbe auf Beziehung einer andern Quelle beruht.

Aus den Prophezeiungen des Methodius (Orthodoxographa Basil. 1555. S. 391 f.) hat der Bearbeiter die Erzählung von der Einschliessung der unreinen Völker entnommen. Er schiebt dieselbe nach der Unterwerfung der Scythen ein und lässt Al. »ambulans ultra Scithiam in partibus orientis« zu diesen Leuten gelangen. Nach Methodius trifft sie Al. »ad mare, quod vocatur regio solis«. Der Name der Berge, die Gott auf Al.s Gebet zusammenrückt »ubera aquilonis«[2]) bei Meth., ist zu »promunctorium«[3]) Boreum« abgeändert; wohl nach Oros. I, 2. 47. Im übrigen stimmt J₂ mit der Darstellung der Quelle überein[4]), die nur etwas gekürzt ist. Die Namen der einge-

---

[1]) In Se ist dies nur lückenhaft überliefert; vollständig in M₁ und L.

[2]) Zum Verständnis dieses Ausdrucks sei auf die von L. Donath (die Alexandersage in Talmud und Midrasch, Fulda 1873, S. 10) citierte Stelle des Midrasch Rabbah verwiesen, in welcher vom Zusammenrücken zweier Berge erzählt wird, von denen der eine Höhlen, der andere in diese Höhlen passende Brüste hatte.

[3]) Diese Schreibung ist für J₂ durch die Handschriften gesichert (Stu: promuncturius, L: promuncturiorum, Se: permuncturium). Man vergleiche dazu den interessanten Aufsatz von Rönsch über die Etymologie von promuntorium in der Berliner philol. Wochenschrift 1886, S. 99.

[4]) Die weiteren Abweichungen von Se sind dieser guten Handschrift eigentümlich.

schlossenen Völker und die Vorhersage über ihren Ausbruch um die Zeit des Weltendes hat der Bearbeiter übergangen, ebenso auch die sonstigen seltsamen Angaben über Al. Der ihm vorliegende Text des Werkes war besser, als der unserer alten Drucke. So versteht man erst aus J_2 den bisher rätselhaften Namen des 'unzerstörbaren Kitts, mit dem Al. die Einschliessung vollendete: ›asinchiton‹ = ᾽ασήγχυτοr; nicht einmal griechische Texte, wie Ps. Kall. BC., haben dies richtig erhalten.

Ferner ist aus den jüdischen Altertümern des Josephus — natürlich nach einer der gangbaren lateinischen Übersetzungen — zu dem, was bereits der Verfasser von J^a aus diesem Werke entnahm, noch einiges nachgetragen: aus Lib. XI, Kap. 7, dass der Vater des Pausanias, der Philipp ermordete, von Orestes abstammte, und dass Pausanias Philipp ›in egeis‹ (so Stu Se M_1 I, statt ›in Aegis‹ Jos.) überfiel. Da einmal die Benutzung des Josephus für diese Stelle feststeht, so möchte vielleicht die seltsame Benennung der macedonischen Residenz, in welcher Pausanias nach seinem Siege Oiympias aus dem königlichen Palaste rauben wollte, und dann durch Al. seinen Tod fand, ›Jon‹, gleichfalls aus Josephus zu erklären sein. Im folgenden Kapitel (XI, 8) lässt Josephus Al. von seinem Traume, in dem ihm der Gott der Juden erschienen sei, erzählen: ›Nam per somnium in huiusmodi cum habitu conspexi adhuc in Dio[1] civitate Macedoniae constitutus‹. Der Bearbeiter mochte daraus schliessen, dass die erwähnte Stadt (deren Name ihm leicht verstümmelt vorlag) der Wohnort der Königsfamilie gewesen sei.

Es bleiben nun noch einige Angaben zu erwähnen, deren Quelle ich bis jetzt nicht bestimmt zu bezeichnen vermag. Dahin gehört zunächst eine Reihe von Zusätzen, die auf der Verwertung von Thatsachen der antiken Geographie beruhen. Es lässt sich zwar für die meisten der einzelnen Notizen in verschiedenen Werken, die der Verfasser von J_2 benützt haben könnte, Entsprechendes nachweisen; aber man möchte doch für wahrscheinlich halten, dass alles dies gemeinsamen Ursprungs sei. Folgendes ist hier zu erwähnen: Auf dem Weg nach Italien unterwirft Al. Illiricum und Salona (vgl. Solin. 47, 17; 70, 5 (ed. Mommsen); Oros. V, 23, 23); zu ›egressus est Asiam‹ (J^a bei Zingerle S. 160) fügt J_2 ›minorem‹ (vgl. Oros. I, 2, 26); die Leute, mit denen sich Al. am Skamander unterredet, werden ›habitantes Troadem‹ genannt, und in derselben Stelle ist für ›Troia‹ (J^a = Leo) ›Troade‹ eingesetzt (vgl. Solin. 185, 17); bei seinem Rückzug nach Macedonien gelangt Al. in die Heimat ›transfretans de Asia in Traciam‹ (? M_1: in asia, L: in asyam, Se: in europam) per Ellespontum ubi est Abidus (›ualidus M_1, auidos Se, erat Auidus L); vgl. Isidor orig. XIV, 6; XIV, 4; Solin. 79, 7 ff.; Or. I, 2, 26; vor der Unterwerfung Abdiras unternimmt Al. einen Feldzug an der Propontis, wobei er Cyzicus und Byzanz (ubi nunc Constantinopolis est) bezwingt, von da über die Propontis nach ›Chalcedonia‹ übersetzt und auch diese Stadt einnimmt (vgl. u. a. Oros. I, 2, 50; Isidor XIV, 4; XV, 1; Abdera als Stadt Thraciens Solin. 76, 12; dass ›Chalcedonia‹ Byzanz gegenüber lag, konnte der Verf. von J_2 bei Methodius lesen, wo der Empfang der Mutter Als, Chuseth, durch ihren künftigen Gemahl Bysas geschildert ist (Orthodoxogr. S. 492); jedoch ist alles dies hier schwerlich Quelle). Dass der Bearbeiter auch sonst in der Art seiner Komposition geographische Kenntnis verrat, wurde bereits oben bemerkt.

Ferner finden sich in J_2 die Wundergeschöpfe Indiens in drei neuen Abschnitten um einige merkwürdige Exemplare vermehrt. Zunächst ist nach der Schilderung der behaarten Flussmenschen ein Stück eingeschoben, in welchem zwei Arten weiblicher Ungeheuer beschrieben werden: riesige Frauen mit Eberzähnen, Ochsenschwänzen und Straussengefieder und die Lamien, welche Pferdefüsse haben, aber sehr schön sind. Nach dem (in J^a zweiten) Kampfe mit dem Kynokephali folgt eine abermalige Reihe von Seltsamkeiten: ein Kampf mit Ameisen von der

----

[1]) In der mir vorliegenden Incunabel von Comestors Historia scholastica (Basel 1486) ist daraus ›licea‹ geworden (Hester Kap. 4). Im Vergleiche dazu erschiene die Entstellung in J_2 gering.

Grösse junger Hunde, die nachts Gold aus der Erde graben (dergleichen erwähnt kurz Solin. 150, 15 ff. und nach ihm Isidor XII, 3 als in Äthiopien vorkommend), die Besiegung der Cyclopen (bei Isidor XI, 3 als ein Volk Indiens angeführt und beschrieben), die Begegnung mit kopflosen Menschen, die Augen und Mund auf der Brust haben (so die libyschen Blemyer nach Solin. 154, 8 ff. und Isidor XI, 3), mit 30 Fuss hohen pferdeartigen Tieren und mit bunten Riesen[6]), die sich durch lange Beine und lange Nasen auszeichnen. Endlich treffen die Macedonier bei der Ankunft in Babylonien auf zweiköpfige Riesenschlangen mit leuchtenden Augen und auf kleine, gehörnte affenähnliche Tierchen mit 8 Augen und ebensoviel Füssen. Ausserdem ist in J₂ die Erzählung von den bärtigen Jägerinnen, welche von den Macedoniern in den indischen Wäldern gefangen wurden, um die Züge bereichert, dass dieselben von grosser Gestalt gewesen seien und sich wilde Tiere statt der Hunde zur Jagd gehalten hätten. — Mehrere jener Angaben finden sich auch in der Interpolation D des Presbyterbriefes (herausgegeben von Fr. Zarncke im 17. Bande der Abhdlg. der kgl. sächs. Ges. d. Wiss.), worauf bereits O. Zingerle aufmerksam machte. Für die Quellenfrage werden wir jedoch durch diese Thatsache schwerlich gefördert, denn offenbar ist J₂ vom Verfasser der Interpolation D benützt worden, welcher auch noch anderes aus der H. d. p. entnommen hat. Das umgekehrte Verhältnis ist schon durch die Zeitfolge ausgeschlossen, denn D entstand erst im 13. Jahrhundert (Zarncke a. a. O. S. 897).

Wie von diesen Zusätzen einige auf Solinus weisen, so kommt auch sonst noch manches vor, was auf dessen bekanntes Sammelwerk zurückzugehen scheint. Nach der Schilderung der Gegend um die kaspischen Thore ist in J₂ ein Abschnitt eingeschoben, der von der Unterwerfung der Albaner handelt. Diese, heisst es, hätten ihre Feinde sonst immer mit Hilfe ihrer Hunde besiegt: Al. habe nun vor Beginn des Kampfes den Hunden Schweine vorwerfen lassen und sie so unschädlich gemacht; einer der Hunde habe später vor seinen Augen einen Elephanten und einen Löwen überwunden. Albanien ist bei Solin. 74, 2 unter den von Al. unterjochten Ländern aufgezählt. 93, 9 ff. ist, nach Plinius, von der Stärke der albanischen Hunde die Rede, und es wird berichtet, dass der König der Albaner Al. zwei solche Hunde schenkte, deren einer einen Löwen und einen Elephanten bezwang. Auf dem Inhalt dieser beiden Stellen beruht ersichtlich die Erzählung des Bearbeiters. Die listige Verwendung der Schweine ist der Darstellung eines Kampfes mit Elephanten nachgebildet, der in J* (bei Zing. S. 217) nach der Ep. ad Ar. in ähnlicher Weise beschrieben ist. Auch enthält J₂ von dem, was Solin. 193, 10 ff. über Bucephalus mitteilt, etwas mehr, als J*, dessen Verfasser eben diese Stelle benützt hat; besonders die Bemerkung, dass das Pferd nie einen andern als Al. habe tragen wollen. Doch glaube ich kaum, dass das Werk des Solinus dem Bearbeiter unmittelbar vorlag; denn in demselben findet sich so viel, was dieser vortrefflich hätte brauchen können, — teils über Al. selbst, teils über die von ihm durchzogenen Länder — dass er sich wohl schwerlich mit einer so dürftigen Ausbeute begnügt haben möchte.

Unbekannt ist mir auch die unmittelbare Quelle der Erzählung, dass Al. die Gebeine des heil. Jeremias in Alexandria habe vermauern lassen, wodurch die Stadt vor giftigen Schlangen geschützt worden sei. J₂ bringt dies nach dem Bericht von dem Vogelzeichen, das der künftigen Stadt Grösse und Reichtum verhiess (s. o. S. 106). Dasselbe Wunder des Jeremias ist auch in Comestors Historia scholastica (Tobias Kap. 3) angeführt. Ob aber diese die Quelle des Bearbeiters gewesen sein kann, ist aus chronologischen Gründen zweifelhaft. In welchen lateinischen Werken jene Fabel von Jeremias schon vor Comestor erwähnt war, weiss ich nicht. Von griechischen Werken, die sie mitteilen, sind die Annalen des Zonaras und das Chronicon paschale bereits durch Jacobs (Beitr. z. ält. Lit. I S. 397) namhaft gemacht worden.

_____

[1] In Stu fehlen diese. In Se (bei Zing. S. 255) ist die Darstellung am Schlusse durch eine Lücke sinnlos.

Endlich finden sich in J_2 etwa nach einem Vokabular oder einer ähnlichen Quelle (vgl. auch Isidor XV, 16; XVI, 24), alle vorkommenden Massbestimmungen durch andere, gleichwertige erläutert. Neben einer Summe von Talenten oder Drachmen wird die Pfundzahl, neben einer Zahl von Stadien die entsprechende Strecke in Meilen angegeben, und jeweils umgekehrt.

Einzelne Handschriften der Gruppe J_2 enthalten ausserdem spätere Zusätze, die nicht der ursprünglichen Bearbeitung angehören. So fügt M_1 dem Abenteuer auf dem Diamantberg (Bl. 62^b) hinzu, dass Al. den Greis, den sie dort trafen, um Erlaubnis bat, mit seinem Heer einen Tag und eine Nacht auf dem Berge zu verweilen, dies dann auch ausführte und zur Erinnerung zwei Marmorsäulen errichten liess; ferner zu Als Taucherfahrt (Bl. 71^a): dass Al. Tiere in der Taucherglocke mitnahm, darunter einen Hund, durch dessen Tötung er das Meer zwang, ihn ans Land zu werfen, als seine Leute die Kette losgelassen hatten. Sie hat ebenfalls zwei neue Stücke: einen Traum, der dem jungen Al. seine Weltherrschaft vorhersagt (Zing., S. 143), und eine genauere Beschreibung der Belagerung von Tyrus (Z., S. 150).

In eigenen Erfindungen versucht sich der Verfasser von J_2 nur wenig. Da im Verzeichnis der Städtegründungen ein »Alexandria yepiporum« vorkommt, so lässt er Al. am Grabe des Porus eine Stadt dieses Namens erbauen. Bei der Schilderung der Luftfahrt, die Al. mit Greifen unternimmt, macht er den merkwürdigen Zusatz, dass Al. Gefässe voll Wasser mit Schwämmen vor der »Nase« der Greifen anbrachte und selbst ein Gefäss voll Wasser vor sich hatte, an dem er unterwegs öfters roch. Gewisse typische Züge, die in J* mehrmals bei derselben Gelegenheit wiederkehren, werden in J_2 bisweilen auch selbständig eingesetzt: so die Versorgung der Verwundeten nach der Schlacht gegen Amonta, die gänzliche Zerstörung eines eroberten Orts nach der Einnahme der Stadt Sardes und der Stadt des Ambira, die Darbringung eines Dankopfers nach der Besiegung der Cophider.

Dieselbe Zurückhaltung zeigt der Bearbeiter, wo es sich um Änderung der überlieferten Thatsachen handelt. Er geht in seinen Abweichungen in der Regel nur so weit, als es die Neugestaltung der Komposition durchaus nötig macht. Von kleineren Korrekturen führen wir noch an: Die Barbaren gleichen den wilden Tieren, die frech sind, »proinde (statt »et raro« J*) occiduntur ab hominibus« (Z., S. 203). — Die Amazonen sind an Zahl »decies centena (verkehrt statt »decies dena« J*» milia equitantes« (Z., S. 207). — Der Fluss Titan wird mit dem gleichbedeutenden Namen Sol benannt, weil in Als Testament ein Fluss Sol vorkommt (Z., S. 250). — Von dem toten oberen Teil der babylonischen Missgeburt, der Al. bedeutet und dessen baldiges Ende anzeigt, heisst es »erat perfectus homo« statt »habebat similitudinem hominis« (J* bei Z., S. 257). — Anderes ist noch unbedeutender.

Im ganzen kennzeichnet sich die Bearbeitung J_2 als ein Werk grosser Sorgfalt und bemerkenswerter Belesenheit. Die Anordnung und Zusammenfügung der verschiedenen Bestandtheile ist eine wohl überlegte. Das Bestreben, von dem Berichte der Vorlage J* womöglich nichts verloren gehen zu lassen, hat freilich zu mancher Künstelei geführt. Unter den Texten der Historia de preliis ist J_2 der umfangreichste und sachlich vollständigste, und diesem Vorzug hat die Bearbeitung ihre besondere Beliebtheit jedenfalls hauptsächlich zu verdanken gehabt. Eine Besprechung ihrer Einwirkung auf die europäische Litteratur des Mittelalters, sowie ihrer Entstehungszeit und Heimat sei einem andern Orte vorbehalten. Werfen wir stattdessen noch einen Blick auf eine wenig bekannte Übersetzung des Werks, die gegen Ende des Mittelalters in Deutschland entstanden ist.

Für die deutschen Bearbeitungen der Alexandersage nimmt die Orosius-Recension der Historia de preliis unter allen Quellenschriften die erste Stelle ein. Von den Vertretern des höfischen Epos haben Rudolf von Ems, Ulrich von Eschenbach und Seifried[1] sämtlich diesen Text für ihre Alexandergedichte benützt. Als dann mit dem Verfall der mittelalterlichen Poesie der Prosaroman das Epos verdrängte, so wurde dieselbe Vorlage auch für diese Darstellungsform verwertet. Es ist die Alexanderchronik Babiloths[2], deren Inhalt zum grösseren Teil auf J, zurückgeht. Babiloths Werk ist noch unediert und nirgends genauer besprochen. W. Toischer hat es zuerst, in seiner Schrift »Über die Alexandreis Ulrichs von Eschenbach«, beiläufig zur Vergleichung mit andern Bearbeitungen der Alexandersage herangezogen. Dann wurde es ebenso von mir und später auch von O. Zingerle für die Quellenuntersuchungen zu Rudolfs Alexander gebraucht. Seitdem ist kaum mehr davon die Rede gewesen. Eine kritische Ausgabe steht meines Wissens nicht in Aussicht. Da das Buch als einer der letzten Ausläufer der Alexandersage und als ein ziemlich verbreitetes Werk unserer mittelalterlichen Litteratur jedenfalls Interesse beanspruchen darf, so mag also wenigstens hier eine kurze Erörterung seines Inhalts und einiger kritischer Fragen, die sich daran knüpfen, Platz finden. Der knapp zugemessene Raum macht freilich eine enge Beschränkung nötig.

Es standen mir drei Handschriften von Babiloths Alexanderchronik zu Gebote: 1) (V) Handschrift des 15. Jahrh. gr. 4°; Pap., im Besitze des Herrn Dr. Theod. Vetter in Frauenfeld; enth. Bl. 50—98 Babil. ohne Überschrift und Schlussnotiz. 2) (G) Handschrift Nr. 231 der Grossh. Universitäts-Bibliothek zu Giessen; gr. 4°; Pap. (mit einigen Perg. Bll.); 15. Jahrh.[3]; enth. Bl. CX*—CLXX[b] Babil. ohne Überschrift und Schlussnotiz, Bl. CLXXI*—CLXXII[d] ein Register dazu mit der Überschrift »register Hie hebet an die coronik des grossen alexanders«. 3) (D) Handschrift »M 55« der Kgl. öffentlichen Bibliothek zu Dresden; gr. 4°; Pap.; geschrieben 1470; enth. Bl. 1—77 Babil. mit der Überschrift »Von allexandro den grossen kunige dy vorrede des meister« und der Schlussbemerkung (Bl. 77): »Dis buch hat gemacht meister babiloth der erber vnd erlewchter man in der schrifft auß genomen vnd auß geleyt von latinißer czungin vnnd dewtzer czungin des hab her dang vnd lon ewiglichin« u. s. w. . . . . . . »Finitus est liber iste per me nicolaum Im grunde in meridie sexta feria post valentini m°cccc°lxx jar de quo deus gloriosus« u. s. w. Von demselben Nicolaus ist nach der Unterschrift Bl. 209 auch das zweite und dritte Stück der Handschrift gefertigt.

Von diesen Handschriften gehören V und G derselben Textklasse an und haben gegenüber D eine grosse Anzahl von Fehlern aber auch Vorzügen gemeinsam. Beide gehen auf einen Archetypus zurück, den wir uns als die Abschrift einer ungebundenen Vorlage denken müssen, deren Blätter in Unordnung geraten waren. An einer Stelle fand der Schreiber in einer Lage von drei Doppelblättern die beiden ersten Blätter herumgebogen und kopierte demnach in folgender Ordnung: (D) EFAB statt ABCDEF. Infolgedessen steht in den Handschriften V und G das Stück »vor ewern obersten — wenn ir seyt selber pol« (V 65[b]—66[a], G CXXVII[b]—CXXVIII[a]) hinter anstatt vor dem doppelt so grossen »vnd also beschah auch das den Corinthen — vnd tut alle seine dinge (V 63[c]—65[a], G CXXV[b]—CXXVII[a]). Ausserdem sind am Schluss die beiden Seiten eines einzelnen Blattes in verkehrter Reihenfolge abgeschrieben worden, so dass in V und G der Inhalt

---

[1] Seifrieds Alexandreis habe ich nach einer Handschrift der Fürstl. Fürstenbergischen Hofbibliothek in Donaueschingen verglichen, die noch nicht im Katalog verzeichnet ist. Herr Archivar Dr. Baumann machte mich freundlichst auf dieselbe aufmerksam. Eine kritische Ausgabe des Gedichts bereitet Prof. Strauch in Tübingen vor.

[2] Als Chronik (in der Gothaer Handschrift »canonica« wird das Buch in mehreren Handschriften bezeichnet. Der Name des Verfassers ist, soviel mir bekannt, nur in der Dresdener überliefert und vielleicht verderbt.

[3] Nach Adrian, Catalog. codd. manuscr. bibl. acad. Gissensis Francof. 1840, S. 76: 14. Jahrh.

der zweiten Seite srecht als ein hawß one lewt   Was heymlichkeit wolt gott mit dem menschen haben« (V 96ᵈ—97ᵃ, G CLXIXᵃᵇ) vor den der ersten »das er möchte an betten — des macht er in von der erden stucke nach seinem pilde wenn dye welt·¹) (V 97ᵃᵇ, G CLXIXᵇᶜ) zu stehen kam. Als Mass einer Seite der Vorlage von Fᵤᵥ ergiebt sich hiernach der Inhalt von etwa einer Spalte von G oder ⁵/₆ Sp. von V. wonach das erstgenannte Verderbnis zu beurteilen ist. Wiederholt hat der Schreiber Lücken in den Text gebracht, indem sein Auge zwischen gleichen Wörtern oder Wortgruppen abirrte. Auf diese Weise ist der ganze Abschnitt von den Abenteuern im Gefilde »Acrea« (so D 55ᵇ) ausgefallen (V 85ᵃ, G CXLI³). Auch aus blosser Nachlässigkeit oder Willkür sind vielfach einzelne Angaben weggelassen, die sich in D finden und durch Übereinstimmung mit der H. d. p. als Bestandteile des echten Textes erweisen. Ebenso fehlt es nicht an anderweitigen Entstellungen, die zumteil nach D gebessert werden können. So nahe sich G und V stehen, so haben sie doch nebeneinander selbständigen Wert. V verdient im ganzen den Vorzug. G hat noch die Besonderheit, dass den lateinischen Gedichten, die im Texte vorkommen, eine deutsche Übersetzung beigefügt ist.

D weicht von VG nach Inhalt, Ausdruck und Dialekt beträchtlich ab. Willkürliche Änderungen, besonders Kürzungen, sind in noch grösserer Menge vorhanden, als in VG. In der Anordnung ist eine Verbesserung vorgenommen, indem der Brief des Mardocheus in den Zusammenhang des Berichtes der H. d. p. eingefügt wurde. Zur Ergänzung von VG ist D wichtig, aber für sich allein giebt die Handschrift kein zutreffendes Bild vom Werke Babiloths. Ich fuhre im folgenden nach V an, und nehme auf die Lesarten von G und D im allgemeinen nur da Rücksicht, wo V sachlich Unrichtiges bietet. Eine Anzahl von Fehlern ist allen drei Handschriften gemeinsam.²)

Ausserdem ist mir das Vorhandensein folgender Handschriften von Babiloths Alexanderbuch bekannt: 1. Cod. germ. Monac. 267 v. J. 1448 Bl. 146 ff, über welchen ich Herrn Oberbibliothekar Dr. Riezler nähere Nachricht verdanke. 2. Wolfenbüttel Aug. 32. 8; Pap.; 2°; 14.—15. Jahrh.; nach freundlicher Mitteilung des Herrn Bibliothekar Dr. Milchsack. 3. Stuttgart cod. philos.

¹) Der Schluss dieses Stückes ist in VG durch die Umstellung verstümmelt. In D (69e) lautet die Stelle: wenne dy werlth ist gleich ane menschen als ein hanß ane lewte.

²) Mehrere dieser gemeinsamen Verderbnisse lassen sich nach der H. d. p. bessern; z. B. V 50ᵈ ein schönes wort bast du gesprochen vnd kundecllich; ähnlich G CXd; D 14: kündclich; statt küneclich = regale J₂ (die entsprechende Stelle von J₂ nach Se bei Zingerle S. 132). V 54ᵇ ich rede . . . . mit dir . . zusammen ein fremd er mit einem fremde (mit einer fremd G CXIV d, mit einem fremden D 7a): statt ·sam ein freund m. e. f. = quasi amicus ad amicum J₂ (vgl. Zing. S. 144). — V 51ᶜ G CXIV d D 7ᵃ Da ward philippus waynen vnd all die andern (D: alle andere) mit im: statt ·vnd allexander m. i.· = et Alexander cum eo J₂ (vgl. Z. ib.). — V 50d G CXXIᵇ D 15ᵃ Zu handt sendet er im . . . . ein ketteIn (ketten ¹), kethe D) die was oben krump: statt ·ein ruten· = virgam curvam a capite J₂ (vgl. Z. S. 153, jedoch ist Se hier fehlerhaft). — V 62ᵈ G CXXIVᵇ D 20ᵃ da bathen yn die Corinthen das er mit in ynit in: G, dafur nicht, V) woke spilen an dem wege: statt ·an den wegen· = ut ludtret cum eis in curribus J₂ (Se bei Z. S. 164 mit fehlerhaftem Zusatz). — V 63ᶜ G CXXVᵇ D 21ᶜ ich gere von euch das w mir sendet zwen meister der sprochigkeit: statt ·zcn· = decem rethoricos J₂ (vgl. Z. S. 166). — V 70ᵃ G CXXXIIIᵇ D 33ᵇ das sich futlass dem mute nicht erhebe Sunder das er ymmer gedencke vff das peste (D: bestel: statt ·lestes· = sed semper cogitet novissima J₂ (vgl. Z. S. 190). — V 71ᵈ G CXXXVᵇ D 35ᵈ da was . . . . ein grosser dunst (D: finsternuß!) von dem rechten vnd schlegen· statt ·duß· = sonitus armatorum pugnantium J₂ (vgl. Z. S. 188). — V 76ᵃ G CXLIᵇD 43ᵇ yeglicher vogel der was gewent nach seiner art: statt ·geverwet· = unaqueque avis (erat) tincta secundum suum colorem J₂ (Se bei Z. S. 205 fehlerhaft). — V 87ᵇ G CLIVd D 50ᵇ wir ·senndten· ew ein tempel vnd (einen D; ·al von elaren gold· statt ·eine ·sau· = templum et statuam (bi) vobia ex auro purissimo destinamus H. d. p. J₂ Handschrift M₁ ·v. u.). — V 88ᵇ G CLVIᵃ D 61ᵃ faren wir wider zu dem Keyser Allexandro vnd haist er mich (da hinfaren VG; fehlt D) so wil ich thun allen deinen willen: statt ·vnd haisch mich so w. i. th. a. d. w.· = camus ad imperatorem Al. et postula me illi sicque omnem tuam faciam voluntatem M₁. — V 88ᵉ G CLVIᵇ D 62ᵇ vnd giengen gegen im auß piß an den graben des palast: statt ·an die greden· (woraus zunächst ·an die greben· wurde) = usque ad gradus palacii M₁. — V 90ᵇ G CLVIIIᵈ D 63ᵇ da gaben sie im . . . weyß spangen: statt ·spongen· = sponglas albas M₁. — V 90ᶜ G CLIXᵇ D 64ᵈ vnd foren vechtzehen tage vnd komen zu dem roten mere: statt ·sechtzcg· = per diis Ie· M₁.

22, 51 v. J. 1470. 4. Gotha chart. A No. 26 v. J. 1172 nach Jacobs und Ukert, Beitr. z. ält. Lit. I
S. 432 ff.[1]) 5. Berlin Ms. germ. 4°. 985; Anfang und Ende unvollständig; nach Toischer a. a. O.
S. 61. — Von allen diesen, sowie den oben besprochenen Handschriften sind, soviel ich weiss,
bis jetzt nur die Dresdener, Berliner und Gothaer benützt worden.

Eine Prüfung von Babiloths Werk auf seinen Inhalt erweist als Hauptquelle desselben die
Historia de preliis, und zwar lag dem Verfasser für den ersten, grössern Teil die Recension J_2,
für den zweiten die unten zu besprechende Recension J_3 vor. Daneben ist die pseudo-aristotelische
Schrift Secreta Secretorum und wahrscheinlich auch ein besonderes Exemplar des Briefwechsels
zwischen Alexander und Dindimus herangezogen.

Nach den einleitenden Worten »In gottes namen wil ich heben an vnd schreiben von Allexandro was ich gelesenn han« beginnt sofort die Erzählung nach dem Texte J_2, dessen Bericht
mit unerheblicher Kürzung bis zum Schlusse des Abschnitts wiedergegeben wird, der von der
Verjagung einer Elephantenherde durch das Geschrei von Schweinen handelt (in Se bei Z. S. 217).
Der Anschluss ist ein so enger, dass sich ganz wohl erkennen lässt, welcher Handschriften-Gruppe
die Vorlage des Übersetzers angehörte. Unter den von mir untersuchten Handschriften von J_2
nehmen M_1 LOx durch mancherlei gemeinsame Lücken und falsche Lesarten eine besondere
Stellung ein, und innerhalb dieser Gruppe stehen wieder J. und Ox einander näher, die einen
stärker entarteten, vielfach durch willkürliche Änderungen verderbten Text bieten. Babiloths
Vorlage war offenbar eine Handschrift derselben Gruppe, die uns durch M_1 LOx vertreten ist,
und dem Texte, den wir in LOx besitzen, sehr nahe verwandt. Ich lasse aus der ziemlich beträcht-
lichen Zahl von Belegstellen, die ich notiert habe, hier eine Auswahl folgen.

Übereinstimmung mit M_1 LOx gegen Stu Se in Lücken: J_2 (Z. S. 134) per veritatem ostendam
illum (deum: fehlt M_1 LOx) tibi quia (aliud est somnium atque: fehlt M_1 LOx) aliud [I.: alia]
est veritas: V 51 G CXI D 2d bey der warheit wil ich dir sagen (vnnd weyffen den: D) wenn
es ist ein ander warheit. — J_2 (Z. S. 117) Et exiens inde amato exercitu subiugans [Illi-
ricum veniensque in civitatem Salonam subiugans: fehlt M_1 LOx] eam. Veniensque [Exiensque:
M_1 LOx] inde et navigato pelago ingressus est in Italiam; V 57 G CXVIII D 12ª Da betzwang
er das land vnd fur von dannen mit seinem volk vnd kom uber mer in ytalien. — J_2 (Z. S. 197)
Volumus denique atque precipimus ut (per unamquamque civitatem sint principes et rectores sicut
fuerunt temporibus Darii imperatoris et obesliatis eis sicut actenus fecistis et unusquisque homo
in potestate sua habeat proprietates suas et omnia arma recondantur in domibus regalibus. Volumus
et precipimus ut: fehlt M_1 L.) ab hac provincia Persida u. s. w.; der Inhalt der Klammer fehlt
V 73 G CXXXVIIb D 38b. — Übereinstimmung in verderbten Lesarten: J_2 (Z. S. 141) Veniente
itaque in peloponensum; M_1: V. i. alexandro impreio ponensum, L.: in prelio ponensium, Ox: in
pelio ponensum; V 53d G CXIVª D 6ª Da Allexander auß kom zu streytten.[2]) -- J_2 (Z. S. 142)
venit dies constitutus [M_1 LOx: die constituto] in quo coniuncti sunt ambo ad pugnam;
G CXIV vnd kam wider auff den tag zû streiten u. s. w.; ähnlich D 6; V 54ª luckenhaft. --
J_2 (Z. S. 143) Rex Philippe ex Caliopatra nascetur [natus est: M_1 LOx] tibi filius similis tibi;
V 54b G CXIVc (D 6d) Künig Philippe dir ist geporen ein sun u. s. w. — so sagt Lysias bei
der Hochzeitsfeier! — J_2 (Z. S. 148) venit in locum, qui dicitur Taphosiri [I.: taphorisi] in quo
erant ville [M_1 L.: olleª)] quindecim; V 57d G CXIXª (D 12ª) vnd kom auff ein stat die hieß

1) Auf Nr. 2—4 als Handschriften Babiloths habe ich bereits Zeitschr. f. Deutsch. Phil. Bd. XVII S. 100 kurz hingewiesen.

2) Noch deutlicher zeigt Rudolf von Ems die Lesart der Vorlage: Al. V. 2222 f. Sie können an der selben zit Gevath
an der Poneasen strit.

3) Der Maler der Leipziger Handschrift hat nicht verfehlt, diesen Unsinn auch kunstlerisch zu verewigen. Bl. 15a erblickt
man Serapis in Taphosiri auf einer Anzahl ungeheurer Töpfe aufgestellt und von diesem Throne aus mit Alexander verhandelnd.

Caporis da waren fünfftzehen tophe. — J₈ (Z. S. 148) sie nomen et fatum tuum [fama tua: Stu, statua tua: M₁ L] non mutabitur; V 58ᵃ G CXIXᵇ D 12ᵈ also wirt die sawle vnd ir [(i: der) nam nicht verwandelt. — J₉ (Z. S. 201) Separamini ab invicem Perses [statt Perses: stent M₁ l.] in una parte. [M₁ L keine Interpunktion] Macedones (L.) et Greci in altera; V 75ᵃ G CXXXIXᶜ D 40ᶜ taylent ew von einander die von Macedonia sten an einer stat vnd die von Grecia an der anndern. — Wo, ganz vereinzelt, Bab. mit Stu Se gegen M₁ L übereinkommt, ist wohl anzunehmen, dass in M₁ und L die Lesart des Archetypus ihrer Gruppe entstellt vorliegt; so in der Erzählung von den Kämpfen am Süsswassersee (Z. S. 211): interfecti sunt XX [M₁ L: XXX] milites a draconibus et XXX servi = V 78ᶜ G CXLIIIᵈ D 45ᵈ auch 40 beliben tod zweintzigk ritter vnd dreiffig knecht die getöt wurden von den tracken.

Besondere Übereinstimmung mit L (Ox): J₃ (Z. S. 130) Tu enim [statt enim: (o) princeps LOx] custodiam observa; V 50ᵇ G CXᵇ D 1ᵇ (du V) o fürst... bewar das. — J₄ (Z. S. 141) Et appropinquans ad Alexandrum [statt ad Al.: Alexander LOx] dixit (ei. Quis es tu? Cui Al. respondit: fehlt LOx) Ego sum Alexander Philippi regis filius; V 53ᵈ G CXIVᶜ D 6ᵃ vnd da Allexander zu im kom da sprach er ich pin es Allexander Philippi sun. — J₅ (vgl. Z. S. 145) Audiens hec Pausanias (Alexander LOx) exiit continuo cum omnibus suis contra Alexandrum [Pausaniam LOx]; V 57ᵃ G CXVIIIᵇ D 11ᵇ do Allexander das horte da fur er mit gewalt wider Pusaniam. — J₂ (Z. S. 155) Letetur animus vester in hoc in quibus sedetis [statt i. q. sed.: quod editis L]; V 60ᶜ G CXXIᶜ D 10ᵇ sind frölich vnd habt guten mut mit essen vnd mit trincken. — J₂ (Se bei Z. S. 166 fehlerh.) preparamini et estote fortiores [L: seniores] mei; D 21ᵈ bereythet uch vnd behelt das mit gewelt das ir meine oberstin seit; ähnlich G CXXVIIᵇ; V 65ᵇ verderbt. — J₃ (Z. S. 180) Habeo [L: Adeo] enim (spem intrandi ad te: fehlt L) proindo ostendi [L: ostendo] benignitatem meam in eis; V 67ᵇ G CXXIXᵈ (D 27ᵈ verderbt) Sonnder wir haben inen vnnser ere beweyft. — J₄ (Z. S. 175) non sum culpatus in hoc quod dicit epistola; L: n. s. c. ei qui hanc dirextit epistolam; V 69ᶜ G CXXXIᵇ D 31ᵈ ich pin vnschuldig gegen den die das uber mich geschrieben haben. — J₄ (Z. S. 189 f.) Qualis .... tribulatio apprehendit Persidam quia humiliatus est Darius [L: humiliata est] usque ad terram; V 70ᵇ G CXXXIIIᶜ D 33ᵃ wie groß betruptnüs hat begriffen Persiam das landt wenn das ist nyder getruckt biß uff die erden. — J₄ (Se bei Z. S. 192 fehlerh.) Inveneruntque ibi sepulchrum ... ex uno [latere: L] lapide amethisto cavatum; V 72ᵇ G CXXXVᵈ D 36ᶜ vnd funden auch das grab .... vnd das [V: da] was an der ainen scythen aufgehawen von dem stein Amatistes. — J₄ (Z. S. 214) Videntes hoc Indi ceperunt acriter pugnare cum eis (sc. Macedonibus; L: eo); V 79ᶜ G CXLIVᵃ D 46ᵇ vnd wurden zornig vnd flugen auf Allexandrum.

Die Abweichungen Babiloths von M₁ LOx beruhen zum grössten Teil auf Missverständnis, ausserdem auch auf besondern Lesarten seiner Vorlage, nur ganz selten auf willkürlicher Änderung. Von den Missverständnissen des Übersetzers wird unten die Rede sein. Unter den Differenzen, die auf Eigenheiten der lateinischen Vorlage zurückgehen, lassen mehrere die Lesart der Vorlage deutlich erkennen und helfen so das Bild vervollständigen, das wir uns von dieser Handschrift der Orosius-Recension entwerfen können. So heisst es V 54ᵃ G CXIVᵇ D 6ᵇ spilst du mit mir mit dem lauffe überwind ich dich; J₄ (Z. S. 142) si mecum ludis cum curro (so M₁ = Jᵃ: Stu Se LOx: curru: / tab.: cursu) vincebo te. V 57ᵇ G CXVIIIᶜ D 11ᵈ wer ist vntter ewch der nicht wölle an legen sein wappen; J₂ (Se bei Z. S. 146 fehlerh.) Quis autem ex vobis non habet arma tollat de palatio meo ... et qui habet armetur ex armis suis; habet-habet fehlte / Bab. — V 57ᶜ G CXVIIIᵈ (D 12ᵃ verderbt). Zu hanndt vordert yn Apollo lachent vnd sprach Hercule; J₄ (Se bei Z. S. 147 fehlerh.) Statimque vocavit eum Apollo dicens (/ iißb.: ridens) Herculem (hercule: M₁ L. — V 62ᶜ G CXXIVᵇ D 20ᵇ her kunigk das tett ich darumb das ich bewegt deinen mute vnd verwanndelt dye betrüpnuss; J₄ (vgl. Z. S. 163). Proinde hoc feci domine rex ut flecterem animum tuum et converterem illum in (in fehlte J Bab.) luctum istius civitatis. - V 63ᶜ 65ᵇ G CXXVᵇ CXXVIIᵇ (vgl. o. S. 112) D 21ᵈ das gelob ich euch das ich anders nit wil von euch wenn das ir newr mich vnd mein ritter habent vor ewern obersten; J₂ (Se bei Z. S. 166 fehlerh.) hoc vobis promitto: nihil aliud volo a vobis nisi ut militetis (J Bab.: milites) mecum et me habeatis seniorem. — V 61ᶜ G CXXVIᶜ D 24ᵇ da wundert er sich vast; J₂ (L. Z. 161. 6) iratus (J Bab.: miratus) est valde. — V 67ᵇ G CXXIXᵈ D 27ᵈ Du wilt ye mit smacheit vnser lachen; J₂ (Z. S. 180) non cessas blasphemare eos [sc. deos; J Bab.: nos] usque in finem. V 70ᵃ G CXXXIIIᵇ D 32ᵈ ich hett gelopt dario deyn haupt zu opffern; J₂ (Z. S. 178) promisi Dario afferre [J Bab.: offerre] caput tuum. — V 71ᵃ G CXXXIVᵇ D 34ᶜ nement in ewern gedanck die satzung ewer vorfordern; J₂ (Se bei Z. S. 193 fehlerh.) revocare in memoria tua [L.: memoriam uestram] ordinem parentum nostrorum; J Bab. urorum st. nrorum. — D 30ᵃ (fehlt V 71ᵃ G CXXXVIIᵇ) Da nomen sy alle gesmogkes gnüg vnd trügen das vor Allexandrum; J₂ (Z. S. 198) Et statim levaverunt omnes deos [J Bab.: odores (!) aus os dos] suos et adduxerunt eos ante Alexandrum. — V 78ᵈ G CXLIVᵃ (D 46ᵇ) Da satzte Porus auff sein haubte ein krone; J₂ (Z. S. 214) Porus . . . tornavit [J Bab.: coronavit] caput. — Bei manchen dieser Fehler liesse sich die Schuld zwar auch auf die Flüchtigkeit und Unwissenheit des Übersetzers anstatt auf die Vorlage schieben. Jedenfalls ist soviel ersichtlich, dass Babiloths Handschrift zu den schlechteren ihrer Klasse gehörte.

Die übrigen Abweichungen sind sämtlich um nichts erheblicher, als die eben aufgeführten. Ihre Zahl ist im Verhältnis zu dem Umfang des Werkes eine äusserst geringe und wird sich mit dem Bekanntwerden besserer Texte der deutschen Übersetzung noch vermindern. Denn dass selbst in Fällen, wo VGD gemeinsam von J₂ abweichen, die ursprüngliche Lesart der Chronik eine andere, der lateinischen Vorlage entsprechende gewesen sein kann, zeigen die oben S. 113 Anm. gegebenen Beispiele. Von einer Aufzählung des einzelnen dürfen wir wohl hier absehen.

Die nämliche Möglichkeit einer gemeinsamen Entstellung in VGD muss man auch bei Betrachtung der Auslassungen im Auge behalten. Eine bedeutende Kürzung des Inhalts von J₂ findet sich nur an einer Stelle. Die Erzählung von den Abenteuern am Süsswassersee bricht die deutsche Chronik nach Erwähnung des Kampfes mit den Riesenkrebsen (V 78ᶜ G CXLIIIᵈ D 46ᵃ vgl. J₂ bei Z. S. 211) ab, übergeht dann auch den Aufenthalt im Lande der Bactrianer und Serer und nimmt erst mit der Angabe der Vorbereitungen zum zweiten Kampf gegen Porus den Bericht von J₂ (bei Z. S. 213) wieder auf. Es war wohl das entsprechende Stück im lateinischen Texte ausgefallen, denn für ein absichtliches Übergehen wäre kein Grund erkennbar. Im übrigen fehlen nur einzelne Angaben, nirgends ganze Abschnitte. Besonders erspart sich Babiloth gern die Anführung von Namen, indem ihm wohl die Richtigkeit der in seiner Vorlage überlieferten vielfach zweifelhaft erscheinen mochte. So übergeht er nach VGD abiit in Egeis (Z. S. 145), (civitatem) Jon (ib.), Mithre (Z. S. 155), Scamandro (Z. S. 160), (quod Porus) esset in Bactriacen (Z. S. 208), die meisten der wenig bekannten Völkernamen, die J₂ nach Orosius mitteilt (Z. S. 216) u. a. m. . Auch scheinen einige Stellen wegen ihrer Unklarheit weggelassen zu sein. Der Übersetzer hätte dann wohlgethan, von diesem Mittel öfter Gebrauch zu machen.

Erweitert ist der Bericht der H. d. p. in diesem Teil durch Einfügung eines Abschnittes aus dem verbreiteten Buch »Secreta Secretorum«, das in der Form eines Briefes von Aristoteles an Alexander allerlei Lehren, hauptsächlich über die Regierungskunst und die Bewahrung der Gesundheit, enthält. Ich habe dasselbe nach den beiden Handschriften Db 78 und Db 81 (d. 14. Jahrh.) der Kgl. öff. Bibliothek zu Dresden verglichen. Was Babiloth mitteilt, ist ein ungeschicktes Excerpt aus den ersten 25 Kapiteln, doch stimmt der Anfang nicht recht zu den mir bekannten Texten der Secr. Auch weicht die Einkleidung von der daselbst gegebenen ab. Nach den Secr. sendet Aristoteles die angeführten Ratschläge dem König Al. nach der Unterwerfung Persiens. Babiloth lässt sie als mündliche Ermahnungen an den Knaben Al. gerichtet sein. Nach der Erzählung von der Abfertigung der persischen Gesandtschaft, die von Philipp Zins verlangte, heisst es weiter (V 51ᶜ G CXVᵃ D 7ᶜ): »Nun wil ich sagen wie Allexander an sich name den den willen zu streitten vnd zu kriegen«. Als nämlich Al. als zwölfjähriges Kind einst allein in der Schule gesessen sei, sei ihm eingefallen, dass sein Vater dem König Darius Zins geben müsse, und er sei darüber in heftigen Zorn geraten. Aristoteles habe dies beim Eintreten bemerkt und ihm darauf jene Lehren mitgeteilt. Dieser Eingang ist in lästiger Breite ausgeführt und offenbar eigenes Werk Babiloths. Die Episode schliesst mit den Worten (V 56ᵈ G CXVIIᵇ D 10ᵈ): Nach diser lere vnd annder vil als man geschriben vindet in dem puch das da heist secreta secretorum [Setzreta seer. D; de secretis seer. G; decret decretorum V] da nam sich Allexander an vnd nam vnd vieng manliche werck an [an fehlt V] vnd uberwand zū vor [z. v. fehlt V] Nycolaum als dann hie uor geschriben steet. Darnach schraib er den botten Darii mit hubscher rede als hieuor geschriben stet [Darnach — stet fehlt D].

Bei dem Abschnitt, der von den bärtigen Jägerinnen handelt (V 79ᵈ G CXLᵛⁱⁱ D 47ᵇ), verlasst Babiloth den Bericht von Jₐ und folgt von da an der Recension der H. d. p., die ich mit J₁ bezeichne. Nur ganz im Anfang findet sich noch einzelnes aus Jₐ eingestreut.

·   J₁ ist gleichfalls eine Umarbeitung von Jᵃ, aber von ganz anderer Art als Jₐ. Die gegebene Anordnung des Stoffes hat der Verfasser von J₁ im wesentlichen unverändert gelassen und auch nur in beschränktem Masse neue Quellen zur Erweiterung von Jᵃ herangezogen. Sein Augenmerk war weniger auf den sachlichen Inhalt, als auf die Form der Darstellung gerichtet. Durch eine gesuchte und phrasenhafte Ausdrucksweise, durch Einfügung moralischer Betrachtungen und auffallender Bilder[1] hat er den Charakter des Ganzen wesentlich geändert, jedoch, nach unserm Geschmack, nicht zum bessern. Das Werk scheint späteren Ursprungs zu sein und hat, soviel ich sehe, nur geringe litterarhistorische Bedeutung. Auch für die Textkritik der H. d. p. ist es nicht von Wert, da es auf eine schlechte Handschrift der Gruppe J₁ zurückgeht. Handschriften von J₁ finden sich u. a. in Berlin (cod. lat. 40. 15. Jahrh., beschrieben von Kinzel, zwei Recensionen der Vita Al. Magni S. 4 f.), München (cod. lat. 14796 v. J. 1435 beschr. v. O. Zingerle a. a. O. S. 20 vgl. S. 66 f.), Paris (Bibl. nat. lat. Nr. 8514 v. J. 1465 vgl. Romania IV, S. 57 ff.), St. Gallen (Stiftsbibliothek Nr. 624; 15. Jahrh.; vgl. Verz. d. Handschr. der Stiftsbibl. von St. Gallen, Halle 1875 S. 203). Vor allem aber gehören die verbreiteten Strassburger Drucke (v. d. J. 1486, 1489 und 1494: »Str«) zu dieser verderbten Textklasse, und der Umstand, dass man die H. d. p. zuerst aus diesen kennen lernte und lange Zeit fast nur nach diesen benützte, hat für die Forschungen auf dem Gebiete der Alexandersage den ungünstigsten Einfluss gehabt.

Babiloths Vorlage muss der Münchener Handschrift 14796 (M₂), die ich mit der Chronik verglichen habe, nahe verwandt gewesen sein. Wo Str und M₂ auseinandergehen, stimmt Babiloth in der Regel zu M₂. Von gemeinsamen Fehlern erwähne ich: Str f, Plus enim apud grecos quam apud indos [M₂: latinos, Jᵃ nos] digna fuissent: V 88ᵈ G CLVIᵇ D 61ᵈ man eret es vnd wundert sich sein mere [V: dich sein sere; GD noch mehr verderbt] bei den Kriechen denn von (den GD) lateinischen. — Str. f₄ Arrideus teneat peloponensium iura . . . Nichanor seleucis dominetur. Item teneat elespontum; M₂ Ardeus teneat penolopensium iura . . . licanor omnes sedentis dominetur Itum gubernet et teneat Elespantum; V 94ᶜ G CLXIIIᵇ D 73ᵇ Ardeus (sol herr sein) über penolopenses [so G; V: penolepenses] . . . licano [G; V: lytano] der sol haben Itum [G; V: yttum] vnd Elesponten. — Str. ib. Tunc cepit [M₂: precepit] Al. ammonere vt

---

[1] So vergleicht Darius in den Briefen an Al. seinen Gegner das eine Mal mit einer unverschämten kleinen Maus, die in Abwesenheit der Katze im Hause herumspringt, das andere Mal mit einem schwerfälligen Esel, der vergeblich versucht, sich zu den Gestirnen zu erheben. In der letzten Unterredung erörtert er in einem kümmlichen theologischen Exkurs, warum Gott Glück und Unglück im menschlichen Leben mit einander wechseln lasse.

omnes pacifice morarentur; V 93^d G CLXIII^b D 73^d da ließ yn Allexander sagen das sie alle sollten paytten mit gedult vnd mit fride. — Str. f_2 sibique [dem Perdikkas] totum regnum macedonum commendauit et tradidit sibi Roxanam vxorem suam; M$_3$ . . . et trad. sibi in vxorem Roxam [sam⸗ sp. Korr. a. Ras., urspr. wohl ᵓsanam⸗] coniugem suam; V 93^d G CLXIII D 74^a vnd pefalch im macedoniam vnd raxonam sein weip im ze ainem weibe [weip ⸗ ainem fehlt V].

Erhebliche Abweichungen von M$_3$ finden sich nur in dem Stücke, das den Briefwechsel zwischen Alexander und Dindimus enthält (V 80^c—81^d G CXLVI^b—CLI D 48^b—55^a). In Als erstem Brief und dem grössern Teile des Antwortschreibens von Dindimus herrscht zwar noch Übereinstimmung, aber gegen Ende dieses Briefs, von der Besprechung der Opfer an, trennt sich der Inhalt der Chronik von der Textgestalt, die auf den Verfasser von J* zurückgeht, und für den Inhalt der folgenden Briefe kenne ich nichts genau Entsprechendes. Die Verschiedenheit beruht offenbar auf der Heranziehung eines Exemplars des selbständigen Brieftextes.[1] Mit dem Text, der in der Bamberger Handschrift überliefert ist, stimmt Babiloth namentlich darin überein, dass Al. die ausführliche Bekämpfung des Selbstlobs der Bragmanen und die Rechtfertigung seiner eigenen Lebensweise, ganz wie in B 227^c—228^a, erst im letzten Briefe bringt, während in den Texten der Familie J* alles dies im ersten Antwortschreiben Als vorkommt. Doch weicht Babiloth auch von B ab und führt manches an, was sowohl in B als in J* fehlt.

Am Schlusse hat Babiloth mit M$_3$ und anderen Handschriften folgende in Str fehlende Stücke[2] gemeinsam: 1. die Grabschriften, die ᵓDothomeus⸗ und Demosthenes für Al. verfassten, nebst Einleitung; 2. eine Besprechung der Laster Als und ein daran anknüpfendes Ermahnungsgedicht. Die lateinischen Verse des Gedichts und der Grabschriften sind in den mir vorliegenden Texten sinnlos entstellt. 3. Der Brief des Juden Mardocheus, der Al. zur Erkenntnis des wahren Gottes verhelfen will. Diesen Brief soll Al. nach der Einleitung ᵓdum quiesceret in Babilone⸗ erhalten haben. D schiebt ihn daher in den Abschnitt ein, der von Als letztem Autenthalt in Babylon handelt, vor die Erzählung von der unglückverheissenden Missgeburt. In VG[3] schliesst die Chronik, der Vorlage entsprechend, mit dem Briefe des Mardocheus ab. Die letzten Worte lauten in V: vnd legt das peste vnder den tewrsten schatz; ebenso in der Münchener Handschrift und ähnlich in G; ursprünglich wohl: v. l. das vnder den pesten tewrsten schatz; D 71^{ab} vnd leget das bey den bestin vnd trefflichin schatz den her irne hat. M$_3$ schliesst: ipsumque infra preciosissimos thezauros suos retinet et conseruat.

Babiloths Alexanderchronik ist also keine freie Bearbeitung der Sage, sondern fast in ihrem ganzen Umfang blosse Übersetzung, und auch als solche verdient sie wenig Lob. Von den zahlreichen Missverständnissen, die dem Übersetzer begegnet sind, habe ich mir etwa 60 notiert, aus denen ich beliebig einige herausgreife. ᵓHabens . . . barbam canis ornatam⸗ übersetzt er ᵓvnd hat eins hundes palig wolgezieret⸗ (der Gott Ammon); ᵓcongregatis ante eum populis (die persische Volksmenge) coram omnibus iussit scriberes ᵓda kom für yn das volk den gebot er das sie solten schreiben allen lewtten⸗; ᵓpraebuisti nobis audaciam quatenus pugnaremus contra vos⸗ vnd hast vns enbotten ob wir also kuen sein das wir mit dir streittens ᵓhabebat secum Al. . . .

1) Der Briefwechsel zwischen Al. und Dindimus ist als selbständiges Werk in vielen Handschriften überliefert, und dieser selbständige Text weicht von dem in der H. d. p. enthaltenen nicht unbeträchtlich ab. Der Verfasser von J*, von dem die Aufnahme der Briefe in den Zusammenhang der H. d. p. herrührt, hat sie offenbar für diesen Zweck umgearbeitet. Übrigens harrt das Textverhältnis dieses Briefwechsels sowie der wichtigeren Epist. Al. ad Aristotelem immer noch einer eingehenden kritischen Behandlung.

2. Str. zeigt auch sonst dem Texte der Handschriften gegenüber Lücken. So fehlen an einer anderen Stelle die Verse welche, als Inschrift des Thrones, die Namen der von Al. unterworfenen Provinzen enthalten.

3. Auch in der Münchener und Gothaer Handschrift. Der Schluss der übrigen ist mir nicht bekannt.

mulos .. portantes annonam .., pecudes et porcos«: »vnd hetten gar vil der mewler ... dy da trugen koren ... vnd trugen auch geköchte schwein vnd schaff«. »preconatoribus« heisst ihm »kempfen«, »falcatos currus«: »verteckte wegen«, »colles cavernosos«: »hoh perg«, »caeruleus«: »gel«. Bemerkenswert ist seine Unkenntnis der im engeren Sinne mittelalterlichen Latinität. »divinus« giebt er mit »götlicher mensch«, wo es »Wahrsager« bedeutet, setzt dagegen »weissag« für »apocrisarius«; »cantram« soll »bewttel« sein, »parapsides«: »köpf«, »regias« (Thüren): »kammern«. Aus den »duodecim virtutes« des Herkules werden »zwelff tugent«, quia wird wiederholt kausal gefasst, wo es Aussagesätze einleitet, dubitare im Sinne »zweifeln« wo es »fürchten« bedeutet. Dem geistlichen Stande hat also der Verfasser wahrscheinlich nicht angehört; sonst würde ihm doch, wenn er einmal etwas Latein verstand, das kirchliche geläufiger gewesen sein. — Für die Stärke der Anziehungskraft, die der Inhalt der Alexandersage das ganze Mittelalter hindurch ausübte, ist es kein geringes Zeugnis, dass er selbst in solcher Form seine Wirkung nicht völlig verloren hat.

Als Probe eines zusammenhängenden Abschnitts folgt ein Stück des zweiten, aus J_2 entnommenen Teils unter Vergleichung der Quelle.

Die Erlegung des Basilisken.

Historia de preliis Text J_2 nach Cod. lat. Mon. 14796

transsitum orientis intrauit ambulauit per dies octo per id acutissimum iter. Octauo vero die invenerunt Basiliscum horribilem et dierum antiquitate fetidum, qui tanteque venositatis erat ut non solum fetore sed ex ipso visu quantum contemplari poterat aerem corrumpebat. Transeuntes itaque Macedones et perse solo visu serpentis cadebant exanimes. Milites vero cernentes tale periculum non amplius procedebant dicentes deorum virtus ante nos consistit que nos (non[?]) amplius transsire demonstrat.[?] Tunc Allexander cepit[?] solus per superiorem partem montis ascendere ut a longe posset causam tante pestilencie preuidere. Et cum in superiori parte montis consisteret vidit Basiliscum in medio tramite consistentem et dormiebat continue. Cumque senciebat hominem vel animal appropinquare sibi appeciebat occulos et quotquot conspiciebat illico interibant. Quod cum vidisset Allexander continuo descendit de monte et constituit terminos quod nullus presumeret excedere. Et fecit fieri clipeum magnum longum[?], cubitis sex et latum cubitis quattuor et ab exteriori parte in superficie clipei fecit speculum maximum interponi fecitque sibi sotelares ligneos per vnum cubitum altos. Et accipiens clipeum in brachio suo et sotelares in pedibus cepit contra basilliscum opposito sibi clipeo incedere ita quod nec caput nec latera neque

Babiloth V 85«—86« (G CLII«—CLIII« D 56«—57«)

vnd do fur er den weg gegen osten vnd fur den scharpffen weg acht tag vnd (an dem achten tag[?]) da funden sie ein grewlichen Basiliscum der stanck gar sere vor alter vnd der was also voller giffts das er mit dem gestanck velschte die lufft vnd macht sie gifftig. vnd da starb vil volks von dem pösen lüffte vnd da die ritter das sahen da wolten sie nicht furbas ziehen (vnd sprachin Gotis krafft stehet weder vns vnd wil das wir nicht furbas farin[?]). Und da stig Allexannder allayn auff den perg das er von ferren mocht gesehen von wannen der stanck käm vnd da sah er den Basiliscum an dem weg vnd sah wol das er (stetiglich[?]) slieff vnd wenn der Basiliscus vernam einen menschen oder ein annder thier bey im gen vnd so tett er auff seine augen vnd was er dann an sach das starb. Da das Allexander sach vnd da gieng er wider zu seinen lewtten vnd hiesse sie stille haben vnd nicht furbas reytten vnd da ließ er machen ein schilt vj elen langk vnd vierer brait vnd ließ aussen einen grossen spiegel (einsetzin[?]) an dem schilt vnd ließ daran machen hultzen sewl vnder seine füeß einer elen langk vnd da macht er den schilt fur sich vnd gienge gegen dem Basilisco also das er in weder das haubt noch die füß noch keyn gild mochte gesehen. vnd da er kom zu dem Basilisco vnd da tett er schnell seine augen

pedes ullatenus poterant ab eo videri et precepit
militibus suis ut nullus terminos preterire ten-
taret. Cum autem propinquius esset basilisco
apperuit ille occulos suos et irato animo inspiciens
speculum semetipsum contemplans in speculo illico
est extinctus[1]. Allexander[2] Itaque senciens illum
mortuum ascendens vbi ille erat conuocans milites suos et ait venite et videte occisorem vestrum.
Att illi festinantes viderunt Basiliscum mortuum.
Et continuo [illum] iussu[7] Allexandri Macedones
eum cremauerunt et laudabant[8] omnes sapientiam
Allexandri.

auff vnd ward zornig vnd sah an den spiegel
vnd er sah sich da selber vnd starb. Da Allexander vernam das der Basiliscus tod was vnd
da hieß er seine ritter kunimen und sprach
kumend vnd sehet unnsern mörder. Da ver-
prantten sie den Basiliscum zu pulver vnd lobten
all die weyßheyt Allexandri.

[1] G: ähnlich D; fehlt V. — [2] vnd — latin D; fehlt VG.
— [3] so D; stercklich V. — [4] so D; V: machen.

[1] non fehlt Handschrift. — [2] demostrat Handschrift.
[3] precepit Handschrift. — [4] logum Handschrift. — [5] Absatz.
Quomodo Al. vorauit milites suos et ostendit eis interitum basi-
lisci (rot) Handschr. — [6] Initiale fehlt Handschr. — [7] iussu Str.;
visu Handschr. — [8] laudabunt Handschr.

Ein Vorschlag
zur Errichtung einer Universität in Karlsruhe
aus dem Jahre 1761.

Von *Heinrich Funck*,
Professor am Gymnasium zu Karlsruhe.

Im vorigen Jahrhundert, das man schon das pädagogische genannt hat, huldigte auch der Markgraf Karl Friedrich von Baden in hervorragender Weise den auf Verbesserung des Erziehungswesens gerichteten Bestrebungen der damaligen Zeit. Einen Hauptgegenstand der Fürsorge dieses für alle Kulturinteressen so begeisterten und so thatkräftig eintretenden Fürsten bildete die gedeihliche Weiterentwicklung seines Gymnasiums illustre zu Karlsruhe, der einzigen höheren Lehranstalt, mit welcher das Baden-Durlachische Land damals ausgestattet war. Von den Autoritäten aber, welche in dieser Angelegenheit von unserm Regenten im Laufe der Zeit zu Rate gezogen wurden, suchte jeder wieder auf eine andere Art einen vollkommneren Zustand an der oben genannten Schule herbeizuführen.

So gipfelten die von Rektor Maler vorgeschlagenen Reformen in der Wiederherstellung des theologischen Konvikts, dem in erster Linie die badische Fürstenschule ihren Flor ehemals zu danken gehabt habe, während Geheimerat Reinhard die ganze Anstalt in eine akademische Mittelschule umgewandelt wissen wollte, nach dem Muster des braunschweigischen Carolinum, das dem bei uns zu gründenden Carolo-Fridericianum aus verschiedenen Ursachen werde nachstehen müssen. Der erst zwei und zwanzigjährige Wieland liess 1756 dem hiesigen Hof einen vollständigen Entwurf von jener Akademie überreichen, welche seinem eigenen Ausspruch zufolge ein Antipode der deutschen Akademien und Gymnasien, Pädagogien und wie sie heissen, sein sollte. Der ausgesprochene Herzenswunsch des Markgrafen, die schönen und nützlichen Wissenschaften mit mehr Vorteil für das praktische Leben als bisher in den Dienst der Jugendbildung gestellt zu sehen, liess den Dichter wohl hoffen, dass seine pädagogischen Ideen im Badischen ihre Verwirklichung finden möchten. Als 1761 der junge Pfeffel in Kolmar aufgefordert wurde, seine Gedanken zu der in Rede stehenden Schulreform aufzusetzen, glaubte dieser ein altes Baden-Durlachisches Projekt bei Karl Friedrich wieder in Vorschlag bringen zu dürfen.

16

Es war nämlich schon ums Jahr 1681, also zu einer Zeit, wo unsere Anstalt sich noch in Durlach befand, der Gedanke angeregt worden, ob man nicht das hochfürstliche Gymnasium, das mit seiner Unterweisung bereits in das Lehrgebiet der Universität hinübergriff und im wissenschaftlichen Vortrag einen guten Ruf auch im Ausland sich erworben hatte, vollends zur hohen Schule erweitern sollte. Und wenn auch der damals schon drohende Orleanische Krieg und dann ein abermaliger Krieg mit Frankreich die Frage nicht recht in Fluss hatten kommen lassen, so war sie doch seitdem nicht mehr völlig zur Ruhe gebracht worden. So oft man jedoch dem Projekt näher zu treten suchte, bot die Beschaffung der zu seiner Ausführung notwendigen Gelder die grössten Schwierigkeiten. Was nun Pfeffel für ein Mittel entdeckte, um diese finanziellen Hindernisse damit zu beseitigen, das werden wir sehen, wenn jetzt sein in noch manch anderer Hinsicht interessantes Schriftstück hier zum Abdruck gelangt. Dasselbe lautet:[1]

Vorschlag

zu

Errichtung einer freyen Universität in der Residenz-Stadt Carls-Ruhe.

Einleitung.

Die Erweiterung des Reiches der Erkänntniss ist zu allen Zeiten eines der süssesten Geschäfte weisser Fürsten gewesen. Sie haben es für eine grössere Ehre gehalten den Musen einen Tempel zu erbauen, als zehn unüberwindliche Schlösser zu zerstören. Sie glaubten die stolze Ruhe des Friedens nicht besser anzuwenden, als wenn Sie die Wissenschaften, die das Geräusche der Waffen fliehen, in Ihre stille Mauern herüber ruften, und Ihren reichen Völkern die einzigen Schätze ausspendeten, welche sie noch glückseliger machen konnten.

Die Baden-Durlachischen Lande sind von der Vorsehung mit einem Fürsten gesegnet worden, der Seinen Stolz in dem Titel eines Vaters und Seine Eroberungen in den Herzen gesucht hat. Caroline, die Statthalterin der Tugend auf dem Erdboden, theilet seinen geheiligten Thron, den die Menschenliebe, die Wahrheit und der himmlische Friede umringen. Die Flamme des Krieges, die fast ganz Deutschland durchwütet, wird durch den Odem des Allmächtigen von den Gränzen seiner Lieblinge abgehalten, und die Acker und die Weinberge reichen ihre Beute nur den frohen Händen des Landmanns, der sie gebauet hat. Die Kirche pranget mit würdigen Lehrern, und die Richterstühle sind mit gerechten Amtleuten besetzt. Gründliche Aerzte wachen über die Gesundheit der Bürger, und in der zierlichen Hauptstadt haben reitzende Künste ihre Wohnungen aufgeschlagen. Allein noch müssen diese Kirchenlehrer, diese Richter, diese Diener der Gesundheit die Schätze ihrer Erkänntniss mit grossen Unkosten in fremden Ländern zusammen raffen, noch müssen zärtliche Eltern ihre lernbegierigen Söhne tausend Gefahren des Leibes und der Seele blos stellen, wenn sie dieselben in den Stand setzen wollen, dereinst durch ihre Gelehrsamkeit ihnen und dem Vaterlande Ruhm und Nutzen zu verschaffen. Der Vorschlag wegen Errichtung einer Universität in der Residenz-Stadt Carlsruhe hat bisher unüberwindliche Schwierigkeiten

---

[1] Das Schriftstück befindet sich auf dem Grossh. General-Landesarchiv in Karlsruhe, Fascikel »Karlsruhe, Geheimrath Reinhards Vorschläge zur Verbesserung des Gymnasiums 1755--61.« — Mitte September 1761 sandte Pfeffel die Schrift nach Karlsruhe ab, Ende Juli war er zu ihrer Abfassung aufgefordert worden; vgl. die gleichzeitigen Briefe G. C. Pfeffels an King in des Letztern Nachlass auf der Universitätsbibliothek zu Freiburg. — Die Antwortschreiben Kings an Pfeffel sind leider nicht mehr vorhanden; sie sollen bei dem Brand des Schlosses de Vizilles mit vielen Reliquien des elsässischen Dichters zu Grunde gegangen sein.

gefunden, welche einzig und allein die Enthebung der erforderlichen Besoldungs-Gelder zum Grunde hatten. Es ist offenbar, dass die Last einer solchen Stiftung der Hochfürstlichen Rent-Kammer zu beschwerlich fallen würde, welche von den Unterthanen nur soviel empfängt, als zu der weissesten Haushaltung unumgänglich erfordert wird. Es ist aber auch eine unumstössliche Wahrheit, dass es eine heilige Pflicht glücklicher Bürger sei zur Erhaltung eines wesentlichen und allgemeinen Vortheils gemeinschaftlich die Hände zu bieten. Der Verfasser gegenwärtiger Blätter hält die Einführung einer allgemeinen, aber zugleich mässigen Steuer-Lotterie für das bequemste und unschuldigste Mittel, den Baden-Durlachischen Landen nicht nur eine hohe Schule, sondern auch allen einheimischen Mitgliedern derselben freye Unterweisung, und den meisten einen freyen Unterhalt zu verschaffen. Er ist zu sehr in den Vater-Nahmen ihres Durchlauchtigsten Beherrschers verliebt, zu ehrgeitzig nach der unschätzbaren Gnade des erhabensten Fürsten-Paars, und selber ein zu zärtlicher Freund des Menschen, als dass er sich erlauben könte eine so heilige Stiftung auf Ungerechtigkeit und Erpressungen zu gründen. Es wird nöthig seyn alle Vortheile einer solchen freyen Akademie in einen Gesichtspunkt zu sammeln, um jedes unpartheyisches Auge desto deutlicher zu überzeugen, wie wenig der gemeinschaftliche Beytrag mit dem öffentlichen Nutzen in Vergleichung komme.

Erster Abschnitt.

Das Gemälde des mannigfaltigen Nutzens dieser Stiftung ist eine sehr leichte Arbeit. Es wird um desto besser in die Augen fallen, wenn wir ihm einen Abris der häufigen Nachtheile an die Seite setzen, welche bisher das Vaterland durch die Nothwendigkeit erlitten hat, seine angehenden Gelehrten auf ihrer oft bedürftigen Eltern eigene Unkosten nach auswärtigen Akademien zu schicken. Der erste und vornehmste Vortheil betrift den Wachsthum der Jugend in den Sitten und selbst in den Wissenschaften. Es wird fast immer alle Wachsamkeit vernünftiger Eltern, und alle Sorgfalt treuer Schul-Lehrer dazu erfordert, das Herz eines feurigen Jünglings mit der Tugend und seinen Verstand mit den ersten Grund-Wahrheiten der gelehrten Erkänntniss auszurüsten. Wie gefährlich muss also derjenige Zeit-Punkt für den neuen Studenten seyn, da er auf einmal von seinen bisherigen Wächtern entfernet und ausser den Gränzen seines Vaterlandes an einen Ort gesetzt wird, wo alle Arten der Verführung auf ihn lauren, wo den Ausländern um sie herbey zu locken, eine Freyheit verstattet wird, welche mit allem Grunde den Nahmen der Ausgelassenheit verdienet, wo sie keine andere als ohnmächtige Aufseher haben, kurz, wo es beynahe ganz in ihrer Gewalt stehet gottesfürchtig oder ausschweifend, fleissig oder unfleissig zu seyn. Es liegt eine Aussicht von einigen kurzen Jahren vor ihm, welche sein ganzes künftiges Schicksal entscheiden sollen, welche aber auch zugleich, der gemeinen Sage nach, die fröhlichsten Tage seines Lebens begreifen. Es ist nicht schwer zu errathen, welcher von diesen beyden Gedanken in dem Gemüthe der sinnlichen Jugend der mächtigste zu seyn pfleget, und wenn unter den Baden-Durlachischen Lehrlingen selten grobe Idioten, oder Leute ohne Sitten zurücke kommen, so ist es doch eine ausgemachte Wahrheit, dass bey den meisten die Erkänntnis, sowol als der moralische Caracter einen höhern Grad von Vollkommenheit erlangen würde, wenn sie die akademischen Jahre in ihrem glücklichen Vaterlande, unter den Augen ihres exemplarischen Fürsten und unter der weissen Anführung ihrer künftigen Vorgesetzten geistlichen und weltlichen Standes zubrächten. Wie viele würden bessere Patrioten, bessere Christen geworden, und in ihrer Prüfung noch rühmlicher bestanden seyn! wie viele hat die Rohigkeit der Jenischen Lebens-Art wenigstens auf eine Zeitlang unwürdig gemacht, den Nahmen eines Gottes-Gelehrten, eines Schülers der Gerechtigkeit zu tragen, welche die Einfalt und die Reinigkeit der vaterländischen Erziehung heiliglich beybehalten hätten, wenn sie nicht wären genöthigt worden, Städte und Länder zu besuchen, wo frechere Grundsätze im

16*

Schwange gehen, wo ihre Sittsamkeit zum Gespötte wird, wo oft selbst ihre Religion Gefahr läuft, durch das unselige Gift der Frey-Geisterey angesteckt zu werden.

Der zweyte Vortheil, welcher bey einer inländischen hohen Schule vorzüglich in die Augen fällt, bestehet in dem Ruhm und der Bereicherung des Staates. Erstlich würden jene beträchtliche Geld-Summen, welche die Baden-Durlachischen Studenten auswärts verzehren, alsdann im Lande bleiben, ein Umstand, den die weisse Regierung unmöglich mit gleichgültigen Augen ansehen kan, und welcher in den Unterlanden, da der Pfund-Zoll von allen bezahlt wird, bey der grossen Vermehrung aller Arten des Aufwandes, den landesherrlichen Einkünften einen sehr merklichen Zuwachs verschaffen muss. Zweytens muss die alt bekannte Huld der Durchlauchtigsten Herrschaft, die Reitzungen der Residenz, der Ruhm der Lehrer und die gute Ordnung dieses neuen Musen-Sitzes eine nicht geringe Anzahl rechtschaffener und begüterter Eltern bewegen ihre Söhne aus fremden Gegenden dahin zu senden, wo sie an Leib und Seele versorget seyn würden; besonders da in dem ganzen grossen Bezirke von Ravensburg bis Erlangen keine protestantische hohe Schulen sind, als Strasburg und Tübingen. An dem letzteren Orte beginnt die Lebens-Art so roh zu werden, als auf irgend einer sächsischen Universität, und der hohe Preis der Lebens-Mittel, die allwöchentliche faulen Täge und die vielfältige Vacanzen, welche wenigstens den vierten Theil des Jahres fruchtlos verstreichen lassen, und die Studenten zum Wegreissen zwingen, alle diese Umstände müssen ohnehin diese hohe Schule in den Augen jedes unpartheyischen Richters zu einem eben so unbrauchbaren als verderblichen Aufenthalt machen.

Die Stadt Strasburg unterscheidet sich zwar von den meisten deutschen Universitäten durch eine strengere Polizey und durch eine gesittetere Lebens-Art; allein die Gelegenheiten zum Müssigang und Aufwande sind daselbst ebenso häufig und vielleicht, noch unvermeidlicher als in Tübingen. Ja ein Fremder, der zu Halle oder Jena in dreyen Jahren seine Studien endigen, und mit seinem Jahrgeld und Aufzuge einen Stutzer vorstellen könte, wird zu Strasburg wenigstens sechs Jahre und einen zweymal stärkeren Wechsel verschleudern, ohne deswegen mehr erlernet, oder sich von dem gemeinsten Haufen der Studenten unterschieden zu haben. Man rechnet sonsten die nähere Gelegenheit, die französische Sprache zu treiben, unter die Vorzüge dieser hohen Schule, welches aber dem Buchstaben nach ein Vorurtheil ist. Die französischen Sprachmeister sind in Strasburg wenigstens eben so kostbar als an anderen Orten, und die protestantischen Bürger dieser Stadt, welche lauter Deutsche sind, sehen sich alle Tage genöthiget, ihre Söhne der Sprache wegen nach Frankreich zu schicken, weil der Unterschied der Religionen im Elsasse mehr als in keiner andern Landschaft auf die Verbindungen der Einwohner, sowol als der Fremden einen Einfluss hat.

Es ist also im höchsten Grade wahrscheinlich, dass die neue Akademie zu Carlsruhe in kurzer Zeit durch eine grosse Anzahl adelicher und bürgerlicher Ausländer würde bevölkert werden, besonders wenn der Durchlauchtigste Landes-Fürst durch die kluge Wahl der Lehrer, und durch das weisse Gesetz einer ununterbrochenen Arbeit zur Aufnahme dieser Stiftung den vornehmsten Grundstein legen wird. Dann müsste Baden-Durlach zum Erstaunen seiner Nachbarn in wenig Jahren einer der schönsten und glorreichsten Sammel-Plätze der Musen werden, sowie es bereits der Sitz der Gerechtigkeit und die Freystatt der Tugend ist. Es würde sich für die Grosmuth und Güte des zärtlichsten Landes-Vaters ein neues reitzendes Feld eröffnen, darinnen Er den Verdiensten treuer Knechte würdige Belohnungen anweisen könnte. Unter den akademischen Lehrern würden sich Ihm verehrungswürdige Bischöffe, erleuchtete Räthe, gründliche Leib-Aert/te anbieten, und der ganze Staat würde mit neuen Patrioten, neuen Stützen, neuen Heroleden der Tugend bereichert werden. Die Wissenschaften und Künste würden sich mit mehr Freyheit und mit einem allgemeinern Nutzen darinnen ausbreiten, und der Umlauf des Geldes, welcher eine der vornehmsten Quellen des Ueberflusses ist, würde nicht nur in der Hauptstadt, sondern in dem ganzen Lande durch unzählige neue Canäle befördert werden.

Der dritte und letzte Vortheil, von welchem der Raum zu reden erlaubet, betrift die äusserlichen Umstände der studirenden Landes-Kinder, und zw arerstlich die Erhaltung ihrer Gesundheit. Es ist nicht nöthig voraus zu setzen, dass ein junger Mensch den Ausschweifungen ergeben seyn muss, um uns zu überzeugen, dass eine fremde oft ungesunde Luft, und eine ungewohnte, meistens rohere Nahrungs-Art in seinem Körper gefährliche — Veränderungen würken müssen. Die Erfahrung bezeuget dieses vornemlich von denjenigen Studirenden, welche die Universität Halle besuchen und dabey aus Sparsamkeit mit der an sich recht guten, aber für einen grossen Theil der Ausländer zu harten Kost des Waysen-Hauses sich behelfen müssen.

Da es ein Nebenzweck des gegenwärtigen Vorschlags ist, den benöthigten Baden-Durlachischen Söhnen auf ihrer einheimischen Universität einen freyen und nichts weniger als schlechten Tisch zu verschaffen, so fällt der Einwurf von sich selbst weg, dass jene hallische Speisen, welche umsonst gereicht werden, noch allemal besser sind, als die niedlichsten Mahlzeiten, wenn sie Geld kosten. Weil aber nicht alle unsere jungen Gelehrten in Halle studieren, und auch in diesem Falle sie ihre freye Kost, theils durch Informations Stunden, die ihnen wenigstens eben soviel Abhaltung als Nutzen verursachen, theils durch ihr gedoppeltes Reisegeld bezahlen müssen, so bestehet in dem ungleich bessern Freytisch der zweyte Vortheil, der ihren äusserlichen Umständen durch die Carlsruhische hohe Schule zufliessen würde. Er betrift die Erhaltung ihres Vermögens, welches wenn es geringe ist, ihnen um desto schätzbarer seyn muss. Die Nahrung ist die kostbarste von den unentbehrlichen Bedürfnissen des Menschen, und wenn ein akademischer Bürger für diese nicht sorgen darf, so ist mehr als die Helfte seiner nöthigen Ausgaben bestritten. Der freye Unterricht ist ein anderer Artikel, welcher bei einem fleissigen Lehrlinge fast immer bis auf den halben Betrag der Kost zu steigen pfleget. Es gibt zwar auswärtige hohe Schulen, wo ein Zeugniss der Dürftigkeit die Lehrer zu einem Nachlass verpflichtet, es gibt aber auch Orte, wo diese Ausnahme wenig stattfindet, oder wo es keine unedle Blödigkeit ist, sie nicht zu verlangen. Wie vortheilhaft wäre also auch in diesen Gesichts-Puncten eine vaterländische Akademie unsern Schülern der Wissenschaften. Selbst ihre Kleidung und unzählige kleinere Nothwendigkeiten, welche die Fracht in die Ferne nicht verlohnen, könten ihnen von ihren Eltern oder Vormändern um ein gutes wolfeiler, und fast immer besser durch häufige Gelegenheiten in die Residenz geschickt und also auch in dieser Absicht ansehnliche Kosten erspart werden. Denn so unschätzbar die Gelehrsamkeit ist, so ist es doch meistens ein Unglück für ihre Liebhaber, wenn sie dieselbe mit ihrem väterlichen Erbtheil erkaufen müssen. Die Eltern selber, um mit der Zeit einen oder ein Paar ihrer Söhne auf der Canzel oder der Gerichts-Bank zu erblicken, entblössen sich oft, dieser schmeichelnden Hofnung zu liebe, von dem grössten Theil ihrer kümmerlichen Einkünften, und oft sehen sie sich gar genöthiget verderbliche Schulden zu machen, darunter meistentheils die übrigen Geschwister der Herrn Candidaten leiden, welche um diesen Preiss der Ehre gelehrte Brüder zu besitzen, gerne entsaget hätten. Ueberdies sind die Wissenschaften fast durchgängig eine von denenjenigen Professionen, welche im oeconomischen Verstande die kleinsten Zinsen tragen. Ein Prediger, ein Raths-Glied mag sein Amt mit noch so vieler Sorgfalt verwalten, so wird es ihm eine sich stets gleiche Besoldung und selten mehr als den nöthigen Unterhalt abwerfen. Er muss viel Glück, oder viele Ungerechtigkeit besitzen, wenn er den Aufwand seiner akademischen Jahre und den Werth seines Bücher-Vorraths zurück spahren kan; da hingegen der Kaufmann, oder der Künstler meistentheils in den ersten Jahren seiner Niederlassung das Lehr-Geld und in den folgenden nach Masgabe seines Fleisses immer grössere Summen gewinnt; daher ist es nicht nur die höchste Billigkeit, sondern auch eine der schönsten und wichtigsten Pflichten den gemeinnützigen Gelehrten die Erwerbung ihrer Erkänntniss zu erleichtern. Auf was für Art und in welchem Maasse diese Hülfs-Mittel im Baden-Durlachischen gerichtet werden sollen, wird der folgende Abschnitt erörtern.

Zweyter Abschnitt.

Wir halten es für überflüssig zu beweisen, dass dem Durchlauchtigsten Landes-Fürsten die Last dieser akademischen Stiftung, welche nach dem angehängten Plan eine jährliche Summe von 18,000 fl. erfordert, zu allen Zeiten und besonders bei den gegenwärtigen ausserordentlichen Unkosten des Krieges zu beschwerlich fallen würde, und dennoch sind es die jetzigen Kriegs-Läuften, welche die neue Baden-Durlachische Universität vielleicht am meisten und geschwindesten empor bringen können, da gegenwärtig beynahe keine hohe Schule in Deutschland ist, welche nicht durch feindliche Waffen entweder selbst in ihren Hör-Sälen oder aus ihrer Nachbarschaft in Furcht und Schrecken gesetzt wird. Dieser Umstand muss schon allein unserm Musen-Sitze die berühmtesten auswärtigen Lehrer und eine sehr starke Anzahl fremder Zuhörer verschaffen; und der Verfasser hält es nicht für überflüssig zu wiederholen, dass im Fall gegenwärtiger Vorschlag gnädigsten Beyfall fände, die vornehmsten Vortheile desselben einzig und allein durch eine schleunige Ausführung erhalten werden können. Da aber die Hochfürstliche Rent-Kammer durch die einheimische Universität in Vergleichung mit dem ganzen Lande am wenigsten gewinnen würde, so ist es eine desto dringendere und heiligere Pflicht der Unterthanen zu Erhaltung eines so allgemeinen und so mannigfaltigen Nutzens sich gemeinschaftlich die Hände zu reichen, um so viel mehr, da der erforderliche Zusammenschuss dem Betrag, sowol als dem Austheiler nach für die einzelnen Mitglieder fast unmerklich wird, und da aus dieser Summe Seelsorger, Gerichts-Glieder, Aerzte, Wund-Aerzte und selbst künftige Professoren ohne Entgeld gebildet und ernährt werden sollen, welche ihre Söhne, ihre Brüder, ihre Anverwandten sind. Man kan die Mittel-Anzahl der studirenden jungen Leute der gesammten Baden-Durlachischen Herrschaften jedes Jahr auf sechzig Köpfe rechnen, davon ein jeder durch die Bank wenigstens ein Jahr-Geld von 100 Reichsthalern verzehret. Dieses macht schon eine Summe von 9000 fl. und folglich die Helfte von derjenigen, welche das ganze Land zum Behufe der akademischen Stiftung zusammenschiessen soll. Da auch überdieses die geistlichen und weltlichen Diener des Staates von allen andern Auflagen frey und zugleich diejenigen sind, so ihre Söhne am häufigsten dem Studieren widmen, so ist es auch billig, dass diese verhältnissweisse am meisten zu der allgemeinen Steuer beytragen. Wer die süssen Früchte der Erkäntnis und des Witzes selber geschmeckt hat, kan ihren Werth am besten bestimmen, und wenn er ein wahrer Mensch ist, so muss er es für eine wesentliche Pflicht halten, die schöne Herrschaft der Wahrheit immer weiter auszubreiten, und es wird ihm ein reitzendes Vergnügen seyn, wenn er für ein paar Gulden ihr bis aus den Hütten des armen Landmanns würdige und erkäntliche Schüler herbeyführen kan. Es wäre zu weitläuftig und gegenwärtig noch unnöthig den Austheiler der akademischen Steuer, welche durch eine Lotterie enthoben werden soll, im kleinen zu entwerfen, ein Weg, durch den in Frankreich und andern Ländern die vortrefflichsten und wichtigsten Stiftungen gegründet, und bis auf den heutigen Tag im vollkommensten Flore erhalten worden sind. Der Verfasser wird sich also begnügen, bis auf einen nähern hohen Befehl nur den allgemeinen Plan derselben vor Augen zu stellen, und die vornehmsten Quellen des Beytrags kürzlich anzuzeigen, auch dabey vorläufig zu erinnern, dass er glaubet, ein sicheres Mittel gefunden zu haben, diese Lotterie nur fünfzehn oder höchstens zwanzig Jahre dauren zu lassen, ohne dass durch ihre Aufhebung die Vortheile der Stiftung im geringsten geschmälert werden sollen. Er hoffet vielmehr sie dadurch in den Stand zu setzen, den öffentlichen Lehrern, sowol als den einheimischen Studenten zur Zierde der Hauptstadt freye Wohnungen zu erbauen, und ihre milden Einflüsse in grösserm Maasse nicht nur über die Landeskinder, sondern auch über die Ausländer zu erstrecken.

Dritter Abschnitt.

Plan der Lotterie.

Da bei dem Entwurfe derselben die Erleichterung des Landes das Haupt-Augenmerk seyn muss, und nicht sowol von grossen Gewinnsten, als von der Vermeidung eines grossen Verlustes die Rede ist, so ist es das beste, um die Theil-Haber auf keine Art zu beschweren, wenn die Lotterie nach Art der Parisser in zwölf Classen eingetheilt wird, welche jeden Monat gezogen werden sollen. Die Anzahl der Loosse kan durchgängig auf 10,000 und die stäts gleiche Einlage für 20 kr. gesetzet werden. Durch diesen allmähligen Nachschuss wird der Verlust der Fehlloosse beynahe unmerklich; besonders da die Einlage schon an und für sich sehr mässig ist, und das ganze Jahr hindurch bei denenjenigen Loossen, die durch alle zwölf Classen nichts gezogen haben, mehr nicht als vier Gulden ausmacht, welcher Fall aber ganz und gar unmöglich ist, weil sich in der Lotterie zu 4000 Gewinnsten, nur 6000 Fehler befinden sollen. Die ganze Einrichtung ist folgende:

10000 Loosse zu 20 kr. monatlicher Einlage machen zusammen 3333 fl. 20 kr. Darunter sind 2000 Treffer zu 30 kr. machen 1000 fl., 2000 Treffer zu 25 kr. machen 833 fl. 20 kr., 6000 Fehler, welche der akademischen Stiftung monatlich die Summe von 1500 fl. und folglich im ganzen Jahre gerade die erforderten 18000 fl. überlassen. Freylich ist dieses ein Abzug beynahe von 50 Procenten; allein die Unterthanen verliehren dennoch weit weniger dabei, als wenn sie monatlich anstatt 3333 fl. 20 kr., wovon über die Helfte stehen bleibt, sich genöthigt sähen, um den gewöhnlichen Abzug heraus zu bringen, monatlich 15000 fl. zusammen zu schiessen, welches nur alsdann besser wäre, wenn sie sich in der Hofnung grösserer Gewinnste, freywillig dazu verstünden.

Es ist sehr leicht zu beweisen, dass der vorgeschlagene Beytrag den Baden-Durlachischen Gemeinden auch sogar in demjenigen Falle unempfindlich seyn würde, wenn sie diese Last alleine zu tragen hätten, da doch Mittel vorhanden sind, ihnen ein Ansehnliches davon abzunehmen. Achtzehn-Tausend Gulden sind der zwanzigste Theil von 360,000 fl. Wenn sich also die gesammten Hochfürstlichen Einkünften höher nicht als auf die nur gedachte Summe beliefen, so würde jeder Unterthan nur 5 Prozent über seine gewöhnliche Anlagen zur akademischen Steuer zu bezahlen haben, welche wegen der Menge der Beyträger sich in eine ganz unmerkliche Summe auflössen müssten. Allein die pria Corpora, der geistliche und weltliche Wittwen-Fiscus, die Stipendien Fundi und die sogenannte Landes-Kosten-Kasse könten und müssten eine beträchtliche Anzahl Loosse zum voraus übernehmen, weil der ganze Verlust, dem sie sich aussetzen dem Vaterlande auf einer andern Seite mit reichem Wucher wieder zu gut kommt. Sodann müsste man es versuchen, ob nicht die übrigen Loosse durch eine, auf das Beyspiel höchster Herrschaft gegründete Unterschreibung am Hofe und in den Provinzen angebracht werden könten; und wenn dieses Mittel fehl schlagen sollte, so würde allemal in der Umlage ein sicherer und beständiger Ausweg übrig bleiben. Alle geistliche und weltliche Beamten würden nach Masgabe ihres Standes und ihrer Besoldung mit grösster Willfährigkeit eine bestimmte Anzahl Loosse unter sich theilen, und der Rest müsste nach einem gewissenhaften Auswurf auf alle Stadt- und Land-Gemeinden, welche ohnehin bereits ihre Cassen haben, also verlegt werden, dass die einzelnen Bürger mit eigenen Loossen verschont blieben. Wenn auf diese Weisse die Nummern als ein Gut der gesammten Gemeinde betrachtet werden, so wird dadurch der Verlust noch mehr vermieden, indem er oft ganz durch die Gewinnste ersetzt werden kan, und weil in dem wiedrigen Falle die ganze Gesellschaft den Schaden trägt, welcher die einzelnen Hausväter weit weniger kosten muss, als wenn sie eigene Loosse besässen. Uebrigens würde es dem Verfasser nicht schwer fallen, nach

einer deutlichen Kenntniss des Schatzungs-Taxes jeder Herrschaft den Austheiler, seinem Ver
sprechen nach, ganz unmerklich einzurichten, ohngeachtet schon aus den gegenwärtigen Erläuter-
ungen hinreichend erhellet, dass der allgemeine Beytrag mit dem allgemeinen Nutzen in keine
Vergleichung kommt.

Vierter Abschnitt.

Kurzer Versuch über die Einrichtung der Universität.

Es wäre hier zur Unzeit und für die Kräfte des Verfassers eine Verwegenheit, die Einrichtung
der neuen hohen Schule umständlich vorzuschlagen; demnach aber hält er es für nöthig von der
Anwendung der Lotterie Steuer etwas zu erwehnen, wäre es auch nur um zu beweisen, dass der
Zusammenschuss von 18000 fl. zu dieser ganzen und so glorreichen Stiftung vollkommen hinreiche.

Es ist nicht nur der höchsten Billigkeit, sondern auch der Staats-Klugheit gemäs die Lehrer
einer Universität reichlich zu besolden. Wenn eine neue errichtet werden soll, so ist die
Beobachtung dieser Regel um desto nöthiger, weil es ein wesentliches Mittel zu ihrer Aufnahme wird,
sie gleich anfangs mit gelehrten und berühmten Männern zu besetzen. Diese aber werden ihren
gegenwärtigen Aufenthalt und einträglichen Beyfall nicht leicht mit einem auswärtigen und neu
angelegten Sitze vertauschen, wo sie den meisten ihrer ersten Zuhörer die Lehr-Stunden frey geben
müssen, es sey denn, dass man ihnen in Absicht der festen Besoldung grössere Vortheile an-
weisset als sie in ihren bisherigen Stellen genossen haben. Aus gleichen Gründen ist dieses auch
beynahe das einzige, wenigstens das untrüglichste Mittel, durch die ganze Zukunft diese Akademie
bei den grössten und berühmtesten Lehrern zu erhalten, weil es nicht allemal leicht ist, zu
abgegangenen Stellen würdige Landes-Söhne zu finden, so sehr sie auch den Vorzug verdienen.
Es ist auch eine unwiedersprechliche Wahrheit, dass eine mittelmässige Anzahl wolgewehlter und
wol besoldeter Professoren mehr zu dem Flor und den heilsamen Früchten einer hohen Schule
beytragen kan, als eine dreyfach stärkere Schaar gemeiner Köpfe, und wenn auch ein wahrer
Gelehrter durch die Noth gezwungen wird einen solchen kümmerlichen Lehr-Stuhl zu besteigen,
so kan man sicher darauf zehlen, dass er ihn bei dem ersten Winke in eine bessere Aussicht
wieder verlassen wird. Will man alsdann nicht grausam seyn, so kan man ihm den Abzug nicht
wehren, und wenn man ihm denselben gestattet, so wird man durch unausbleibliche Folgen
erfahren, was für einen nachtheiligen Einfluss die Entfernung eines einzigen verdienten Mannes
auf die gesamte hohe Schule habe. Aus gleichem Grunde werden wir auch der sogenannten
ausserordentlichen Professoren gar füglich entbehren können. Ein wahrer Gelehrter verdient einen
günstigern Platz, und ein Stümper ist auch als ausserordentlicher Professor überflüssig. Doch
könte man diese Nahmen den öffentlichen Sprach-Lehrern der Akademie beylegen, welches in
vielerley Absichten vortheilhafte Wirkungen haben durfte. Was die Anzahl der Professoren betrift,
so wird es vollkommen hinreichend seyn, wenn man jede Facultät mit vier tüchtigen
Männern besetzet, davon aber dermalen mehr nicht als dreye durch die Steuer-Lotterie besoldet
werden dürfen, indem die Residenz-Stadt Carlsruhe unter andern vier vorzüglich grosse Genien
besitzt, welche bereits in hinlänglicher Besoldung stehen, und mit einem allgemeinen Ruhm den
obersten Lehr-Stuhl jeder Facultät besteigen werden. Die Verdienste des Hochfürstlichen Herrn
Ober-Hof-Predigers, des Herrn geheimden Raths Reinhardt, des ersten Herrn Leib-Medici und
des Herrn Professors Malers, denn die vaterländischen Schulen ihren ganzen heutigen Flor zu
danken haben, sind weit über des Verfassers Lob und Empfehlung erhaben, und jeder Freund
der Musen und des Vaterlands wird mit ihm der frohen Hofnung leben, dass diese weissen
Patrioten durch die öffentliche Mittheilung ihrer weitläuftigen Erkäntniss den Gang und den Nutzen
der neuen Akademie mit einer edelmüthigen Willfährigkeit befördern werden. Ihre dermaligen

Einkünfte würden auch nicht ganz und gar ohne Zuwachs bleiben; da nach dem beygefügten Plane den Antecessoren jeder Facultät eine Zulage ausgeworfen ist, welche nebst den Lese-Gebühren, die sie von ihren ausländischen Schülern erhalten werden, die Geld-Besoldung der übrigen Professoren gar füglich wird erreichen können. Da aber diese grösstentheils aus fremden Gegenden müssen berufen werden und das ihnen zugedachte Gehalt von 900 fl. nach Masgabe des Ortes und des Preisses der Lebens-Mittel eben sowol geringe als beträchtlich scheinen kan, so wäre es zur Vermeidung aller Schwierigkeiten nicht nur überaus zuträglich, sondern unumgänglich nothwendig jedem öffentlichen Lehrer den dritten Theil seiner Besoldung in Naturalien zu liefern, wobey der gnädigste Landes-Vater unterthänigst ersucht werden müsste, die erforderliche Menge von Wein, Früchten und Holz nach dem Kammer-Anschlage abzutreten, ein Vortheil, den die akademischen Lehrer nicht weniger als die übrigen Hochfürstlichen Beamten verdienen und erkennen werden. Der medicinischen Facultät ist ein eigener Professor in der Chirurgie, der vielleicht auch dem anatomischen Theater vorstehen könte, beigefüget worden. Wie nöthig, wie heilsam wäre es für den ganzen Staat, wenn alle angehende Wund-Aerzte, die ihre Kunst selten aus Grundsätzen erlernen, angehalten würden die Vorlesungen dieses öffentlichen Lehrers zu besuchen, mit der ernstlichen Erklärung, dass künftig keinem derselben, ohne ein vortheilhaftes akademisches Zeugniss die Ausübung seiner Kunst gestattet werden soll. Die plumbe Unerfahrenheit der meisten Hebammen ist eine andere höchst verderbliche Land-Plage, welcher nach und nach durch einen freyen Unterricht in der Entbindungs-Kunst abgeholfen werden könte. In den ansehnlichsten Städten des Elsasses sind seit verschiedenen Jahren dergleichen Frey-Schulen errichtet worden, und die ganze Landschaft hat in kurzer Zeit den unschätzbaren Nutzen davon empfunden.

In dem weitern Plane der neuen Universität ist dem jedesmaligen Rector, neben den Einschreibungs-Gebühren, die er von den auswärtigen neuen Studenten beziehen wird, eine jährliche Zulage von 100 fl. zugeschrieben worden. Sollte man zur Crönung der Vesdienste die an sich ganz überflüssige Stelle eines Canzlers einführen wollen, so bedarf diese keiner besondern Einkünfte, weil sie unbeweglich ist und blos als ein höherer Grad von Ehre allemal einem von den Antecessoren dem Rechte nach zu fallen würde.

Dem akademischen Rath muss ein Syndicus zugegeben werden, zu dessen Gehalt 300 fl. ausgesetzt sind, und eine gleiche Summe ist auch den öffentlichen Sprach-Lehrern für eine tägliche freye Lese-Stunde beschieden worden. Man muss die Anzahl derselben auf viere setzen, weil ausser dem französischen, italiänischen und englischen auch unsere deutsche Mutter-Sprache vornemlich zu unsern Zeiten und in unsern Gegenden einen besondern Meister und eine besondere Erlernung erfordert. Vielleicht würde der Herr Secretar Molter, dessen gründliche Kenntniss der italiänischen Sprache ganz Deutschland bekannt ist, etwan neben dem Syndicat diesen Lehr-Stuhl annehmen, dahingegen das englische dem, der gnädigsten Herrschaft nicht unbekannten Herrn Tanner, der in Strasburg mit so vielem Fortgange gelehret hat, anvertrauet werden. Endlich muss ein Ober-Aufseher der Freytische bestellt werden, welcher zu gleicher Zeit die akademische Rentmeister-Stelle, folglich die gesamte Steuer-Lotterie verwalten und für diese beyden Aemter eine Professors Besoldung beziehen könte. Sollte gegenwärtiger Vorschlag gnädigsten Beyfall finden, so würde der Verfasser sich unterstehen bei der Durchlauchtigsten Herrschaft um diese Bedienung in tiefster Ehrfurcht anzuhalten, die ihm einen erfreulichen Weg eröfnen würde, mit seinen Angehörigen und seinem Vermögen in das Vaterland seiner Väter zurücke zu kehren, welches er nie ohne einen süssen Stolz, nie ohne die zärtlichste Sehnsucht zu empfinden, besuchet.

Was die Freytische selber anlanget, so würden sie täglich zweymal für vier Senioren und vierzig studirende Landes-Söhne gedecket werden; so dass jeder Senior die Aufsicht über eine Tafel von zehn Personen zu verwalten hätte. Zu diesen Aemtern könten vier verdiente Magistri gewehlet werden, welche nebst der freyen Nahrung und der Erlaubniss Lese-Stunden zu halten, ein Jahrgeld von 100 Reichsthalern ausgemacht worden ist, wogegen sie sich verbinden müssten ihren Tischgenossen täglich wenigstens eine Stunde zur Wiederholung der Collegien und einer Uebung in der gelehrten Streitkunst zu widmen, welches besonders für die Anfänger von einem ausnehmenden Nutzen seyn würde. Unter den 60 Köpfen, welche die gewöhnliche Anzahl der Baden-Durlachischen Studenten ausmachen, befindet sich allemal ein Drittheil, welche entweder Eltern und nahe Anverwandten in der Residenz haben, oder deren Glücks-Umstände so beschaffen sind, dass sie der öffentlichen Wohlthat der Freytische ganz bequem entbehren können. Folglich ist die vorgeschlagene Stiftung für vierzig benöthigte Alumnen wenigstens für gegenwärtige Zeit vollkommen hinreichend, und in der Zukunft wird es, wie schon gemeldet ist, nicht schwer werden, die ganze Einrichtung zu erweitern. Auf jede dieser 44 Personen ist wöchentlich ein Reichsthaler Kost-Geld gerechnet worden, wofür auf den meisten deutschen Universitäten des Mittags und Abends sehr gute Mahlzeiten gereicht werden. Für diese Summe, welche sich jährlich auf 3132 Fl. beläuft, kan auch der Carlsruher Speise-Wirth seinen Gästen des Mittags Suppe, Gemüse und Fleisch und den vier Senioren ein Beyessen, des Abends aber allen ohne Unterschied Suppe, Braten und Salat vorsetzen, wenn ihm nämlich die gnädigste Herrschaft die Naturalien ebenfalls nach dem Kammer-Anschlage auszuliefern geruhte, da denn jedem Studenten auf die Mahlzeit ein Schoppen und jedem Aeltesten ein halbes Maas Wein könte gereicht werden. Endlich ist auch dem Universitäts-Buchdrucker für die freye Lieferung der Matrickeln, der akademischen Gesetze und einer gewissen Anzahl Exemplarien aller öffentlichen Schriften, als Lections-Verzeichnissen, Programmen und anderer Anzeigen, sowol als dem Pedelen ein gehöriges Gehalt ausgeworfen worden. Was die Exercitien-Meister betrift, so befinden sich diese bereits in hinlänglicher Anzahl in der Hauptstadt, weil sie aber von keinem allgemeinen Gebrauche sind und durch die Vermehrung ihrer Schüler Vortheile genug erlangen werden, so würde es überflüssig seyn ihnen anderweitige Besoldungen anzuweisen. Es bleibt also von der ganzen Summe des Zusammenschlusses ein Ueberrest von 28 Fl., welcher am nützlichsten zu Collegien-Büchern für die Alumnen angewandt werden könte.

Aus dem ganzen gegenwärtigen Plane erhellet, dass die bisherigen öffentlichen Vorlesungen für die Exemten des Gymasii durch die Errichtung der Universität aufgehoben und die Classen aus blossen Präceptoren und ihrem Prorector bestehen würden. Folglich fielen theils gegenwärtig theils mit der Zeit alle dermalige Professors-Besoldungen der Hochfürstlichen Casse, oder nach dem huldreichen Gut-Befinden des Durchlauchtigsten Beschützers der neuen Universität anheim, welche nicht ermangeln würde, dieselbe zu den heilsamsten Endzwecken anzuwenden.

Tabellarische Wiederholung der gesammten akademischen Unkosten.

	einzeln Fl.	überhaupt Fl.
Professoren		
In der Gottes-Gelahrtheit und den heiligen Sprachen.		
1. HErr Kirchen-Rath Stein stehet bereits in Besoldung und empfängt als Antecessor	—.··	100
111. andere öffentliche Lehrer, davon jeder zur jährlichen Besoldung hätte, in Geld	600	
Lebens-Mittel nach dem Kammer-Anschlag, nemlich:		
Wein von der ersten Classe drittthalb Fuder oder 20 Saum zu 4 fl.	80	
12 Malter Roggen zu 2 fl.	24	
24 Malter Dünkel zu 1 fl. 30 kr.	36	
15 Mess Holz zu 4 fl.	60	
Wohnung oder Hauszins	100	
zusammen	900	
Folglich für alle dreye	—.—	2700
Übertrag	.—	2800

	einzeln Fl.	uberhaupt Fl.
Übertrag	—.—	2800

In den Rechten und der Geschichts-Kunde.

1. HErr geheimder Rath Reinhardt stehet bereits in Besoldung, empfängt als Antecessor	—.—	100
111. andere öffentliche Lehrer unter dem oben bestimmten Gehalt, macht	—.—	2700

In der Arzney-Gelahrtheit und Chirurgie.

1. Der erste Hochfürstliche Leib-Medicus stehet in hinlänglicher Besoldung, empfängt als Antecessor	.—	100
111. andere öffentliche Lehrer mit dem obigen Gehalt	.—	2700

In der Welt-Weisheit und den schönen Wissenschaften.

1. HErr Kirchen-Rath Mahler, stehet schon in Besoldung, empfangt als Antecessor	.—	100
111. andere öffentliche Lehrer unter dem obigen Gehalt	.—	2700
Zulage für den Rector	—.—	100
1. Ober-Aufseher der Freytische und Verwalter der Steuer-Lotterie, für beyde Aemter eine Professors-Besoldung	—.—	900

1. Universitäts-Syndicus,

1 Fuder Wein von der ersten Classe	32	
6 Malter Roggen	12	
12 Malter Dünkel	18	
12 Mess Holz	48	
Haus-Zins	40	
Geld	150	
zusammen	—.—	300
IV öffentliche Sprachlehrer jeder auf den Fuss des Syndicus zu	300	
zusammen	—.—	1200
IV besondere Magistri jeder, neben dem Freytische zu	150	
zusammen	—.—	600
Freytische für 44 Personen mit Inbegrif der Magistern als Aeltesten auf den Kopf 1 Rthlr. macht jährlich	78	
in allem	—.—	3132

1. Universitätsbuchdrucker

1 Fuder Wein von der zweiten Classe zu 24 fl.	24	
6 Malter Roggen	12	
12 Malter Dünkel	18	
9 Mess Holz	36	
In Geld	30	
zusammen	—.	120
1. Pedell auf den obigen Fuss	—.—	120
Rest zu Büchern für die Alumnen	.—	28
macht in allem die Steuer-Summe von		18000

P.

Pfeffels Vorschlag, nach welchem unsere Vaterstadt mit einer Universität beglückt werden sollte, hatte diesseits wie jenseits des Rheins zahlreiche Anhänger, und, wie wir dem Briefwechsel des elsässischen Dichters mit dem badischen Prinzenerzieher Ring entnehmen, sogar in einer hohen fürstlichen Person einen warmen Fürsprecher am Karlsruher Hofe. Allein Karl Friedrich war nicht leicht für ein Steuerprojekt zu erwärmen, und andere in seinem Rat gewichtige Stimmen waren zwar für die Errichtung einer hohen Schule in den badischen Landen, aber einer solchen,

17*

die gerade dadurch sich auszeichne, dass sie nicht auf die bisherige Art der Universitäten, sondern wie ein Seminarium eingerichtet wäre, worin die jungen Leute zugleich in besseren Sitten erhalten würden. Derartigen Wünschen kam Reinhards Entwurf von einer akademischen Mittelschule entgegen, deren Anlage und Unterhaltung aber die kleine Markgrafschaft auch noch zu viel gekostet haben würde, selbst wenn man das hochfürstliche Schloss zu Durlach dem Schulzweck geopfert hätte. Da es aber nicht unbemerkt blieb, dass Pfeffel gern wieder in das Land seiner Väter zurückkehren würde, unterliess man es nicht, ihm an der dem Carolino ähnlichen Schulanstalt, falls sie doch zu Stande kommen sollte, ein Lehramt anzutragen. Wielands Plan fand hier keine weitere Beachtung, und diesem Umstand ist es vielleicht zuzuschreiben, dass der später von einem Lessing besprochene Aufsatz nicht gleich jetzt vom Autor veröffentlicht wurde.[1] Am eingehendsten und längsten beschäftigte man sich in Karlsruhe mit dem Projekt des Kirchenrats Maler, welches die Wiederherstellung der von den Ahnherren des Markgrafen gegründeten und im grossen Zerstörungsjahr 1689 eingegangenen theologischen Bildungsanstalt zum Gegenstand hatte. Bis zum Jahr 1780 zogen sich die darüber gepflogenen Verhandlungen hin, ohne dass es zu einem für die Inangriffnahme des Werkes günstigen Resultate kam.

Trotz des Misserfolges, welchen alle die genannten Vorschläge zur Verbesserung des Gymnasiums illustre hatten, schritt diese selbst unter der unablässigen Mitarbeit des fürtrefflichen Landesherrn doch auf das schönste weiter. Ja, durch sein persönliches verständnisvolles Einwirken und eine fürstliche, alle seine Vorgänger übertreffende Liberalität, dann durch weise Regelung der ständigen Einkünfte der Schule, Berufung der vorzüglichsten Lehrkräfte und namentlich durch eine vollständige Umgestaltung des Lehrplans im Sinne der modernen Zeit ward ihr hiesige Anstalt in kurzem nicht nur neu gekräftigt, sondern ihr auch ein Glanz verliehen, wie sie ihn in den glücklichsten Perioden bisher nicht gehabt hatte. Und einige Jahrzehnte später konnten unsere, mit einer aussergewöhnlich vielseitigen Vorbildung ausgerüsteten Abiturienten zur Beruhigung und besonderem Freude besorgter und haushälterischer Väter eine der beiden Landesuniversitäten beziehen, welche seit ihrem Anfall an Baden unter dem gesegneten Scepter des nunmehr zum Grossherzog erhobenen Markgrafen Karl Friedrich ebenfalls rasch emporblühten.

---

[1] Näheres über Wielands Plan enthalten meine Beiträge zur Wielandbiographie, Freiburg 1882 und Bernhard Seufferts Besprechung dieses Schriftchens im Archiv für Litteraturgeschichte von Schnorr von Carolsfeld, 1884, Band XII, 595 ff. — Von Bernhard Seuffert a. a. O. an mich gestellte Fragen finden in oben Erörtertem ihre Erledigung. Auch sei hier bemerkt, dass Reinhards erster Entwurf, von dem die spätern in der Hauptsache nicht mehr abweichen, schon Anfang März 1756 fertig war, während Wieland den Plan erst im Juli vollendete und nach Karlsruhe sandte; vgl. den oben citierten Aktenfascikel im Generallandesarchiv zu Karlsruhe.